协同教育对创新型人才能力的效用研究

孙 婧 ◎著

中国书籍出版社
China Book Press

图书在版编目(CIP)数据

协同教育对创新型人才能力的效用研究 / 孙婧著.
北京：中国书籍出版社, 2024.10. -- ISBN 978-7
-5241-0054-6

Ⅰ.G640

中国国家版本馆 CIP 数据核字第 2024SJ0889 号

协同教育对创新型人才能力的效用研究

孙 婧 著

丛书策划	谭 鹏 武 斌
责任编辑	吴化强
责任印制	孙马飞 马 芝
封面设计	守正文化
出版发行	中国书籍出版社
地 址	北京市丰台区三路居路 97 号（邮编：100073）
电 话	（010）52257143（总编室） （010）52257140（发行部）
电子邮箱	eo@chinabp.com.cn
经 销	全国新华书店
印 厂	三河市德贤弘印务有限公司
开 本	710 毫米 × 1000 毫米 1/16
字 数	293 千字
印 张	18.5
版 次	2025 年 5 月第 1 版
印 次	2025 年 5 月第 1 次印刷
书 号	ISBN 978-7-5241-0054-6
定 价	98.00 元

版权所有 翻印必究

目 录

第一篇 协同教育模式建构的理论研究

第一章 绪 论 ·· 2
- 第一节 研究背景 ································ 2
- 第二节 问题的论述 ······························ 11
- 第三节 研究问题 ································ 14
- 第四节 研究目标 ································ 15
- 第五节 研究框架 ································ 16
- 第六节 研究假设 ································ 17
- 第七节 研究范围 ································ 21
- 第八节 研究局限性 ······························ 22
- 第九节 研究意义 ································ 24

第二章 理论基础 ···································· 28
- 第一节 介 绍 ···································· 28
- 第二节 研究中的变量定义 ························ 31
- 第三节 相关概念梳理 ···························· 41
- 第四节 相关理论的运用价值 ······················ 47
- 第五节 文献综述 ································ 61

第二篇　高质量发展视域下协同育人模式建构实证研究

第三章　研究小样本分析……………………………………　110
  第一节　研究设计…………………………………………　110
  第二节　研究目标样本……………………………………　114
  第三节　协同育人模型构建及阐释………………………　116
  第四节　数据收集过程……………………………………　126
  第五节　小样本数据分析…………………………………　129

第四章　正式样本研究与论述………………………………　152
  第一节　正式问卷数据收集与样本描述…………………　152
  第二节　正式量表的信度与效度检验……………………　161
  第三节　变量之间相关性与偏相关分析…………………　179

第三篇　未来发展以及建议

第五章　研究总结与论述……………………………………　220

第六章　未来发展建议与研究方向…………………………　224
  第一节　协同育人发展建议………………………………　224
  第二节　研究贡献…………………………………………　234
  第三节　未来研究方向……………………………………　238

附　录…………………………………………………………　240
  附录一………………………………………………………　240
  附录二………………………………………………………　243
  附录三………………………………………………………　245
  附录四………………………………………………………　252
  附录五………………………………………………………　258

参考文献………………………………………………………　259

第一篇
协同教育模式建构的理论研究

第一章 绪 论

世界局势的发展与各国间共谋交流合作、创新竞争博弈密切相关。一方面,国与国间的往来,不仅仅局限于各国地缘政治版图所界定的政治关系,还体现在投资共享的基础上,如在经济、网络、文化、教育、生态、农业、卫生等领域持续沟通,进行交流,寻求合作。另一方面,国家之间的竞争就像一场持续进行的拔河比赛,主要围绕以创新为核心的资源配置、资金流通、技术更新、人才建设等。无论是软实力提升,还是硬实力建设,究其本质是两者协同发力的成效比拼。

教育培养的高素质人才自身是否具备持续前进的能力,是一个民族和国家兴旺发达的有效助推器,是提升教育的覆盖面与影响力的主要方式之一。创新型人才的能力建设对于任何一个国家而言,能够最大限度地确保其在今后发展过程中保持优势,这是极为关键的要素。在新质生产力助力实现中国式现代化的道路上,需要担大任的高素质人力资源,需要立大功的自主创新型人才,需要成大器的突出技能大国工匠。

第一节 研究背景

高质量发展不仅是一个经济命题,也是一个具有国家战略导向意义的重大政治课题,彰显出中国特色社会主义国家特有的人民性、全面性、长期性、科技性、现代性。在"创新、协调、绿色、开放、共享"新发展理念的指引下,我国加快构建以国内大循环为主体、国内国际双循环相互促进的新发展格局,注重处理数量和质量、规模和效益等的辩证关系,高度重视从"有没有"转向"好不好"的内涵式健康持续发展。

归根结底,高质量发展的本质是人的发展。高质量发展离不开马克思在《共产党宣言》中提出的"人的自由全面发展"思想。从马克思"人的本质是一切社会关系的总和"的深刻揭示来看,"人的自由全面发展"的本质是人的社会化和谐程度和高度。从生产力和生产关系、经济基础和上层建筑的辩证关系出发,人的社会化和谐程度和高度的持续提升必然要求日益深厚的物质积累,高质量发展的理念便应运而生了。此后,高质量发展渐渐跳脱出经济领域的单向度,拓展至政治、文化、生态、教育以及精神生活等各个领域。一言以蔽之,高质量发展为人的自由全面发展提供充分的经济基础和全方位保障,离开了高质量发展,人的自由全面发展必将陷于空谈。[1]

对于实现高质量发展的必然研究,主要从逻辑必然和势所必然两个方面着手。其中,高质量发展的逻辑必然又分为国内对高质量发展的内涵认知必然和国际社会对中国高质量发展的认同点赞的必然两个主要逻辑维度着手。高质量发展的势所必然进一步可以划分为顺应社会客观规律层面与满足国家自身发展需要的两个规律维度。

一、实现高质量发展的逻辑必然

当今世界经济正处于大国博弈的加剧发展时期,不仅对全球合作发展产生障碍,而且给区域合作带来前所未有的挑战。特别是凭借数字经济的爆发式增长与科技多维度的普及运用,国与国之间的贸易往来与人文交流成为众多国际组织和各类组织的成员国关注的焦点。其中,部分国家在谋取自身利益发展过程中,一方面,鉴于各国实际国情的不同存在,造成对于本国发展的程度认知差异。另一方面,为了获得主动权,处于优势的国家会在标准的制定与执行等方面,导致很大程度的分歧存在。因此,摒弃零和博弈的固有逻辑思维,携手共建,创新发展,实现合作共赢是必然之势。

(一)国内对高质量发展的内涵认知不断完善

当今世界正经历着百年未有之大变局,国际环境日趋复杂,各类竞争日趋激烈。国际竞争实质上是自主创新能力的竞争,根本上是人才与教育的竞争。构建以国内大循环为主体、国内国际双循环相互促进的新发展格局,"最本质的特征是实现高水平的自立自强",核心是高质量的高等教育,关键是知识和人才。[2] 教育培养创新型人才由"应变"向"求变"的主动选择,究其根本是教育、科技、人才一体化、协同融合的转化效用的竞争。

为应对国内外环境格局显著的变化,提高国家核心竞争力,促使中国的高等教育发展也同样面临着新的竞争与挑战。2020年《科技日报》列出一份"卡脖子"清单,我国在高端光刻机、芯片制造、操作系统、工业核心软件、机器人核心算法等25项核心技术上处于被遏制的局面。工信部对我国30多家大型企业130多种关键基础材料调研结果令人警醒,32%的关键材料仍为空白,52%依赖进口[3]。

人民通过辛勤付出的劳动,追求高质量的生活品质。生活方式积极向上、内容绿色健康,达到经济的稳步发展,社会的安定和谐,文化产业和文化事业繁荣发展,人才的创新积极性亟待激发。一方面以数字驱动传统消费转型,加快满足人们智能化、多维化、沉浸式的消费需求,倒逼产业结构不断调整,持续扩大我国高端制造业的规模优势;另一方面以彻底的自主创新提高生产质量和效率,形成科技创新为核心的战略新兴产业,解决关键技术领域"卡脖子"的难题,打造中国品牌,加快科技成果转化,利用国际国内市场优势组合,增强产业竞争力。

高质量发展作为"十四五"乃至更长时期我国经济社会发展的主题。建设高质量教育体系,成为高等教育改革发展的主线。"十四五"规划纲要明确提出,要推进高等教育分类管理和高等学校综合改革,构建更加多元的高等教育体系,高等教育毛入学率提高到60%。特别提出要优化区域高等教育资源布局,推进中西部地区高等教育振兴。[4] 适应新发展格局,建设高质量高等教育体系,是中西部地区高等教育振兴发展的主线和中短期目标,更是着眼于创新型国家战略建设的基础。

2022年,党的二十大报告将"实现高质量发展"作为中国式现代化的本质要求之一,明确提出"高质量发展是全面建设社会主义现代化国家的首要任务"。对于"高质量发展"的不断丰富与深入拓展,体现了国内高质量发展的历史必然。站在新的历史起点,我们要深刻认识高质量发展的重大意义,坚持立足当前、着眼长远,抓住主要矛盾,突出工作重点,以高质量发展不断推进中国式现代化,为全面建设社会主义现代化国家开好局起好步。[5]

第一章 绪 论

在中国共产党的领导下,坚持独立自主、自力更生,成功地探索出契合于中国实际的教育道路,把自己的命运牢牢地掌握在自己的手中,培养出既不妄自菲薄,也不妄自尊大的创新人才队伍。关于高质量发展的内涵具体认知,可以从四个方面理解和把握。高质量发展是全面建设社会主义现代化国家的首要任务,是体现新发展理念的发展,是能够很好满足人民日益增长的美好生活需要的发展,是推动现代化建设行稳致远的发展。[6] 中国对于高质量发展内涵的认知,建立于新发展阶段的时代之上,立足于新的发展格局之上,不断融入"数据要素"等新的生产要素,落脚于人民最终是否满意的评价反馈。

(二)国际社会对中国高质量发展的认同点赞

新的发展阶段、新的发展实践,要牢牢把握高质量发展这个首要任务,因地制宜发展新质生产力。中国以负责任大国的心胸与作为,不仅促使自身经济社会发展取得历史性成就,而且也通过"中国故事""中国方案"的成功实践不断吸引世界目光,扩大国际社会对于中国的高质量发展的广泛关注与普遍期待。高质量共建"一带一路"提出的目标与国际社会推崇的经济、社会、环境协调发展之路(ESG)等理念契合。

专栏3 菌草扶贫得到世界普遍赞誉

中国的菌草技术实现了光、热、水三大农业资源综合高效利用,植物、动物、菌物三物循环生产,经济、社会、环境三大效益结合,有利于生态、粮食、能源安全。

2001年,菌草技术作为官方援助项目首次在巴布亚新几内亚落地。20多年来,中国已举办270多期菌草技术国际培训班,为106个国家培训1万多名学员,在亚非拉和南太平洋地区的13个国家建立了菌草技术试验示范中心或基地。如今,菌草技术已经在100多个国家落地生根,给当地青年和妇女创造了数十万个绿色就业机会。巴新前内阁部长给女儿起名"菌草"。莱索托人民创作歌颂菌草的民歌,至今仍在传唱。2017年,菌草技术项目被列为"中国—联合国和平与发展基金"重点项目,为国际减贫事业贡献更多中国智慧和中国方案。

图1-1 菌草扶贫得到世界普遍赞誉

资料来源:《共建"一带一路":构建人类命运共同体的重大实践》白皮书。

如图1-1所示,中国通过创新推动,为参与高质量共建"一带一路"

的国家老百姓带来惠民生、得民心的实实在在发展。麦肯锡公司的研究报告显示,中国企业在非洲雇员本地化率达89%,有效带动了本地人口就业。世界银行预测,到2030年,共建"一带一路"相关投资有望使共建国家760万人摆脱极端贫困、3200万人摆脱中度贫困。[7]

鉴于中国在各个方面取得的成就,海外的华侨华人也特别关注中国高质量的发展,纷纷表示中国取得发展成果是"有质有量"。海外侨界信心受到鼓舞。"政府工作报告既有远景规划,又有务实措施,让世界看到中国作为一个负责任大国的胸怀。"[8]

2023年9月1日,通过以"经济复苏中的质量变革与合作"为主题的中国质量(成都)大会在四川省成都市举办,更好地为世界经济恢复提供强大动力。"总的来说,过去几年中国成就非凡,给我们提供了许多参照。"国际标准化组织(ISO)主席乌尔丽卡·弗兰克说,"展望未来,我们信心坚定。标准的使用和应用在变得日益重要的同时,将更加数字化,这也是ISO的战略重点之一。"[9]

在许多发展中国家面临发展逆风的当下,中国的高质量发展比以往任何时候都更加重要。坚持高质量发展的中国将继续成为全球经济增长的最大动力源。[10]印中经济文化促进会秘书长穆罕默德·萨奇布在2024年3月31日于北京召开的《大国复利:中国高质量发展与2035年趋势畅想》五国合作智库报告发布暨国际研讨会上表示"中国在创新、改革、开放、可持续的推动下实现了高质量发展,通过提高民生福祉、促进技术进步、加强全球合作等,中国正为其他国家树立榜样,为人类的美好未来铺平道路。"[11]

中国明确提出高质量发展,特别是在实现教育高质量发展的道路上,合理运用科学技术,掌握控制的主动权,朝着高质量发展目标实现的过程中,不仅彰显中国式现代化的五大特征,而且以系统观念统筹部署各类资源,稳中求进、先立后破,为世界经济振兴提供强大的信息与宽松活跃的市场营商环境,更好地为解决全球性问题提供中国方案。

二、实现高质量发展的势所必然

新时代我国的综合实力不断提升,但与未来全面建成社会主义现代化强国的内在要求相比较,我们在全球视域下的技术创新变革与本国区域层面的建设发展上仍有很大不足,传统的以要素驱动、以投资驱动的模式难以长期持续。我们要以宏观、中观、微观多层级优化协调发展，实现高质量发展，增加国家的综合创新能力。推动高质量发展，是遵循经济规律发展的必然要求。以习近平同志为核心的党中央从我国客观实际出发，创造性地提出我国经济已由高速增长阶段转向高质量发展阶段，为科学把握新时代我国经济发展的历史方位提供了根本遵循，是从我国经济发展实际出发而作出的重大战略判断。[12]

（一）科学遵循社会发展的客观规律

国际上，质量已经成为国家综合实力的关键表征，质量强国才能在国际竞争中立于不败之地[13]。高质量发展是遵循经济规律和自然规律的发展。习近平总书记指出："发展必须是遵循经济规律的科学发展，必须是遵循自然规律的可持续发展。"高质量发展是遵循经济规律和自然规律的发展。遵循经济规律，就是立足新发展阶段，转变经济发展方式，以提高质量和效益为中心，以满足人民日益增长的美好生活需要为出发点和落脚点，推动经济实现质的有效提升和量的合理增长。遵循自然规律，就是高度重视资源、环境和生态的刚性约束，走生产发展、生活富裕、生态良好的文明发展道路，加快建设资源节约型、环境友好型社会，实现人与自然和谐共生。[14]

1. 来自外部的压力：复杂多变的国际环境

尽管新兴市场和发展中国家的经济持续增长，是未来世界经济发展的重要动力，但是，新冠疫情导致的供应链出现困难，发展中国家追赶发达国家等经济体的速度在逐渐变缓。全球化发展进程遭到逆流，贸易保护主义、经济碎片化发展、贸易投资的低迷使中国外部发展环境的趋势变得日趋复杂，国内经济形势也在一定程度上受到消极影响。公共卫生事件频发，加剧了人类面临的卫生安全风险。战争与贫困的问题仍旧存在，以直接或间接方式进行矛盾转移，个别国家地区政权不稳，造成更大程度上的经济损失与局势动荡。

当前的国际环境发生了很大变化。我们处在一个不断出现新问题、新矛盾、新挑战的世界大环境之中，这样的外部国际环境对于中国造成的影响不容小觑。为了应对国际环境的纷繁变化、经济与文化的冲突，以及更好地处理协调不同国家之间的关系，坚持以积极的态度开展各个领域的合作与交流。同时，各国之间的竞争也愈发加剧。在提升国家创新潜力与活力方面，围绕创新型人才能力建设的竞争尤为突出。

中国不断加大力度，秉持既有顶层设计又能夯实基础的准则，遵循创新型人才的成长规律与必备特征，有序开展既具备良好思想政治素养又拥有创新创业能力的创新型人才队伍的培养教育工作。

2. 中国自身发展：机遇与挑战多维并存

1978年中国实行改革开放政策后，由于经历了两次重大的金融危机，这使得中国政府非常重视培养能够应对风险挑战的人才。为了降低多重危机中存在的显性和隐性问题对中国未来发展造成的不同阻碍，我国的高等教育尤为重视具备创新型能力的人才队伍建设。

2013年，中国提出"一带一路"倡议，旨在遵循《联合国宪章》的宗旨和原则。通过这一举措，中国可以获得更多与世界交流的机会，提升自身的竞争力。这不仅更有效地提升中国学生的视野与综合能力，与此同时还可以为沿线各国大学生未来发展提供新的平台和机会。中国在实现高质量发展的道路上，积累了丰富的实践经验，产生了许多创新的理论和脱贫攻坚的丰硕成果，为坦桑尼亚等非洲国家提供了宝贵的经验。

2015年颁布的《关于深化高等学校创新创业教育改革的实施意见》将创新创业教育改革工作提升到整体高等教育改革中一个非常重要的地位。培养高尚道德理想、富有爱国主义情怀的创新型人才，离不开政府的主导与支持。中国政府历来高度重视大学生思想政治教育工作。进入新时代，以习近平同志为核心的党中央高度重视高校思想政治工作。根据习近平总书记"要用好课堂教学这个主渠道，思想政治理论课要坚持在改进中加强，提升思想政治教育亲和力和针对性，满足学生成长发展需求和期待，其他各门课都要守好一段渠、种好责任田，使各类课程与思想政治理论课同向同行，形成协同效应。"[15]

在2019年2月，中共中央、国务院印发《中国教育现代化2035》。这是中国第一个以教育现代化为主题的中长期战略规划，系统勾画了中国教育现代化的战略愿景，明确了中国教育现代化的战略目标、战略任务和实施路径，是新时代推进教育现代化、建设教育强国的纲领性文件。这一文件的颁布，为中国一流的创新型人才培养与提升提供了政策性的指引。

新时代的中国正努力向创新型强国迈进,这种发展趋势要求中国的教育必须立足现实问题,着眼于未来发展需求,督促中国教育抓紧时间,重点培养能够适应和引领国家未来发展的时代新人,特别是重视培养一大批拔尖创新人才,从而助力中国实现科技、教育、文化、经济的稳步协同发展。

教育的最终目的是解决社会未来发展的需要。不同的社会制度,决定每个国家都会坚持发展各自独特的育人方式。各国的育人目的各不相同,对于育人的目标要求也存在方方面面的差异。我国是中国共产党领导的社会主义国家,这就决定了我们的教育必须把培养社会主义建设者和接班人作为根本任务,培养一代又一代拥护中国共产党领导和我国社会主义制度、立志为中国特色社会主义事业奋斗终身的有用人才。[16]我们必须明确教育强国的建设目标,坚定人才培养方向,强化高质量发展的育人能力。各级党委坚持全面加强对思政课建设的领导,育人过程将思政课与课程思政协同发力,将思想政治教育贯穿于教育的全方位、全过程,依据专业特色与各个专业课程有机融合,协同育人,势在必行。融入中华优秀传统文化,突出因地制宜的重要性与特征性,开展思政课与社会实践的紧密结合,实现理论与现实、课程与实践、思想与时代的同频共振,形成"大思政课"育人氛围。

(二)满足创新人才发展需求

基于自身发展需要与实际国情决定国家对于"高质量发展"的追求方法与实现方式的特色。在中国共产党的领导下,提前布局、主动出击、开拓进取、转危为机,将国家发展需要按照"发现规律,遵循规律,运用规律"三个紧密联系的环节进行各项发展标准的及时更新。

1. 变化发展的载体:互联网发展带来的新型平台

在2015年第二届世界互联网大会开幕式上,习近平总书记首次提出"数字中国"。在教育数字化的环境当中,思政教育要因时而进,因势而新,凭借新的技术支撑与数字赋能,催生出新的教学环境、教学方式,教师的数字化素养也得到大幅提升。2023年8月28日,中国互联网络信息中心（CNNIC）在京发布第52次《中国互联网络发展状况统计报告》。截至2023年6月，我国网民规模达10.79亿人，较2022年12月增长1109万人，互联网普及率达76.4%。具体表现有三个主要方面：第一，数字基础设施建设进一步加快，资源应用不断丰富；第二，工业互联网基础设施持续完善，"5G+工业互联网"快速发展；第三，各类互联网应用持续发展，网约车、在线旅行预订、网络文学等实现较快增长。[17]

高校协同育人，需要借助互联网络的蓬勃发展之势，展开有计划、有针对性地提升大学生创新创业能力的精准改革、培养计划、教学安排等。依靠网络媒介，运用数字教育的优势，抓住群体的发展特征，引导正确利用网络资源，开展网络思政育人工作，发挥"主阵地"的思政育人功效，拓宽"大思政课"育人场域，实现教育效能的几何式递增与"有教无类"主张的现实转化，成为今后各类高校开展工作的重要育人平台与承担载体。

2. 逐渐增大的压力：高校学生未来就业形势紧迫

随着近年来高校毕业生数量的不断增加，未来高校学生面临的竞争压力将会随之增大。未来发展，中国只有有效利用人口基数，才能充分发挥从人口大国到人口强国优势的转变。国家加大高校的建设力度，重视对高学历人才的培养工作。与此同时，高校等学术机构在培养高学历、高素养、创新型人才方面存在的竞争压力也逐年增加，从数量上的扩容转到质量上的提升。特别是在国内高等教育中，重视通过构建思想政治教育贯穿育人过程的协同教育模式，提升大学生的创新创业能力。从思想意识层面激发学生的创新创业意识，对道德理想方面进行科学正确的引导，避免人口老龄化带来的多重隐患，尽可能地减少人口红利趋于消失的现状。充分了解人才、尊重人才、发挥人才的价值与效用，明确人才与创新的紧密关系，多措并举育才、引才、留才、惜才、用才。

坚持以"推动高质量发展"为主题，将创新的活力根植于新时代中国经济社会的各个角落，通过不断升级革新创造持续的动力，在共享高质量发展的成果中满足中国人民对美好生活的向往。

第二节 问题的论述

根据2020年5月11日第七次全国人口普查数据公布,与世界其他国家比较而言,中国是一个具有141178万人口的国家。因此,与其他人口压力较小的国家相比,存在就业与生活的压力;高质量发展教育方面存在艰巨的任务;存在教育公平性、覆盖面与影响力的问题。尤其是受到各类负面因素的影响,导致大学生道德理想不健全、不完善的风险加剧,科学有效引导大学生价值观的难度加大。围绕大学生群体为主要目标的创新型人才能力建设方面,存在不少问题。具体表现为以下方面:创新意识有限,创新思维固化,理论更新不及时、不扎实,创新创业的实践能力偏低,迷茫感加剧,依赖心理加深,抗压能力较差,独立创新的能力开发不足等。

近年来,中国的高校毕业生人数每年都创历史新高,就业形势不容乐观。即使拥有高学历,一旦毕业,面临的就业压力呈现逐年增加的现状。不管是在企事业单位任职,还是选择自主创业,同时提升良好思想政治素养与创新创业能力,才是他们今后在竞争中获胜的关键。在现阶段,中国的教育发展仍存在许多薄弱环节,教育中存在的地域差异与发展水平的不协调,人才的供给不平衡,尤其是新时代需要的创新型人才供给严重不足,整体国民的创新素质的提升还需要付出巨大的努力。

一、协同育人的实际困境

目前,中国高等教育中协同育人存在的困境主要表现在以下几个方面。

(一)创新创业能力的缺失性

大学生现有的创新创业能力无法适应高质量发展的需求,存在供需关系的衔接不顺畅。例如,所学专业与产业需求,课堂教学与职场实战,教育引导与个体特征等。具体可以归纳为如下方面。

（1）不能满足经济全球化发展对创新型人才的需求。
（2）不能满足"互联网+"模式下的创新型人才需求。
（3）不能满足中国高质量发展对创新型人才的需求。
（4）不能满足地方经济转型发展对创新型人才的需要。

（二）协同育人模式的滞后性

一方面，过多的课业压力与没有及时更新的育人模式，造成学生掌握理论与实践运用的衔接脱节；另一方面，中国高校在提高学生创新创业能力方面开展的相关教育与研究水平与起步较早的国家之间还有一定差距。主要表现为以下方面。

（1）思想政治教育与创新创业教育对大学生创新创业能力协同影响的研究在中国尚处于初期，二者的协同教育模式正处于构建和发展阶段。

（2）围绕成果导向为育人目标的教学改革仍缺乏针对性与系统化有机融合的协同育人模型。高校学生创新创业能力的培养和提高，仅靠单一专业课程的教学无法实现既定的人才培养目标，造成有很大一部分的中国大学生缺乏创新创业意识的主动性，缺乏提高创新创业能力的积极性，导致在生活与学习中缺乏创新实践技能。

（三）优质育人资源的不足性

高校对于教学资源的"挖掘—分类—匹配—整合—运用—评估—反馈—改进"环节方面存在不协调的问题。优秀地域精神文化往往未能及时融入高校思政课，造成教学内容较为单一，教学方法固定化，学生参与主体的积极性、参与性、主动性展现不充分的情况，育人资源在一定程度上被浪费了。

（1）代表中国精神的文化资源的开发与整合利用仍不充分、不完善，对中国各地方高校提升学生创新创业能力的影响力呈现强弱不一致的现状。

（2）互联网为载体的教育新背景，在协同育人中发挥影响程度与育人目标存在一定范围与一定程度上的不协调，促进作用与阻碍发展相并存。

（3）在高质量发展视域下，以立德树人为共同着力点，通过思想政治教育与创新创业教育的协同育人模型对学生知识转移影响因素的研究不完整。

二、学术研究的缺口

尽管互联网的迅猛发展，青少年群体成为网络参与的主要群体之一，但是高校协同育人模式明显与网络的普及快速发展无法并驾齐驱，无法及时有效地更新教学模式，造成人才资源与教育资源在一定程度上的浪费。培养什么人，为谁培养人，如何培养人的问题是中国教育事业的重要问题。

显然，自主创业并不是一个人就业问题的简单解决方案，而是未来生活轨迹的改变。即使不选择自主创业，通过高校思想政治教育与创新创业教育二者的协同育人作用，不仅可以促进个人更好、更快地适应社会，培养自身的创新逻辑思维能力，激发生活与工作中的创新意识，完善个人的道德理想，而且还可以增强抗压与应对挑战的能力，提升今后人生道路选择中正确价值观与科学理论的影响力。

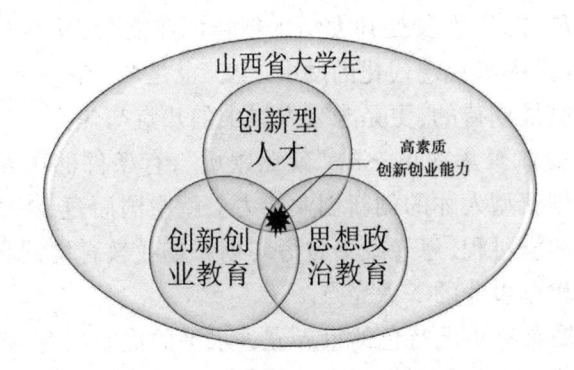

图 1-2　学术研究缺口框架图

资料来源：研究人员根据各种信息进行自主设计开发。

根据图 1-2，本书研究的学术缺口主要是在高质量发展背景之下，中国地方高校通过思想政治教育与创新创业教育的协同模式对学生创新创业能力有效性进行分析。把山西省高校的在读大学生作为调查问卷的主要研究对象。

高校围绕创新型人才的能力作为协同育人的成果导向目标要求,进行相应教学改革,即以高素质创新型人才的创新创业能力(下面均简称创新创业能力)为立足点,将协同学应用于两种不同教育中并展开深入研究与探讨,最终服务于立德树人的教育目标。

第三节 研究问题

党的十八大以来,党中央始终坚持"两个毫不动摇"重大方针,通过实施减税降费等一系列政策,不断优化营商环境,精准帮扶小微企业和个体经营户,民营经济规模壮大、盈利能力提升、吸纳就业增强,中小企业快速成长。民营经济发展壮大,盈利和吸纳就业能力显著增强。随着扶持中小企业政策惠及面不断扩大,中小企业数量明显增加。以2021年为例,规模以上私营工业企业吸纳就业3582万人,比2012年增长14.7%,吸纳就业人数占规模以上工业的48.1%。[18]

通过多种方式、手段提升大学生创新创业能力,从而提升国家的创新实力,不仅是中国式现代化的题中之义,也是"一带一路"倡议参与各国和东盟国家最期待的,更是未来发展中的热点与焦点。有扎实理论知识的群体不应该聚集在单一的"就业领域",有条件的国家应该重视和发展高素质创新型人才的创新创业能力。就中国而言,将思想政治教育贯穿于育人的全过程,思想政治教育与创新创业教育协同育人是中国特色社会主义教育事业的一大亮点。

为了发展具有中国特色的世界先进水平的优质教育,把掌握科学的理论、方法,尤其是将贯彻习近平新时代中国特色社会主义思想作为首要任务,将其贯穿到教育改革发展全过程,落实到教育现代化过程的各个领域环节。中国要培养高素质创新型人才,必须首先具备过硬的思想政治素养,同时具备良好的创新创业能力。我国高校只有通过合理、科学、创新的协同育人模式,才可能更好地培育社会主义事业的建设者和接班人。在整个协同育人模式中,重视资源的开发利用,整合优化协同特征中的各个组成部分,积极精准发挥知识转移的中介作用,才能有效提升学生的创新创业能力。

本书主要研究问题如下。

1. 中国高校学生需要具备什么样的创新创业能力来顺应与满足高质量发展对人才的要求？

2. 高校协同育人模型是如何有效地培养和影响大学生的创新创业能力？

3. 知识转移作为中介变量，在两种教育的协同育人模式中怎么样影响大学生的创新创业能力？

4. 中国高校的思想政治教育与创新创业教育在提升学生的创新创业能力方面具有什么关系？

5. 该怎么保障围绕创新型人才能力（创新创业能力）作为成果导向目标的高校协同教育活动的开展？

总之，中国通过自主培养创新型人才，以良好思想政治素养为首，兼具创新创业能力，不仅可以提升自身的创新竞争优势，有条件的个体还可以通过"创业促进就业"，有效缩小就业岗位与劳动力之间的矛盾与差距，实现有意义、有价值、有未来的人生，为今后创新成果的转化提供智力保障与创新动力支撑。

第四节　研究目标

高校是培养中国特色社会主义事业建设者与接班人的重要阵地，高校采用的教育模式是改革与完善中国高等教育的主要影响因素之一。大学生思想政治素质的高低与中国人才培养的质量有着密切的关系；创新创业能力的强弱与中国社会经济创新发展的趋势密切相关；思想政治教育与创新创业教育的协同程度，关乎大学生自身成长，更是国家创新型人才能力素养的关键要素。思政教育要紧密结合国家发展需求，把握战略契机，通过多元主体合作与"大思政"协同创新，利用思政课的理论内涵与实践研修的融合发展，切实推进思政课改革创新，把数字化融入思政教育的全过程，培育自主创新型人才，形成从"中国制造"到"中国创造"转变的新动能。

为了适应中国高质量发展的要求，高校通过创新创业教育与思想政治教育的协同教育模型的构建与探索，培育符合国家、社会和地方转型发展需要的人才。本书主要围绕以下几个研究目标进行论述。

1. 界定为了满足高质量发展需要的高校大学生创新创业能力的内涵。

2. 分析高校提高中国大学生创新创业能力的协同育人模式中的维度因子，并开发与构建协同育人量表。

3. 研究知识转移在协同育人模式中对提升中国高校大学生创新创业能力的中介作用。

4. 明确在提升学生的创新创业能力方面，中国高校的思想政治教育与创新创业教育的关系。

5. 提出高校协同育人模型在围绕创新型人才能力为成果导向的改革目标基础之上进一步的实施建议与问题解决对策。

总之，高校教育需要科学地坚持中国特色社会主义办学理念，按照"因地制宜"的原则，开展符合本国国情、具有地方特色的协同育人。围绕创新型人才能力为成果导向，在培养学生创新创业能力方面，尤其重视发展创新创业教育与思想政治教育相结合的协同教育，从而解决目前我国大学生存在的创新创业能力不足的问题。

第五节 研究框架

根据图1-3显示，此次研究把高质量发展视域下的思想政治教育与创新创业教育两者的协同育人模型作为自变量，即一级维度。教育资源、协同特征、立德树人分别作为自变量的二级指标。创新创业能力作为因变量的一级维度。创新创业内驱力、创新创业领导力、创新创业行动力分别作为因变量的二级指标。知识转移作为中介变量。知识传播、知识吸收分别作为二级因子。

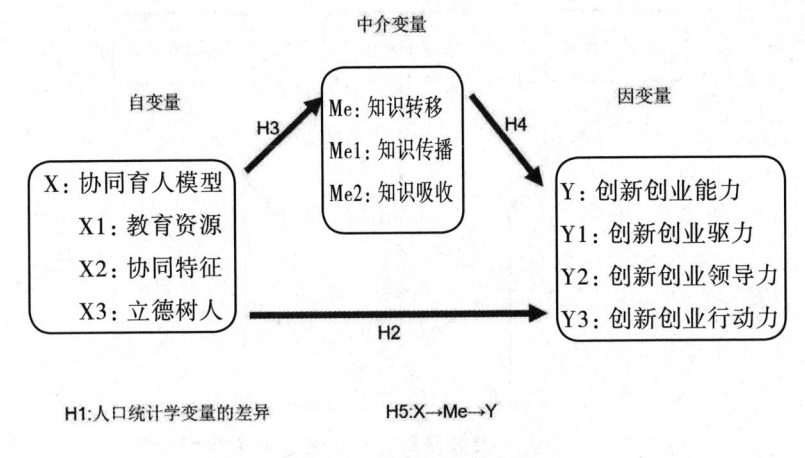

```
             中介变量
自变量      ┌─────────────┐      因变量
┌─────────┐ H3 │ Me: 知识转移 │ H4 ┌──────────────┐
│X: 协同育人模型│──→│ Me1: 知识传播│──→│Y: 创新创业能力│
│ X1: 教育资源 │   │ Me2: 知识吸收│   │Y1: 创新创业驱力│
│ X2: 协同特征 │   └─────────────┘   │Y2: 创新创业领导力│
│ X3: 立德树人 │─────────────────→  │Y3: 创新创业行动力│
└─────────┘           H2            └──────────────┘

H1:人口统计学变量的差异      H5:X→Me→Y
```

图1-3　研究概念的架构

资料来源：研究人员根据各种信息进行自主设计开发。

第六节　研究假设

在研究思想政治教育与创新创业教育协同作用下对创新型人才能力即大学生创新创业能力的影响有效性中，主要有五大假设，分别如下。

假设1：高校协同育人、知识转移与创新创业能力会因不同的人口学变量而有显著差异（图1-4）。

假设1a：性别对协同育人、知识转移和创新创业能力有显著性的差异。

假设1b：年龄对协同育人、知识转移和创新创业能力有显著性的差异。

假设1c：学历对协同育人、知识转移和创新创业能力有显著性的差异。

假设1d：学籍（地域）对协同育人、知识转移和创新创业能力有显著性的差异。

假设1e：独生子女情况对协同育人、知识转移和创新创业能力有显著性的差异。

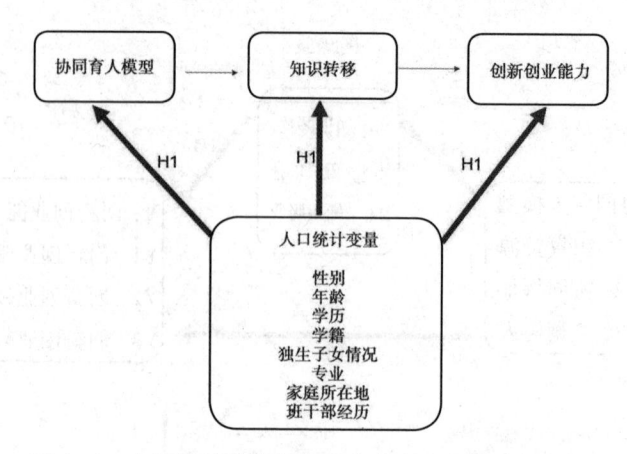

图 1-4 人口统计学变量与各个变量之间假设框架图

资料来源：研究人员根据各种信息进行自主设计开发。

假设 1f：专业对协同育人、知识转移和创新创业能力有显著性的差异。

假设 1g：家庭所在地对协同育人、知识转移和创新创业能力有显著性的差异。

假设 1h：班干部经历对协同育人、知识转移和创新创业能力有显著性的差异。

假设 2：高质量发展视域下的思想政治教育与创新创业教育的协同育人模式在影响学生的创新创业能力存在正向交互作用（图 1-5）。

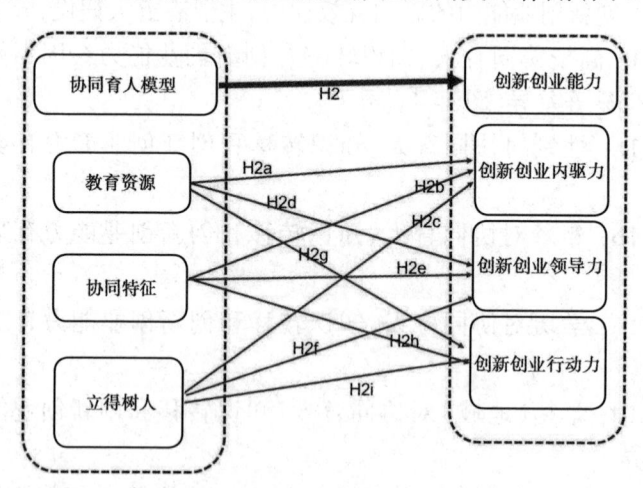

图 1-5 协同育人与创新创业能力的相关假设框架图

资料来源：研究人员根据各种信息进行自主设计开发。

假设 2a：协同育人的教育资源维度显著正向影响学生创新创业的内驱力。

假设 2b：协同育人的协同特征维度显著正向影响学生创新创业的内驱力。

假设 2c：协同育人的立德树人维度显著正向影响学生创新创业的内驱力。

假设 2d：协同育人的教育资源维度显著正向影响学生创新创业的领导力。

假设 2e：协同育人的协同特征维度显著正向影响学生创新创业的领导力。

假设 2f：协同育人的立德树人维度显著正向影响学生创新创业的领导力。

假设 2g：协同育人的教育资源维度显著正向影响学生创新创业的行动力。

假设 2h：协同育人的协同特征维度显著正向影响学生创新创业的行动力。

假设 2i：协同育人的立德树人维度显著正向影响学生创新创业的行动力。

假设 3：协同育人与知识转移呈正相关关系（图 1-6）。

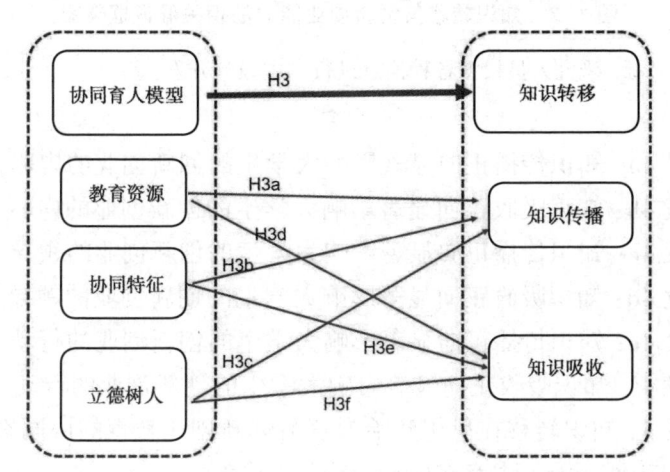

图 1-6　协同育人与知识转移的相关假设框架图

资料来源：研究人员根据各种信息进行自主设计开发。

假设 3a：协同育人的教育资源维度正向显著影响知识传播。
假设 3b：协同育人的协同特征维度正向显著影响知识传播。
假设 3c：协同育人的立德树人维度正向显著影响知识传播。
假设 3d：协同育人的教育资源维度正向显著影响知识吸收。
假设 3e：协同育人的协同特征维度正向显著影响知识吸收。
假设 3f：协同育人的立德树人维度正向显著影响知识吸收。
假设 4：知识转移与创新创业能力呈正相关关系（图 1-7）。

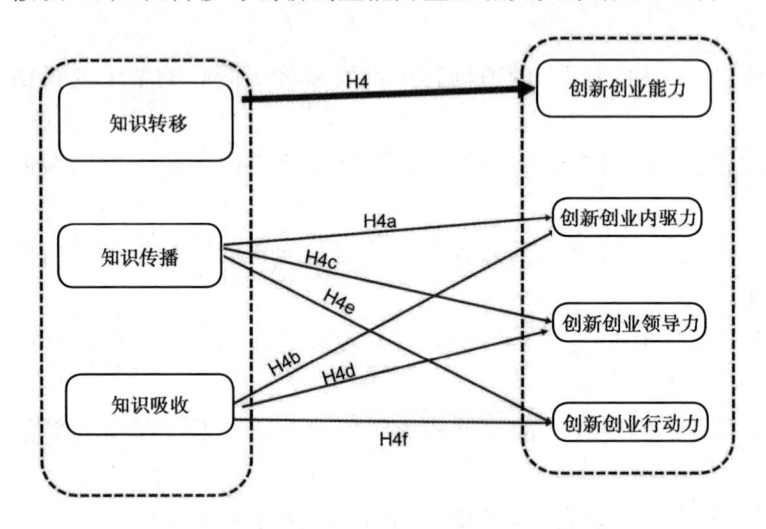

图 1-7　知识转移与创新创业能力的相关假设框架图

资料来源：研究人员根据各种信息进行自主设计开发。

假设 4a：知识传播正向显著影响大学生的创新创业的内驱力。
假设 4b：知识吸收正向显著影响大学生的创新创业的内驱力。
假设 4c：知识传播正向显著影响大学生的创新创业的领导力。
假设 4d：知识吸收正向显著影响大学生的创新创业的领导力。
假设 4e：知识传播正向显著影响大学生的创新创业的行动力。
假设 4f：知识吸收正向显著影响大学生的创新创业的行动力。
假设 5：知识转移在思想政治教育与创新创业教育的协同教育对大学生的创新创业能力中存在中介效应（图 1-8）。

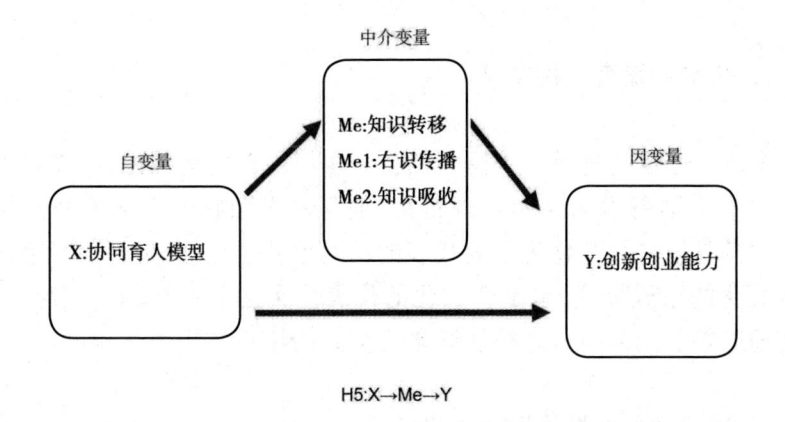

图中文字：
中介变量
Me:知识转移
Me1:右识传播
Me2:知识吸收
自变量
X:协同育人模型
因变量
Y:创新创业能力
H5:X→Me→Y

图 1-8　知识转移在协同育人与创新创业能力间起中介作用的假设框架图

资料来源：研究人员根据各种信息进行自主设计开发。

假设 5a：知识传播在协同育人三维度与创新创业能力三维度间起中介作用。

假设 5b：知识吸收在协同育人三维度与创新创业能力三维度间起中介作用。

第七节　研究范围

一、研究的内容

本书主要围绕创新型人才能力为育人成果导向，将协同理论等运用于不同的学科教育，对高校协同育人的有效性进行分析研究。主要论证中国高校通过创新创业教育与思想政治教育的协同育人对大学生创新创业能力的影响效用。在高质量发展视域下，根据教育现代化 2035 发展纲要指导，按照立德树人作为根本任务的育人要求，结合地方经济转型发展要求，有针对性地开展创新创业教育与思想政治教育融合育人。从二者可以协同育人的可行性出发，针对二者协同育人的维度以及相应的特征分别作分析与归纳，以学生的知识转移为中介，把培养高校学生具备良好思想政治素养的创新创业能力为落脚点。

二、研究的模型建构区域

本研究选取的省份为中国山西省。根据山西的地理位置,决定了它不仅具有内陆省份的自然地理特征,而且具有独特的人文地域文化特征。尤其是以晋商文化为主要代表的山西地域文化,既是中国特色社会主义文化的组成部分,也是晋文化的代表性文化之一,以上因素都不同程度地影响着山西地方高校协同教育模式的构建与运用。

三、研究国外高校协同育人经验

本次研究中,从近些年来国外学校培养学生创新创业能力的研究着手,借鉴国外先进且符合中国实际国情的教育经验,探寻对中国学生创新创业能力有积极效用的方法与模式。紧跟国家战略发展建设目标,利用日常经验与专业相结合,发挥高校协同育人的效用,提升中国学生的创新创业能力。

第八节 研究局限性

在中国式现代化的目标、服务于高质量发展的视域、国家提出教育现代化2035发展纲要指导,以及习近平总书记提出"希望山西在转型发展上率先蹚出一条新路来"的重要指示下,顺应我国发展要求,进一步构建协同育人创新模式。但是,鉴于时间、空间、样本、个人精力等多重因素的制约,模型的建构与运用,协同效用的发挥还存在不同程度的局限。

一、地域对比存在差距问题

山西的地理位置位于中国内陆省份。与沿海经济发达地区在交通运输和经济发展方面存在一定差距。按照行政区域划分,一方面,内陆与沿海省份的创新程度仍存在差距。浙江省、江苏省和广东省作为中国改革开放的先行地、实验区,拥有良好的地域优势,涌现了较多的典型代表。[19]其中,江苏亟需基于"产业—人才—城市"协调融合分析框架探究科技人才集聚模式的演变趋势,为创新科技人才政策体系提供理论依据和行动指南。[20]另一方面,创新活跃的沿海区域内部存在差异。粤港澳大湾区各城市科技创新人才聚集能力动态变化,各城市未有效联动形成合力。[21]

因此,有效的区域创新势能发挥,既可以解决创新不平衡问题,又可以帮助创新人才自身价值实现,同时一定程度上造成创新型人才培养层面的差距。

二、引进与评价机制是否适用

人才引进,利用现代化的手段,强化数据驱动机制,建立健全人才平台数据采集、使用与管理制度,使高职院校与行业企业能规范有序地实现高层次人才信息的线上共享。[22]由于政策、资金等因素的制约,造成人才自主选择与流动。但是,人才流动乱象导致高校学术生态恶化,出路在于推动各级各类人才有序规范流动。因此,中西部地区要努力建设"引得进、留得住"的良好制度环境。[23]评价机制方面,构建一份基本素质、创新能力、创新成果3个一级指标的科技创新人才评价指标体系。[24]依托科技赋能,政策保障,赋予创新人才使命新的内涵。

因此,人才的培养与引进有一定的地域限制,各地实际情况比较难以全部覆盖与掌握,协同育人不存在放之四海而皆准的唯一标准,需要动态的考量与发展。

三、学科解释与研究时间的限制

一方面,本书主要基于思想政治教育学、管理学、马克思主义哲学、创新创业教育学、协同学等视角。其他相关方面,如社会学、心理学,虽然涉及了一些,但并不深入,存在部分学科解释不够深入的局限性。

另一方面,此次研究主要在时间背景方面具有一定的阶段性特征和局限性,对于未来发展的适用程度,仍需要不断地持续性深入研究。

第九节 研究意义

大学生是中国高等教育培养出来的高层次创新型人才主要群体之一，是国家的希望和未来。在高质量发展视域下，中国培养大批具有良好思想政治素养的创新创业能力的人才，来支持国家的创新驱动转型发展。实现创新强国的建设，进行创新型人才培养为成果导向的育人模式改革，要将创新的主动权牢牢掌握在"强国有我"的青年大学生手中。

一、理论意义

学术理论视角，本书结合中国式创新型人才的建设进行分析，有利于不断丰富我国创新人才战略的相关理论与政策。对于创新人才的能力作为一个分析概念，有着开放、灵活、动态、丰富的时代内涵。研究以综合性的学术视角，涉及马克思主义人才的全面发展、习近平总书记的人才观、管理学、协同学、思想政治教育等理论，致力于提升我国创新人才的理论研究水平与国际认同。

人才是衡量一个国家综合国力的重要指标。[25]人才是自主创新的关键，顶尖人才具有不可替代性。国家发展靠人才，民族振兴靠人才。谁能培养和吸引更多优秀人才，谁就能在竞争中占据优势。[26]空谈误国，实干兴邦，践行初心使命，贵在干在实处。创新人才的使命担当是推进中国式现代化建设的必然要求，更是对整体化、系统化协同育人理论转化成为现实需要的迫切要求。

第一，高校创新创业教育与思想政治教育的融合发展，协同教育可以使两者之间的关系更加清晰，在理论上填补了两种协同教育理论的数据缺陷。

第二，在提高学生创新创业能力方面，从理论上进一步论证知识转移的中介作用，进一步丰富了高校提高学生创新创业能力的理论。

第三,进一步完善创新立德树人理论在培养学生创新创业能力的具体内涵。思想政治教育与创新创业教育协同育人有效性的影响体现在以"德"为首,将学生创新创业能力作为综合能力的重要构成部分,丰富中国高校"思政课程"与"课程思政"的理论。

此外,在量表的开发与完善方面积累了一定的宝贵经验。研究者开发并构建了一份协同育人的量表,在理论上丰富了测量协同育人的有效性作用。在依托之前学者研究的基础上,围绕创新型人才能力为成果导向,进行教学创新改革,对创新创业能力的量表、知识转移量表进一步优化、选择、完善与改进。

二、实践意义

从应用视角来看,美国管理学家德鲁克认为创新的前提条件是"有系统地抛弃昨天"。结合本书研究,主要是指由专业人士有针对性、目标性地制订计划,进而有步骤地实施。

创新是人才涌现的动力,人才是创新发展的资源。创新作为一种重要的软实力,它是用新方式取代传统方式来处理各项事务,用新思维应对国内外出现的多重风险挑战,不断适应新的发展阶段,满足特定目标需求的过程,从而带来一系列革命性的飞跃。因此,创新会贯穿于人才主动抛弃过程的始终。无论是硬实力,还是软实力,归根到底要靠人才实力,尤其是创新人才的引领力与推动力。目前,我国在自主培养战略科技人才方面还有几大问题亟须解决。人才培养模式过于传统;青年人才缺乏成长为战略科学家的制度环境。[27]培养造就我国自主创新人才的现代化模式还需要进一步探索。

因此,通过此次理论模型的构建能够更有效地推动国家创新体系建设,坚守创新人才的初心,强化他们实现自身价值过程中的使命担当。构建协同教育模式,不仅可以帮助高校在大学教育的实践中开发出独具特色的教育模式,而且可以促进学科协同对学生创新创业能力提高的实效性。

第一,可以帮助大学生提升教学满意度,培养创新逻辑思维能力,提升大学生创新创业积极性与主动性,达到提高大学生创新创业能力的育人效果。

第二,能够帮助中国地方高校结合本校办学特色、本地实际情况、国家发展目标需求以及学生特点等因素,积极发挥思想政治教育与创新创业教育的协同教育模式对于学生创新创业能力的有效性。

第三,在高校利用现代化的教育载体——互联网,发挥它在协同育人中的积极调节作用。帮助教师提升自身能力的积极性,有效促进教师自身素养,推进育人手段的现代化。此外,线上线下资源的融合协同,能够丰富育人资源,增强理论知识的生动性与感染力,提升学生自主学习的能力。

第四,通过分析国外先进的教育经验,从而帮助中国高校协同育人提升大学生创新创业能力的效用。此外,创新创业教育与思想政治教育协同育人的研究在中国尚处于初级阶段。本书研究提供的数据和结论将有助于地方高校建立切实可行的教育模式与体系,帮助学生自身能力和认知水平的提升。

综上所述,在高校中提升立德树人在实际教育中具体运用的实效性,实现立足思政课,面向课程思政;立足本省,面向全国;立足现在,面向未来;立足本质,面向创新的协同育人效用。协同教育对学生创新创业能力的有效性的研究,不仅创新了协同性在不同学科间的运用效用,而且促进地方经济的转型与高质量发展,充分凸显地方文化特色优势,提高山西省教育的整体竞争力,不断继承和弘扬中国特色社会主义文化的影响力。

【本章小结】

在高质量发展的视域下,本书研究内容一共分为理论分析、数据实证、研究结论与未来展望三大篇,具体划分为六章。第一篇主要包括第一章、第二章;第二篇主要包括第三章、第四章;第三篇主要包括第五章、第六章。

每一章的具体内容如下。

第一章,首先,介绍研究的背景资料,归纳现实中遇到的问题,锁定研究的目标。在既定的结构框架内,进行研究的假设。其次,选定研究的范围是山西省高校。最后,对本书的研究价值进行论述。

第二章,厘清运用到的理论与概念,辨析文中存在概念、变量的定义,并给出研究中所需的定义。对理论与概念在本次研究中给予的启示进行分析。其次,文献综述。回顾近几年相关研究,进行分析,针对研究的特定范围,选择相关的文献做研究综述。

第三章,明确运用的研究方法。在正式研究之前,做了提前的信度与效度的检测。

第四章,经过第三章的筛选之后,进行正式的研究分析。

第五章,按照研究方法与步骤,发现结果并给出结论。

第六章,提出进一步完善的意见与改进建议,对研究内容的未来进行展望。

总之,在新的政策与国内外变化的客观社会环境下,坚持科学的指导原则,改变固有的旧式思维方式,探究应该有什么样的结合,产生什么样的新认识,新理论,新观念,以进一步明确新环境、新目标、新追求、新动力下创新型人才能力的培养目标与对策。

第二章 理论基础

第一节 介 绍

国家间人才的竞争,其本质就是各国教育竞争的一个体现。高校在培养适应不断变化的社会发展需求的创新型人才方面,单单依靠某一方面的教育,是无法达到既定目标的,此时需要寻求一种可以互促互益的教育,融合互助,共同培养所需的创新型人才。不断前进的历史车轮,推动着社会不断向前,也促使对人才的需求逐步提升,即由从原来单纯机械地完成工作任务的劳动力,逐步转变为需要有良好思想政治素养为首的创新创业能力的人才。

本章主要以定性研究的方式开展研究,通过梳理大量的书籍、期刊、学术论文、专题新闻、会议报道,收集统计数据资源等权威信息,获得丰富的数据与资源。此外,通过比较近年来国内外关于本研究中出现变量的相关的定性或定量研究,汇总整理后找到现存研究中存在的不足,积极汲取国内外研究中的有益经验,为本研究模型的进一步检验分析提供可靠的资料与数据支撑。

根据框架图 2-1,将高等教育的效用研究置于特定国情文化因素的大背景之下,经过充分整理、分析国内外的思想政治教育、创新创业教育在育人方面的经验,归纳总结存在的不足之处。利用协同机制在这二者之间融合发展,探索创新型人才能力作为成果导向培养目标,协同育人模型对学生的创新创业能力发挥协同作用的有效性。

第二章　理论基础

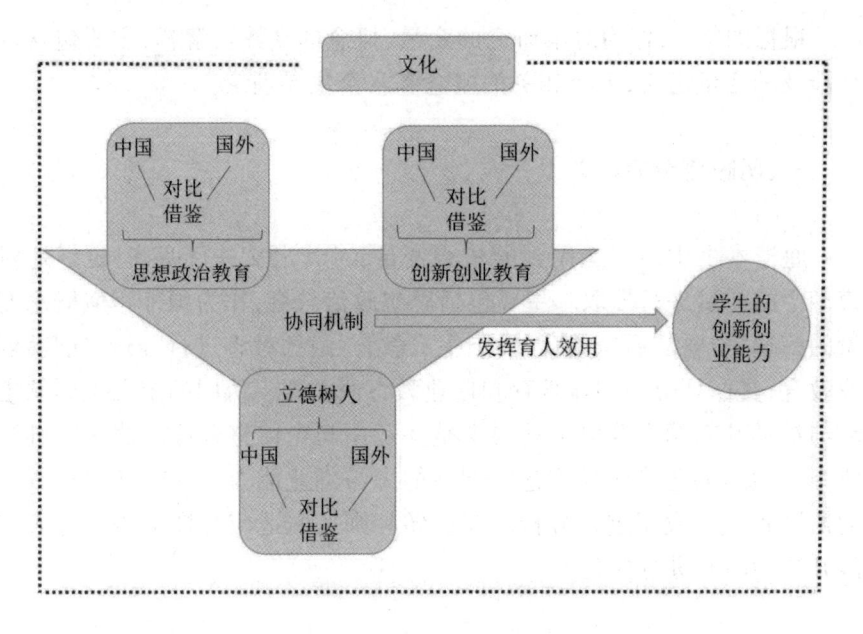

图 2-1　本章的研究框架结构

资料来源：研究人员根据各种信息进行自主设计开发。

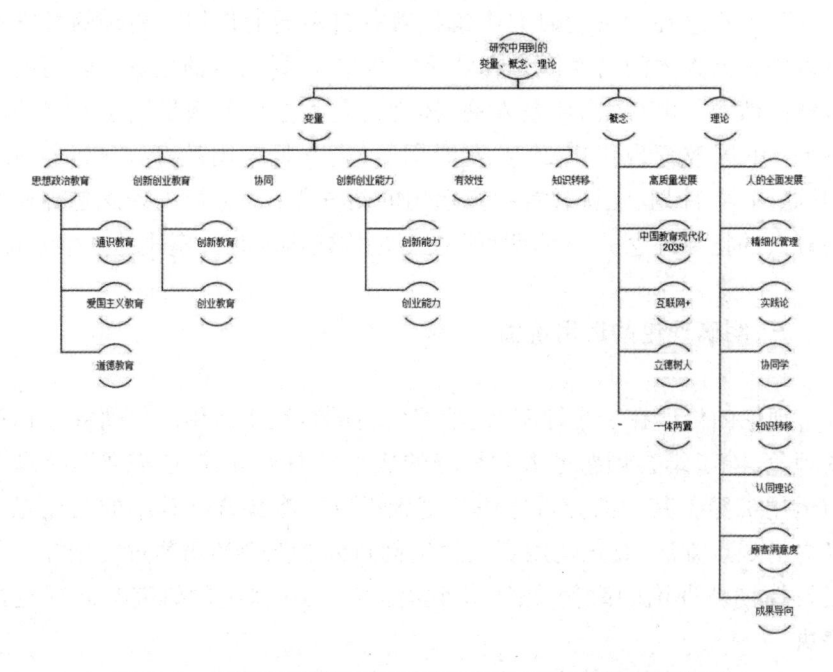

图 2-2　研究中涉及的主要变量、概念、理论的框架结构图

资料来源：研究人员根据各种信息进行设计开发。

根据图2-2,作为对本研究的变量、概念的支撑与解释,主要包含六个涉及的变量定义,五个相关的概念和八个主要理论。

一、明晰变量的定义

厘清本书中所要运用到的核心变量,对其定义进行明确,更好地对模型中的变量进行提取。主要包括思想政治教育,作为国外相似概念变量的筛选,主要从通识教育、爱国主义教育、道德教育进行分析。创新创业教育,具体划分为创新教育和创业教育两大类。协同的定义主要从主动与被动地对两个及以上的要素整体运用与个体整合运用的角度进行研究。创新创业能力具体包括创新能力与创业能力。有效性则从教学的协同育人的效用进行分析。知识转移则按照适应与推动协同育人实践开展的因素进行探究。

二、厘清概念的作用

五个概念在本书的研究中承担着各自不同的作用。高校的教学改革以创新型人才的培养作为成果导向的育人目标,从而根据实际情况进行精准改革。其中,高质量发展,体现的是人才培养满足国家发展战略布局;中国教育现代化2035发展纲要,则立足中国教育强国的需求;"互联网+"计划,强调教育手段运用的新选择;立德树人理念是高校协同育人的指导理念;"一体两翼"模型是构建协同育人模式的框架基础。

三、明确理论的运用价值

理论的价值在于指导实践,学习的目的全在于运用。[28]研究中运用的理论,除了结合创新型人才培养的成果导向为重点,还需要着重理解与运用贯穿于其中的分析方法与逻辑思维。将蕴含在其中的马克思主义立场观点方法,真正运用到大学生创新创业能力的培养过程始终。积极发挥创新理论的时代价值,使其有效融入新情况的研究与新问题的解决。

人的全面发展理论是以人为本的主要体现;精细化管理理论,作为教学改革因材施教的重要依据;实践论,重视学术理论与实践发展的协调配合；协同学理论，作为协同育人的内在支撑；知识转移理论，提升育人保障的实效性；认同理论，强调文化对育人的影响力；顾客满意度理论，体现学生对协同育人的有效性进行的反馈；成果导向理论，作为协同育人模式中创新型人才能力的测量指标。

第二节 研究中的变量定义

一、思想政治教育的定义

在《中共中央国务院关于进一步加强和改进大学生思想政治教育的意见》中明确加强和改进大学生思想政治教育的主要任务。指出："思想政治教育是以理想信念教育为核心，深入进行树立正确的世界观、人生观和价值观的教育；以爱国主义教育为重点，深入进行弘扬和培育民族精神教育；以基本道德规范为基础，深入进行公民道德教育；以大学生全面发展为目标，深入进行素质教育。"[29]

关于思想政治教育的内涵定义在育人过程中的具体运用受到不少学者的关注，他们主要根据以下几方面进行辨析与探讨。

从内容涵盖的角度划分，主要从涵盖范围的广度上进行界定。对于思想政治教育的定义最典型的两种观点，即"小德育"和"大德育"。"小德育"坚持所谓的"道德教育"，而"大德育"则认为思想政治教育包括思想教育、政治教育、道德教育，有的认为应该包括心理教育等。[30] 因此，根据涉及内容的角度出发，为了更好地与国外开展的类似教育比较分析，这里比较赞成以"大德育"的视角开展进一步探究与解释。

此外，还有学者将它视为一种实践性活动。主要从维护阶级自身的政治利益的角度出发，将实践活动与阶级这两个方面结合在一起，并进一步地丰富后对其进行新的定义阐释。一定的阶级或者政治集团，为实现自身的政治目标，用反映本阶级或政治集团利益和愿望的意识形态，对人们的思想施加有目的、有计划、有组织的影响，进而影响其行为，促使其思想行为向着符合一定社会要求的方向变化发展的社会活动。[31] 具体指一定阶级或政治集团，为了实现其政治目标和任务而进行的，以政治思想教育为核心与重点的，思想、道德和心理综合教育实践。[32]

正如习近平总书记提出"各种文明本没有冲突,只是要有欣赏所有文明之美的眼睛。我们既要让本国文明充满勃勃生机,又要为他国文明发展创造条件,让世界文明百花园群芳竞艳"。[33]只有以开放包容的态度,完善发展的眼光,探求真理与追寻规律,对国内外各种先进的教育理念进行比较分析,立足于中国的实际国情,才会找到一条适合高等教育人才培养的有效路径。

虽然国外没有明确提出思想政治教育这个学术专有名词,但并不意味着其不开展与中国思想政治教育相似的教育类型。大体而言,本研究主要从类型的涉及、理论的指导、规律的探求、异同的分析、经验的评判五个方面进行国际视域下的比较研究。

根据上述划分的角度层面,鉴于国外开展的通识教育、爱国主义教育、道德教育等各自不同的侧重点与中国的思想政治教育在育人本质上相似,但又不重合。因此,为了此次研究的严谨性与科学性,在问题价值为导向的基础上,将上述各类与中国思想政治教育在本质上一致又独具各国特色的教育,统一称为国外思想政治教育。

将国内外思想政治教育概念做一个界定的话,胥文政指出思想政治教育是指对教育对象进行的有关国家和社会倡导的政治方向、政治立场、世界观、人生观、价值观的教育,使其认同社会的道德和行为规范,形成共同的理想和信念,使其关心和认同社会,参与社会事务,以国家和社会利益为重,成为社会稳定和发展的积极因素。[34]

总之,根据本次研究范围的选择,该教育的内涵主要涉及思想政治专业课程,日常的思想政治教育工作,还包括创新创业教育的课程思政这三个主要方面。因此,思想政治教育在本次研究中主要是指:以顺应时代发展,探寻育人规律为方向指引,为了维护一定领导阶级或政治团体的政治原则、社会理想,达到巩固主流意识形态,使其认同所倡导的理论与价值。采用多形式、多维度、多渠道的模式对群体或个人开展有针对性提升自身政治素养与思想道德水平的综合教育。

二、通识教育的定义

通识教育(General education),它是中小学基础教育之外区别于专业教育的一个概念。最先由哈佛大学的柯南特教授提出,它是传统的"自由教育"在新时期的发展,西方的通识教育从亚里士多德的"自由人教育",经由纽曼所倡导的"博雅教育",发展到受(马修·阿诺德)影响而推行的现代大学"通识教育"。新时代背景下"通识教育"内涵和外延都产生了不同程度的变化。

通识教育是与专业教育相对应的一个概念,沈壮海强调的是从综合的视野出发,对教育对象进行基本知识、基本价值的培养与训练。引导教育对象作为个体、作为公民或者其他社会角色直面人生,直面社会,直面"为何而生""何以为生"等人生基本问题时所必须掌握的知识与价值。[35]

因此,本书中通识教育的定义主要相对于专业教育的知识传授和能力锻炼与提升而言。通识教育主要培养与完善受教育群体的思想认识、欣赏鉴别力、感情理智、科学精神、人文素养等层面的发展,从而培养具有不断完善能力且身心能够获得真正自由的人。即除了具备良好的智商、情商之外,还有较高的辨析与审美力,科学严谨的逻辑思维,以及能够适应环境的调节能力。

三、爱国主义教育的定义

2019年11月,中共中央、国务院印发《新时代爱国主义实施纲要》,这对于全体人民弘扬伟大的爱国主义精神,为实现中华民族伟大复兴的中国梦而不懈奋斗,无疑具有重要的现实意义和深远的历史意义。十四届全国人大常委会第六次会议于2023年10月24日表决通过《中华人民共和国爱国主义教育法》,自2024年1月1日起施行。制定爱国主义教育法,以法治方式推动和保障新时代爱国主义教育,对于振奋民族精神、凝聚人民力量,推进强国建设、民族复兴,具有十分重大而深远的意义。爱国主义教育的主要内容包括思想政治、历史文化、国家象征标志、祖国壮美河山和历史文化遗产、宪法和法律、国家统一和民族团结、国家安全和国防、英烈和模范人物事迹等方面。[36]

新时代中国的爱国主义教育尤其注意区分与处理各类主义之间的关系。经济全球化背景下大学生爱国主义教育的新范畴,首先,着重培养国家安全意识。其次,重视进行理性爱国教育。克服狭隘的民族主义和封闭的民粹主义,坚持既立足于民族又面向世界的爱国主义价值立场。[37]一方面要科学处理爱国主义与民族主义的关系,反对狭隘的民族主义;另一方面要将爱国主义与国际主义统一起来。[38]最后,深入开展社会主义核心价值体系教育活动。[39]

爱国主义与社会主义的本质联系和内在统一告诉我们,大学生爱国主义教育就是教育大学生热爱社会主义祖国,教育大学生积极参与中国特色社会主义现代化事业。[40]爱国主义与国家的性质紧密联系。一个国家如果缺乏爱国主义教育,就会导致国家政局动荡、经济下滑、科技落后等一系列问题的出现。爱国主义因国家性质、社会制度、传统文化、历史等因素的影响,从而产生适应不同国家发展需求的内容与具体要求。爱国主义教育侧重于在维护国家正当利益的前提基础之上,以实现并维护国家的稳定繁荣与昌盛发展,对全体公民进行的维护道德要求、政治原则和法律规范、文化与自然遗产等的有效教育活动。

四、道德教育的定义

国外的研究者对道德教育从延续发展、继承弘扬的角度出发,将其作为一种是非曲直的评判标准对其进行定义。Podlasy(2017)指出广义社会意义上的道德教育是将老一辈人积累的经验传给下一代人(在这里,经验是指人们所知道的知识、技能、思维方式,人类历史发展过程中创造的道德、伦理、法律规范)。[41]其中,道德教育有两个互补的维度。第一个与道德推理有关,包括承认越来越高的标准,我们将使用这些标准对道德善恶进行伦理判断。第二个维度是道德行为,即根据公认的价值观和规范做出决策和行动。[42]

在中国国内学术界普遍认同的是以下这一观点。道德教育,是指一定社会或阶级为使人们接受和遵循其道德规范体系的要求,并按其价值标准处世做人,而有计划有组织地对受教育者施以道德影响的活动,包括提高道德认识,陶冶道德情操,确立道德信念,养成道德行为习惯等,是一定社会和阶级的道德意识转化为个人的道德品质的重要环节。[43]

道德教育是在强国道路上必不可少的一项复杂且庞大的系统性工程。一个国家的道德教育的完善程度,始终应该与本国的实际国情相适应,并且始终可以为社会的发展提供积极的发展动力。此外,道德教育主要围绕国外开展的道德教育的方式与经验为借鉴,影响个体的道德观念与实践行为,主要与中国的立德树人教育作比较研究。

五、创新创业教育的定义

在这里创新创业教育这一概念是具有中国特色社会主义的理论概念,并不是创新教育与创业教育的简单相加,而是二者各具特点且相互融合,互促互益。明确创新创业教育的内涵维度,是验证它与思想政治教育协同的必要前提。

一部分学者以创新与创业的关系辨析为主线,对二者的关系进行辨析。柳翠钦、王茹[44]指出,"创新创业教育"是创新教育与创业教育两者精髓的紧密结合,而不是两者的机械相加。提出之初并不是一个整体概念,而是创新教育和创业教育的合称。[45]厘清他们之间的关系,有助于创新创业教育内涵的剖析。创新教育、创业教育之间存在一定程度上的内在联系和本质互通,这是创新创业教育的理论与实践基础。[46]另外一部分学者,则从概念的整体着手,立足于新的时代环境之下,赋予其更广泛的内涵定义。陈艳霞指出创新创业教育是一种培养具有基于创新进行创业的意识、知识、能力、个性品质和人生追求的人才的新型教育,其中,这一概念中的创业包括岗位创业、开创新的事业以及开创自己的人生。[47]

创新创业教育涵盖的对象有很多,既有刚刚从学校毕业的学生群体,或者即将面临进入社会的群体,又或者是已经有一定工作年限的社会人员。这里主要是指围绕中国在校的高校学生而开展的形式多样,内容丰富的创新创业教育。大学生创新创业教育是指在大学生创新教育和创业教育的基础上,结合社会经济发展的需求,力争培养具有创新思维方式,掌握一定创业技能,具有创新创业素养的创造性人才的一种教育。[48]

因此,在立足样本研究的基础上,研究者根据之前学者的研究中涉及的侧重点重新整合归纳,指出创新创业教育是以高校学生为培养对象,开展一种符合并推动社会进步需求的教育。具体是指一种能够不断提升人才创新素养的理论与实践能力的综合式、体系化、创新性的育人方式。以创新作为创业的基础,将创业设定为创新的目标,开展的教育是为了提升学生将来的创新素质和创新能力,也是为将来创业争取成功的几率,更是认识自身创新潜能,更充实地实现个人梦,作为成就中国梦的必备条件。

（一）创新教育的定义

为了适应发展变化的需求，不论是企业生产管理，或者是教育领域，凭借创新能够争取更多有利条件发展自身。

创新是指对变化的偏好和追求，对思想或产品进行改革，以获得竞争优势。[49]创新教育作为一种开发人的潜能的专门教育，体系化的教授与指导能更好地帮助学生思维活跃。在这样的背景下，教育系统被要求培养能够创新的人，他们能看到机会并承担起使事情发生的责任，并在过程中带来改变。[50]它突破了传统的接受式教育形式，旨在培养受教育者的创新素养的一种新型教育。[51]创新教育是以能力为导向而非学历为导向的教育，相较于其他教育，有其自己的特色，也不直接等于简单的创新活动。[52]创新教育本身也是具有层次的，也是要追求差异化和多样性的，从而使受教育者的知识、能力以及素质差异化、个性化，才能通过"小创新"的互动整合实现"大创新"。[53]

为了理解创新教育的内涵需要以深度的挖掘，内容的丰富，范围的拓展为主要方面进行不断的整合与探讨。综上所述，创新教育指的是高校通过开发挖掘不同层次，不同专业背景对象创新价值的教育，是一种注重培养学生的创新思想理念、创新逻辑思维、分析创新意愿、激发创新热情等方面差异化的育人方式。

（二）创业教育的定义

创业教育的研究在一部分学者看来，与创新教育密切相关。不论是开端、过程，或是结果，在一定程度上均体现了二者的关联程度。

蒋琴雅指出，创业教育本质内涵可提炼为：创业是一种思维方式和行为模式，其核心要素在于创新。[54]陈艳霞认为创业教育是一种重在培养与创业相关的能力的素质教育。[55]就创业教育而言，它不仅仅是学习做什么，而是学习如何去做新事物，如何去创造。[56]创业教育在其目标和方法上是多种多样的。[57]

因此，创业教育被看作是高校开展的流程化、准则式的培养学生既能够获得扎实的理论，又能够在求学期间将理论付诸实践的一种教育活动，是用于检验创业理论是否可行的主要方式之一。

第二章 理论基础

六、协同的定义

协同探究作为一种研究方法,包含了许多基本的、相互关联的维度。[58] 一般来说,所谓的协调是指协调两种或两种以上不同的资源或个体,使其共同达到某种目标的过程或能力。这样,"协作"的概念就有了广泛的含义,不仅包括人与人之间的协作,还包括不同应用系统之间、不同数据资源之间、不同终端设备之间、不同应用场景之间、人与人之间的协作,以及机器之间、技术与传统之间的全方位合作。[59]

这里协同研究主要是指以高校的创新创业能力人才培养为目标,在不同的学科教学与教育资源之间的融合协作,利用学科特性,发挥协同优势。在一定程度上,使教育资源涉及内容使用充分化、立体化、融合化,达到教育效果的最大化、最优化,最强化。

七、创新创业能力的定义

能力的组成要素既有先天的生物性、遗传性,又具备后天的学习性、实践性。人的能力具备开放的提升本质。人的创新创业能力可以最大限度地挖掘人才创新创业的理论与实践转化方面的最大潜力。创新、创业的要素既有一般性又有特殊性。尤其是创新创业能力的提升需要有意识地培养与鼓励,而且要有明确目标地进行机会提供与环境改善的措施。总之,创新和创业是一个硬币的两面。[60] 在新的领域,一个社会在一个竞争的社区中处于领先地位,它的毕业生应该能够收集创造性和活力的资源,并努力支付创造性的业务和成为企业家。[61] 具有创新和创业能力的人,对社区的社会效益产生影响。[62] 高等教育对培养这样的人才与社会人力资源要求相一致。

部分研究人员和学者看来,创新创业能力不是单一的能力,结合不同专业水平,体现各自特征的综合能力。创新创业能力指的是大学生既具有工程实践能力、技术创新能力又兼备商业创业潜能的复合型能力。[63]

创新创业能力实质上是一种有效行动能力,是突破自我发展过程中所遇到的难关的能力,[64] 并且把目标确定能力、行动谋划能力、行为决断能力、沟通合作能力、把握机遇能力、防范风险能力、逆境奋起能力作为创新创业人才应具备的七种关键能力。[65]

因此，以培养具备良好思想政治素养为核心的创新创业能力人才，是高校贯彻立德树人在实际教学中的其中一个方面。本书研究中的创新创业能力主要以提升个人内驱力、领导力、行动力为目标，以期提升受教育者的创新综合素养和能力。

（一）创新能力的定义

创新能力作为创新创业能力其中必不可少的组成部分，是比较难以用量化的标准去测量。一方面，有意识地学习机制和创新能力之间的反向因果关系和随时间的反馈效应是很难预测的。[66]创造力和创新难以纵向研究的一个原因是，一般人群中很少有人创造出专家认为具有创造性和创新性的产品。[67]另一方面，创新是每个人都拥有的一种潜在能力。这种潜在能力能否被发掘和开发，使一个普通人成为创新者，取决于这个人是否具备创新者所应具备的问题意识、创新动机和创新兴趣等素质。[68]此外，在一些研究中关注到文化、朋辈群体等均对于创新力的影响有着重要的作用。目前的研究表明，密切的跨文化关系可以培养创造力、工作场所的创新和创业精神。与来自外国文化的亲密朋友或浪漫伴侣外出可以帮助人们走出窠臼，进入创造性的思维框架。[69]

为了更细致地研究创新能力，学者们对创新能力的维度进行了不同角度的划分与研究。以创新型人才培养的角度划分，强调创新创业能力的重要性。就创新而言，创新是我们民族和国家发展的动力。注重培育自主创新能力，以创新驱动 GVC 攀升。[70]只有良好的科学文化修养，严格的学术精神和研究精神，才能培养创新意识和创新能力，[71]培养一流人才是提升创新能力的核心。[72]

因此，研究中的创新能力在大学生身上体现为具有科学的马克思主义理论、正确的价值观、积极进取的创新意识、敢为人先的创新思维、创新的综合智能以及能够将创新融入实践当中的复合能力。

（二）创业能力的定义

创业能力作为创新创业能力另一个重要组成部分，对于大学生的未来发展具有重要的作用。大学生的创业能力需要得到充分地培养，以使他们将来在经济上更加富裕，不仅要成为企业家，还要有作出明智财务

第二章 理论基础

决策的能力。[73] 对创业能力更为常见的解释是发现或创造一个新领域的能力，理解和创造新事物的能力，使用各种方法来利用和开发它们，并产生各种新的结果的能力。[74]

此外，关于创业能力，也会对其评价体系的构建以及根据内容划分的维度研究。主要从创业精神、创业知识、创业能力以及创业实践四个方面入手构建大学生创业能力评价指标体系。[75] 从涉及内容与评价标准来进一步分析创业能力的内涵定义。创业能力的内容相对更为广泛，包含对社会政治经济大环境发展趋势的分析判断能力；善于发现和捕捉商机的能力；合法有效地综合利用各种资源的能力；项目启动、开展及运作的能力；财务知识及应用能力；风险预测及控制能力；组织管理、团队合作及沟通协调能力等。[76]

本研究中的创新能力作为一种实践能力，是指把创新意识与创新理论转化为新事物的物化能力，也就是进行创新活动与求新求实的能力。值得注意的是，学生创业能力只有通过学生亲身参加创造实践的锻炼才能有效获得与切实掌握。通过实践，可以更好地了解新政策、新产品，接触新市场、新资源，学习新生产工艺、运用新生产技术、满足新发展需求。

八、有效性的定义

有效性，是指教育的育人效果如何，需要有一个科学的预判机制。在一定程度上，有效性是验证设定目标的价值意义。有效性与目标有关，也与为关心它的人创造感知价值有关，它意味着所有关心它的人。[77]

就创新创业教育的有效性而言，创业教育（管理技能）、社会能力（人际交往能力）以及基本创业培训技能和组织效率之间的因果关系在统计学上显著地证实了先前的预期。[78] 评估创业培训项目的效果是很重要的，因为它肯定会对创业者产生影响。[79] 因此，创业课程及其相关的教育计划必须在高校中通过制度政策的形式指引方向，嵌入教学当中，以便最大限度地发挥其对创新精神、创业理论、创业技术转移过程有效性的影响。

从思想政治教育的有效性而言，正如沈壮海对有效性的三个层次的梳理，即有对象活动结果的效用性（对主体需求的满足程度）→对象性活动结果效用性大小的各种因素和条件→对象性活动产生效用性结果的规律。[80]

综上所述,可以这样界定本研究中的有效性,即对育人实践活动本身是否有效、实践活动本身是否合理的判断与预测,也就是说"有效性"注重的不仅仅是过程,还有其产生的结果。本研究中,当学生接受思想政治教育和创新创业教育的协同育人效用后,其道德品格、价值指引、抗压能力、理论知识、创新能力、创业能力等方面均有所提升,则协同教育就是有效的。

九、学生满意度的定义

受顾客满意研究的影响,关于学生满意度的内涵,大多学者是在借用顾客满意概念的基础上对学生满意的含义进行界定。学生满意度概念产生于 20 世纪 60 年代。

学生满意度就是指学生对教育服务的实际感受,或将实际感受与早前期待相比较,而产生的愉悦或失望心理感受及水平。[81]对于在线学习的满意度而言,分为三个主要的影响因子:①清晰和可靠;②刺激和吸引力;③可用性和创新。[82]

总体而言,教师创造一个充分利用技术的引人入胜的学习环境的能力对学生在线学习的满意度有最大的影响。[83]

这里将学生满意度作为立德树人维度中的反馈评价指标进行研究,是衡量校园和谐程度和高校办学质量的一个重要指标,对高校未来发展有重要影响。这里将顾客满意度理论运用到高等教育领域的学生满意度里面,体现为学生对高校开展的教育质量与期望的评判。值得关注的标准考核与反馈因人而异,即便是同样的育人模式,学生也可能因先前期望高低而感受到不同的满意程度,在最终结果上影响精准育人有效性的发挥。

十、知识转移的定义

1977 年,Teece 首次提出了知识转移的概念,认为企业通过技术的国际转移,能积累起大量的跨国界的应用知识[84]。为了使其全球和本地战略结合起来,领导企业需要考虑两个基本方面,即企业间关系管理和区域内的知识转移(特别是与区域供应商的知识转移)。[85]此外,当科学在灵活的沟通过程中(关于参与者和集成产品)放弃提供一个最好的解决方案的概念,而是为参与者提供不同的替代方案时,有效的知识转移可以得到极大的促进。[86]

许强、郑胜华认为知识转移是知识从转移方向知识接受方传递,并让接受方理解和接受的过程。[87]郑倩将知识转移划分为知识传播与知识吸收的交织过程。她认为个体层面的知识转移是指不同个体之间由于自身需求而进行的知识交流和互动,一方将知识传播出去,另一方接收到知识并消化吸收、转化为对自己有用的知识、提升个人能力或完成工作任务的过程。[88]

这里结合本次研究,支持并采用郑倩(2016)对知识转移的概念定义,也会作为进一步研究分析的依据。根据国内外学者对知识转移的定义可知,实现预期目标且顺利地完成知识转移,需要在特定的情境下才有可能实现。

第三节 相关概念梳理

一、高质量发展重要论述

(一)论述的正式提出

2017年党的十九大报告再次强调了经济发展质量,提出"必须坚持质量第一、效益优先""推动经济发展质量变革、效益变革、动力变革"。同时,第一次以明确的表述方式,对"我国经济已由高速增长阶段转向高质量发展阶段"进行了科学的判断。

(二)论述的重要性

随着经济与国力的大幅提升,发展水平逐步提升为高质量阶段,涉及经济、农业、生活、军队、立法、教学、生态环境等。同时,高质量发展离不开高质量的生产力,利用新质生产力,满足高质量发展,不断丰富发展的内涵。

新时代创新型人才的能力建设，媒介环境、科学技术、大思政、地理人文等密切相关的因素会纳入并自然融入高质量发展内涵不断发展的过程始终。因此，创新型人才能力的建设，既丰富了高质量发展的内涵，拓宽了高质量发展的路径，又密切了创新与发展的关系，突出了高质量发展的中国特色。

（三）对本研究的启示

在切实结合本国实际发展需求与国情状况的基础上，开展与之相适应的创新创业能力人才培养，是提升本国创新竞争力的有效途径之一。就中国而言，重视思想政治素养的提升，运用思想政治教育与创新创业教育的协同育人模式，把人的思想政治素养作为教育的核心，积极推行多方面的协同机制符合我国第二个百年奋斗目标发展大势。

目前我国现阶段具备创新创业能力的人才仍比较匮乏，造成在创新型国家建设道路上，产生多重不利条件的制约，导致无法全面高效地利用各类资源。只有通过吸取各国的成功经验，互助分享，才可能共同获益。创新在中华民族伟大复兴过程中占据着重要的位置，是极其重要的科技推动保障。自主创新离不开高素质人才的才智贡献，教育是培养高素质人才的主要方式。因此，坚持"以我为主，为我所用"的原则，发挥系统育人理念，重视发展新质生产力，从供求关系上为国家培养所需人才。赋予高新科学技术、高素质劳动力、高品质生产资料新的时代内涵，把握内在逻辑，营造自由宽松的研究氛围，为我国创新型人才的建设搭建中心和高地。

二、中国教育现代化 2035 发展纲要

（一）纲要的提出

2019 年 2 月，中共中央、国务院出台的《中国教育现代化 2035》是国家教育发展的一份兼具战略性与纲领性的指导文件。习近平总书记强调，"我国有独特的历史、独特的文化、独特的国情，决定了我国必须走自己的高等教育发展道路，扎实办好中国特色社会主义高校。"

第二章 理论基础

（二）纲要的指导性

《中国教育现代化2035》中不仅部署了今后我国教育发展的十大战略任务,而且还明确提出了教育现代化的八大基本理念。在具体组成部分上主要划分战略背景、总体思路、战略任务、实施路径、保障措施五大部分。[89]将"德"放在首位,注重全面协调可持续地推进中国教育的现代化,中国的高等教育要扎根中国大地,坚持与凸显中国特色社会主义办学特色。

同时面对全球格局的巨大变革,中国政府更加迫切地认识到教育现代化的重要价值,"教育兴则国家兴,教育强则国家强"。[90]《中国教育现代化2035》要求一种为了人的更高发展的教育。这种转向不仅有着更为人道的社会主义政治及伦理意义,同时更具有一种现实意义。因为日益激烈的国际竞争在根本上就是人的创造力的竞争。[91]

教育的地位与日俱增,科技的影响力逐步扩大,人的创造力具有无限可能,因此,教育、科技、人才要立足系统观念,构建协同的良性循环。通过教育对人的创新创造力的提升,进一步夯实理想信念的坚实根基,构建高校学科协同、产教融合等全方位、全过程、全员参与的协同育人机制。

（三）对本研究的启示性

习近平总书记在中共中央政治局第五次集体学习时强调加快建设教育强国,为中华民族伟大复兴提供有力支撑。[92]中国特色社会主义教育事业不仅始终坚持立德树人的根本任务,并且将立德树人始终贯穿于中国特色社会主义教育事业发展过程。中国共产党的教育方针始终强调人的全面发展,尤其重视"德",始终将"德育"放在首位。

对于世界上任何一个民族来说,将高等教育立足本土,发展具有自身特色优势的高等教育,传承本国精神文化的同时,持续扩大本国在世界的影响力,树立良好的国家形象。高校教育要扎根中国、融通中外,立足时代、面向未来,坚定不移走自己的教育道路。在高等教育领域中,存在不同层次、不同类型的高校,我们积极学习国外先进模式,绝不可以完全按照统一化的僵硬模式照抄照搬,要实事求是结合中国国情,进行育人工作。

三、"互联网+"计划

（一）计划的提出

2015年，中国首次提出"互联网+"的概念。在2019年的中国国务院政府工作报告中首次提到"互联网+教育"这一明确的概念。

"互联网+"行动计划，报告提出将重点促进云计算、物联网、大数据为代表的新一代信息技术与现代制造业、生产性服务业等的融合创新，发展壮大新兴业态，打造新的产业增长点，为大众创业、万众创新提供环境，为产业智能化提供支撑，增强新的经济发展动力，促进国民经济提质增效升级。[93]

（二）计划的时代性

有效地利用"互联网+教育"，减少教学时间与空间正常教学的限制。高速发展的数字技术，让优质教育资源不再局限于地域空间、时间等的限制，各地均可以在自身特色的基础上，丰富教学方式，促进教学质量大幅提升。但值得注意，即使有了现代化教育的手段，我们也要有效利用现代化手段为提升人的现代性服务。正如冯建军指出：重视人对于教育现代化的重要性。教育只有提升人的现代性，促进人的现代化，才真正实现了教育现代化。离开了人的现代化，单靠教育装备和手段的现代化，以现代化的外表遮蔽了现代性，只能是自欺欺人。[94]

（三）对本研究的启示

尽管国外研究互联网的发展在一定程度上早于中国，但是从中国国内研究来看，也取得了丰硕的成果。中国国内注重研究互联网的发展趋势，存在利弊以及如何利用互联网与各行各业相结合，从而激发传统产业的活力与创新创造力等方面。绝大多数学者已经意识到互联网在中国普及与发展进入全新的时期，渗透在我们生活的方方面面。前人的观点有助于研究者正确认识与理解互联网发展呈现的特点,给人们的生活、学习、工作等方面带来的影响,尤其在高校开展对大学生的教育上,为研究提供大量的参考价值。

"互联网+教育"的发展能够有效促进中国教育的不断发展进步。同时,它是一把"双刃剑"。"互联网+教育"的模式可以通过提供优质的教学资源,有效地弥补传统教学模式的不足,达到缓解经济发达与不发达地区教学资源的分配不合理的现状,提升高校教育的有效性。通过理念的创新,能够消除空间阻碍与时间限制,增强学习体验,提升理论知识传播的及时性。通过场景的创新,大学生能够根据自己的学习兴趣与空闲时间,进行知识的主动追寻与探索。通过模式的创新,发挥数字、人工智能的优势,督促学生有计划地安排学习内容。

但是,值得注意的是"互联网+教育"存在一些问题。主要表现为以下几大方面。(1)网络班级的管理与现实教学班级管理的不同,缺乏对学生的全面管理。(2)信息的接收与选择难度加大,学生的甄别判断力需要提升。(3)学习资源的精准化推送仍存在一定程度的不足,难以满足学生个性化需求。(4)教学中的人文关怀程度降低,人与人之间情感交流呈现下降趋势。(5)在不发达地区,仍存在网络教学资源不公平的现象。(6)对于互联网教育的满意度呈现强弱不一致以及地域性差异。

四、立德树人的理念

(一)理念的提出

2012年中国共产党第十八次代表大会上,明确指出"把立德树人作为教育的根本任务",要求大学通过培养社会主义建设者和接班人来为人民服务,为中国共产党治国理政服务,为巩固和发展中国特色社会主义制度服务,为改革开放和社会主义现代化建设服务。立德树人基于中国国情和时代特点提出,既是对马克思主义的创造性转化,也是对中华民族优秀传统文化的创新性发展。

（二）理念的全局性

实现立德树人，要坚持正确的育人方向，尊重"人"的作用。[95]立德树人思想是马克思主义关于人的发展理论与中国特色社会主义现代化建设相结合的时代产物，对于深化社会主义理论体系和落实人才强国战略具有重要意义。

从整体来说，高校开展的各级各类形式多样的教育与全方位、多维度、一体化的管理均是为立德树人服务。从育人内在的逻辑上看，"立德树人"中的"立"是实现成果导向的前提，"德"是夯实协同育人的基础，"树"是实施融合协同的手段，"人"是高质量发展的目的。

（三）对本研究的启示

立德树人的概念既可以从宏观的角度去认识，也可以从微观的角度着手。坚持显性教育和隐性教育相统一，探索立德与创新，立德与创业，立德与能力，立德与思想，立德与政治观的有机结合。尤其是在把创新创业能力的人才作为"人"的必备条件来考量，将"德"作为前提，以思想政治教育为主要方式来提升学生的"德"并贯穿于教育过程的始终。思想政治教育与创新创业教育的结合，即协同育人在不同学科之间的运用是立德树人的方式。换言之，是"思政课程"与"课程思政"有机结合的实现途径。协同育人的有效性也是一种育人理念在实践中的检验，是教育具体层面的反映。

五、协同教育的一体两翼模式

（一）模式的提出

1952年底，土地改革基本完成，恢复国民经济的任务顺利实现，中国共产党及时决定从1953年开始施行发展国民经济的第一个五年计划。其主体任务是逐步实现社会主义工业化，两翼分别是对农业、手工业的社会主义改造以及对资本主义工商业的社会主义改造。主体和两翼是不可分离的整体。[96]

(二)模式的适用性

把这个概念放在高等教育领域当中,作出一个探究性质的思考与概念定义:"体"为研究的既定目标,"翼"为进行的支撑保障。本书的研究中确立以"立德树人"为"一体",把二者的协作融合发展作为"两翼",探究并构建新时代接班人的创新创业能力的提升模式。

(三)对本研究的启示

在构建的理论模型中,将立德树人作为"一体",协同教育中的教育资源与协同特征分别作为本研究中的"两翼",对于高校培养学生的创新创业能力,传承中华优秀传统文化具有重要意义。"两翼"能够满足中国"德智体美劳"的教育发展需要,协同育人模型中的教育资源与协同特征通过彼此协作、融合、支撑的模式,来满足高等教育对于学生全面发展的需求,实现人才能力的均衡发展。尤其是注重开发人的创新能力,锻炼人的创业实践能力,为中国高等教育育人模式提供参考,为培养全面发展的社会主义建设者和接班人提供借鉴。

第四节　相关理论的运用价值

一、人的全面发展理论

(一)理论的提出

马克思在《1844年经济哲学手稿》中认为,"具有历史神秘答案的共产主义"的理想目标是人具有全面的自身的全面性,即作为一个完整的人。马克思在《论资本》中指出:"对所有达到一定年龄的儿童来说,未来的教育是生产劳动与智力教育和体育的结合。"它不仅是提高社生产的途径,而且是全面发展人的必由之路。[97]

（二）理论的统领地位

根据马克思的观点,马克思所说的个人的全面发展,是指个人的身心全面自由地、充分地、统一地发展,尤其是个人多方面能力的发展,究其本质上来看,是个人劳动能力的全方位、立体式、渐进式发展。要适应不断变化的外部环境,人的全面发展必须要求人与自然、社会和谐相处,要求人在政治、经济、文化、社会等各方面协调发展,不断促进人的全面发展。此外,还要不断地促进人同自身的认知协调与发展。

人的全面发展是马克思主义的宗旨,也是思想政治教育的理论基础和客观任务。但是,人的自由而全面发展绝不仅仅是简单片面地强调个人主观意识,而是体现人与社会、人与物质、人与精神,人与人以及个体的内外价值的辩证统一。一方面,人的进步发展是实现社会发展的前提条件,只有个体不断进步、蜕变,社会才能在组成群体的整体推动与先进要素日积月累的更新中不断前进。另一方面,社会发展是实现个体发展的基本保障,社会外部条件的提升有助于个体更加全面科学地成长。同时,人的自由而全面发展,必须以掌握客观世界发展的规律为前提,在逐步认识自我的完善进程中逐步得以实现的,[98]是长期的、循序渐进的状态。

（三）理论的启示作用

一方面,人的全面发展是马克思主义的宗旨,也是思想政治教育的理论基础和客观任务。另一方面,创新创业教育在中国的开展,也符合人的全面发展理论,是从创新提升与综合能力的改进角度出发。此外,教育效用与文化精神密切相关。文化作为人类精神生产的成果和结晶,不但引导着人类认识自然和改造自然,而且对人类自身的发展也起着教化作用。建设和发展先进文化的目的就是充分发挥文化的教化功能,实现"人的全面发展"。

运用好马克思主义的"人的全面发展"理论,是思想政治教育与创新创业教育协同育人的互促互益的坚实基础。为了促进人的全面发展,有必要进一步厘清创新创业教育与思想政治教育的关系,探索彼此协同的价值。尤其强调的是这两种教育都是以人为本,体现对学生的关怀,形成协同育人氛围,为学生的健康成才服务,为学生的全面发展服务。

2018年5月2日,习近平总书记在北京大学师生座谈会上的讲话中指出"马克思主义是我们党立国的根本指导思想,也是我国大学最鲜亮的底色"。[99]中国高校教育坚持德智体美劳全面发展,德育为先。中国高校大学生的思想政治教育说到底是在尊重人、理解人、关心人的基础上,实现人的全面发展,满足人们的物质生活和精神文化发展需要,实现人民群众的根本利益和价值。

因此,可以说"以人为本,坚持人的全面发展"是我国高校教育的本质与核心,能够有效开发学生的深层潜能。高等教育的发展应该借鉴中国特色社会主义理论成果,将"以学生为本"的成果导向目标贯穿于育人的过程中,并将其作为高校教育工作开展的重要检验原则之一。

二、精细化管理理论

(一)理论的提出

1911年,泰勒的《科学管理理论》是世界上第一本关于精细化管理的书,标志着管理新时代的到来。从现代管理科学的角度出发,科学管理主要包括三个层次,即标准化、精细化和个性化。精细化管理理论的核心是管理方法要科学、规范、科学合理,明确职责分工,共同提高劳动生产率。

精细化管理作为一种理念和文化,源于日本20世纪50年代的企业管理理念,是对管理目标分解细化和落实的过程,是社会分工和服务质量的精细化对现代管理的必然要求。[100]

(二)理论的适用范围

精细化管理不仅适用于企业管理,还适合于教育发展。"精致育人"是在教育发展到一定阶段后社会对教育的一种客观要求,也是教育工作者实现教育理想的一种途径与方法。具体而言,精致育人内涵主要是指精致育人,是一种终极价值追求,是一种育人态度,是一个更高教育层次。[101]

精细化管理的本质意义就在于它是一种对战略和目标分解细化和落实的过程,是让战略规划能有效贯彻到每个环节并发挥作用的过程,同时也是提升整体执行能力的一个重要途径。[102] 具体而言,精细化管理的理念,以"完美、准确、精细、严格"为基本原则,要求管理要制度化、规范化、标准化、流程化,强调执行和绩效考核。[103]

（三）理论的启示作用

精细化管理既适用于企业的管理,又适用于高等学校的管理与教育,能够提升高校育人实效性。将精细化管理运用于本研究,是希望探求一种具体的、明确化的协同教育模式。把对学生的教学活动作为教育的重点,注重学生的个性化培养,调动学生的积极主动性,逐步培养其创新能力。[104] 在高校中开展精细化管理,不仅仅是工作流程方面的严谨、细致,更主要可以体现高校的办学特色。利用中国特色社会主义文化,有效抓稳、抓准高校精细化管理的文化底蕴,有针对性地营造精细的文化氛围,将这种氛围融入教学的方方面面,高校的精细化管理才会持久地发展下去。

精细化管理在学校层面的运用即将不同层次、不同需求的学生等目标逐一分解、量化为具体的程序、责任,使育人的每一项工作清晰可见,每一个问题都有管理、解决、负责的人,构建一个认真负责、高效有序的协同育人模式。对于不同专业、不同年级的学生,需要开展有针对性的创新创业教育,以更好地发挥人才的主动性和积极性,最大可能实现和完成自己的价值追求。针对不同类型学生,开展精致的思想政治教育,以提升学生的思想政治理论水平,树立学生的道德品行,增进政治觉悟。

不能简单意义上把精细化管理照抄照搬应用于教育方面,也并不等同于个性化管理,更多的应该是坚持人文关怀的精神。在以学生为主体的教育原则基础上,目的明确地将学生的思想政治素养与自身的创新创业能力有机结合,是对精致育人更为细致具体的一种体现。高校在育人的实践活动中,既要有针对性地主动地引导学生参与实践,利用"虚拟+现实"相结合的方式组织实践,鼓励学生在实践的过程中通过亲身经历与感受来提升自我的能力,又要根据学生的不同特征,选取"因才施教"的育人方式,提升学生的主动性与积极性。

三、实践论

(一)理论的提出

毛泽东认为,社会实践范围广泛,包括生产活动实践、阶级斗争实践、政治生活实践、科学和艺术活动等。[105] 马克思主义者认为,只有人们的社会实践,才是人们对于外部世界认识的真理性的标准。[106]

(二)理论的目标指向

实践论是毛泽东理论的重要组成部分,也是科学地理解与运用马克思主义的内在要求。缺乏理论的实践是轻飘的浮毛,缺乏实践的理论是羸弱的巨人,理论与实践力量的发挥依靠着彼此。[107]

毛泽东总结了认识实践、认识、再实践、认识,循环往复到无限的基本过程,每一个实践和认识周期的内容都达到了更高的层次。人的认知必须通过实践来发挥作用。人类认知的目的也是为了更好地改变世界,所以说,认知最终会被用在实践中。[108] 因此,对理论与实践的关系辨析作出了明确的判定,二者关系的辨析与肯定,有利于协同模型的协调性构建与持续发展。

(三)理论的启示作用

从马克思主义哲学的角度看,发现和创新是人类对物质世界的探索和解放,而实践则是创新的本质与根源。创新是对过去一段时期重复和简单劳动方式的否定。同时,创新也标志着自我意识的发展,自我意识的发展必然促进自我行为的发展,最终促进自我价值的实现,推动生命的发展演进。不管时代如何风云变幻,我们都需要坚持实践第一,坚持实事求是的思想路线,坚持主观和客观相统一的工作路线,反对形形色色的教条主义和经验主义的变种。

无论是从思想政治教育育人的角度,还是创新创业教育育人的角度出发,高校在整个育人过程中,只有理论的指引,却没有实践的检验,是无法培养出符合社会发展需求的人才。尤其是具备创新创业能力的人才,既要有过硬的理论基础,还要有灵活创新的实践能力,才能满足高质量发展的内在需求。

四、协同理论

(一)理论的提出

协同学是由德国 H. Haken 教授创立的。哈肯的代表作主要有《协同》《高级协同》等。最初,由 Haken 教授创立的协同学理论主要研究开放系统与外界自发的能量交换后,自发地通过协同,最终形成有序的状态。该理论通过对大量不同体系的分析类比,提出了多维相空间的核心概念,并建立了多维相空间体系的通用数学模型。[109]协同理论认为,如果一个系统内部的人、组织、环境等各子系统内部以及他们之间相互协调配合,共同围绕目标齐心协力地运作,那么就能产生 1+1>2 的协同效应。[110]

(二)理论的广泛应用

哈肯指出协同学习属于完全不同学科的、以前认为完全不同的现象,能够用一个统一的观点来概括。[111]因此,协同学理论不仅在自然科学中有着广泛的应用,而且在人文社会科学领域也发挥着重要的作用。协作探究是一个活生生的、呼吸的、动态地进行研究的模型。[112]协同学理论针对的是如何在一个结构不平衡、功能不完善的系统中,让系统在内部要素的调整、重塑、协作、创新等作用下,实现时空有序、功能有序、发展有序,进而推动系统平衡发展。[113]

2018 年 5 月 2 日,习近平总书记在北京大学师生座谈会上发表重要讲话中指出:"人才培养体系涉及学科体系、教学体系、教材体系、管理体系等,而贯穿其中的是思想政治工作体系。"政府对思想政治教育的重视程度,意味着要让思想政治教育的影响通过逐步渗透到教学的日常工作中,使各类课程与思想政治理论课程同向同行,形成协同育人的合力效应。[114]

第二章 理论基础

（三）理论的启示作用

协同理论是为相关问题提供思考和分析路径，为解决问题提供基本思路。根据协同学理论，整合现有学生能力提升的资源，是推动大学生创新创业能力发展措施的关键。在目前教育资源有限的情况下，根据学生个体情况和发展需求，在创新创业教育与思想政治教育的协同作用中找到相对合理的可行性结合点。进一步明确这两种教育资源在提高大学生创新创业能力过程中的优势与互补，促进二者协同教育价值的优化发展。

协同学理论在创新创业教育和思想政治教育中应用对于提升学生的创新创业能力方面，既保证了学生具备良好的思想政治素养，又增强了学生应用创新创业理论的实践能力。尤其是思想政治教育的理论价值可以从多角度融入创新创业教育中，让学生不仅从课堂理论中学习知识，而且从日常的社会实践、专业实习、实践训练中学习知识。

创新创业教育与思想政治教育的协同教育主要依赖于它们各自多重维度的不同要素。充分整合两者的资源，找到准确的定位，真正发挥整合与协作的效用，共同提升大学生的创新创业能力。能够积极感受价值导向的重要性，从而促进大学生形成对其未来发展的全面规划体系。因此，高校充分整合利用多种宝贵资源、利用各自特色的方式方法，重视培养既具有优良思想政治素养又具备创新创业能力的这一群体，就能有效体现协同的育人作用。

五、知识转移理论

（一）理论的提出

知识转移的研究起源于美国学者 Teece（1977）最早对跨国企业技术转移的研究，发现不同地区和国家的企业间的技术转移能积累起大量通用性的知识。[115]

（二）理论的不断完善

学者们不仅集中研究知识转移在校企之间，企业与企业之间，教育、文化与育人之间等诸多方面，而且提出知识转移成功的标准以及需要关注的要素（知识特性、个体情感与性格、载体与渠道等）关系的改变。当与被转移知识相关的能力（由转移者拥有）被接收者吸收时，知识转移就成功了。[116] 与传统观点将主要责任归咎于动机因素相反，内部知识转移的主要障碍显示为知识相关因素，如接受者缺乏吸收能力、因果模糊性以及来源和接受者之间的艰巨关系。[117] 知识转移及其维度（知识传播和知识吸收）不仅对创新绩效及其维度（创新行为和创新结果）有显著的正向影响，而且个体文化价值观对创新绩效也有重要影响。[118]

（三）理论的启示作用

在高校的教学改革中，个体层面的知识转移主要是指不同个体之间由于自身需求而进行的知识交流和互动。教育者通常利用一定的平台载体，按照传播渠道具备的功能特征，采用特定的多维结合方式，根据知识自身的特征，利用教学设计等环节的优化，达到提升学生个体接受知识转移的意愿，从而有效地完成知识的传播。同时，当学生个体接收到知识后，采用消化—吸收—剔除—转化的步骤，选取保留对自己有用的知识，通过开展线上线下混合式的课堂练习，作业检测，实习实践，实现对理论知识的检验，逐步提升个人能力，为步入社会，完成相应工作任务，奠定扎实的良好基础。

学生个人层面的知识转移而言，从个体之间转移角度、知识特性、关系协调三方面来考察因素的选取。结合以往研究，这里认为影响学生知识转移的主要影响变量有知识的传播，知识的吸收两大类。高校运用协同育人模型，凭借良好的知识传播，促进学生对传播知识的有效吸收，有针对性地提升个人创新创业能力，使该育人模型的效用最大化，最优化。

第二章　理论基础

六、认同理论

（一）理论的提出

认同（identity）理论是美国学者埃里克森（Erik H·Erikson）提出的重要理论，被广泛运用于社会、历史、政治和文化等领域的研究。认同在微观层面上主要用于阐述个体内在的情感依附、态度倾向和外显的行为表现，说明个人心理上和社会上的归属问题，并解释价值观念和行为之间的联结关系。

（二）理论的影响效力

文化认同（Cultural-identity）是文化身份和地位的意识与掌握。一个民族经常分享和维护自己的文化特征的理想、信仰、价值、理念、记忆等，它的表现是他们集体意识和文化的核心，引导和规范着人民和国家在国际事务和语言上的态度。[119]

进入新时代，在国与国之间的交流竞争中，文化对于本国公民的影响力日益增加，尤其是文化的认同是一个民族发展的重要基础。在育人方面，培育人才具有怎样的认同理念，即认同什么，同时，又该持怎样认同，即如何认同，认同又会对创新创业能力方面产生什么样的促进作用，都是要研究探讨的问题。价值观是文化的灵魂，规定着文化的性质与发展方向，文化的认同感和凝聚力根本取决于文化的价值内核，即这种文化的价值观。因此，文化认同虽然是多层次、多重结构的，但其中最核心的就是价值观的认同。

（三）理论的启示作用

在中国高质量发展的视域下，各国间的发展、壮大在很大程度上取决于国民对文化价值的认同。不仅需要满足个人的发展需求，也要体现在社会共同价值的实现。对国家的文化认同感越强，人才培育中精神文化的影响效用发挥越大。尤其是中国特色社会主义文化的影响，从物质与精神两大方面对学生的认同感进行影响。

新时代的大学生对于中国特色社会主义文化的认同,经历由表及里,由浅入深的"认知—行动—反馈"的心理逻辑循环过程。同时,在数字赋能教育的背景下,大学生经过对中国特色社会主义文化的主体、客体以及二者之间关系的系统化理论学习,要想真正地将文化精神转化为实践动力,离不开文化实践活动的开展。利用线上线下的交流体验活动,提升个体对社会现实的认识度,增强大学生的情感交流和文化认同,进一步提高对不同国家文化中的先进文化和落后文化的鉴别能力。通过积极参加各类社会实践活动,借助 VR、AR、MR、XR 等技术进行马克思主义的现代化表述的方式创新,扩大中国故事的影响力,推进中国优秀文化的国际传播,实现文化交流互鉴、取长补短、共同进步。

七、顾客满意度理论

(一)理论的提出

美国学者 Cardozo[120] 首次将"满意"这一概念从心理学领域引入市场销售领域,开始了对顾客满意度的研究。

(二)理论的模型应用

满意度模型的发展的主要代表大致分为以下几个类型。瑞典 1989 年在全国范围内建立的 SCSB 的顾客满意度指数模型。美国密歇根大学商学院质量研究中心的费耐尔(Eornell)博士等提出的美国的顾客满意度指数模型(ACSI)欧洲的顾客满意度指数模型 ECSI 模型。符合中国国情的模型,由清华大学企业研究中心研发的 CCSI 模型。[121]

不少学者也开始关注到外部各类因素与个体满意度之间关系分析。以学生教育学习为例。临床环境和临床教育工作者是影响临床满意度的关键因素。[122] 一个人的心理健康可能与他们如何与当前环境互动,以及他们如何处理自己的心理痛苦和许多压力源有关。[123]

网络教育的开展成了教育进行的一种方式。有学者通过研究发现学生对网络教育的满意度并不高,而且持续呈现下降趋势。为此,也提出了相应的解决意见。建议设计培训计划，如研讨会，以增强意识和能力，使用电子学习作为一种有效的培训工具，以及提高硬件质量。[124]此外，态度与感知有用性、感知享受一起，也直接、正向、显著地造成在线协作工作情境下学习的感知影响。[125]

（三）理论的启示作用

顾客满意度是一个在一定时期内存在波动与稳定相统一的集合体。能够使一个顾客满意的东西，未必会使另外一个顾客满意，能够使得顾客在一种情况下满意的东西，在另一种情况下未必能使其满意。只有了解不同的顾客群体的满意程度，才有可能实现更高的顾客群体满意。在高等教育领域应用这一理论，需要有一个适应社会需求与转型发展的阶段性的目标，包括近期与长期有机结合、协调统一的计划安排。

中国学者针对不同对象群体，在不同范围内对高等教育服务的学生满意度进行了研究。这些研究不仅充实完善了高等教育服务学生满意度的理论维度，而且进行了很多相关的实证检验。本次研究将学生满意度作为协同模型其中的一个子维度。在一定意义上讲，学生满意度高低反映出来的是学生对教育的一种认知与评价，是学生对协同育人有效性的认同度。对于获得满意评价的部分，高等教育要继续保质保量，对于满意度低的评价可以更好地促使高校改革，发挥协同育人对学生创新创业能力有效性的影响。

八、成果导向（OBE）教育理念

（一）理念的发展

OBE 是 Outcomes-Based Education 的简称，意思是基于学习产出的教育模式，源自澳大利亚和美国的基础教育改革。这种教育模式是美国学者 SpadyW·D 于 20 世纪 80 年代初提出来的，他在其《基于产出的教育模式：争议与答案》一书中，对 OBE 作了简明扼要的表述，指出 OBE 就是"清晰地聚焦和组织教育系统，使之围绕确保学生获得在未来生活中获得实质性成功的经验。"[126] 成果导向教育模式（OBE）是目前美国工程教育全面采用的,《华盛顿协议》也明确指出,本科工程学位被认可的前提条件就是采用 OBE 模式[127 128 129],后被广泛应用于 20 世纪 80、90 年代美国和澳大利亚的基础教育课程改革中。

OBE 教育理念的推行依赖于高校、教师的辅助作用,是否能够结合社会的新需求,清晰、明确地确定学生预期学习成果是成功的关键。[130] 综上所述,OBE 教育理念是一种以明确的成果为目标导向,资源投入的多角度运用,培育模式的多维构建,重视成果的及时反馈评价,在课程设计和教育过程中采用逆向思维的方式,是一种先进的、有效的育人理念。

(二)理念在教学中的运用

经过实践中的不断完善与发展,成果导向(OBE)已经被很多国家和高校认为是今后育人的改革方向。成果导向理念被广泛运用于多种学科,本研究围绕高校思政课程改革,OBE 教育理念运用于高校思政课的研究,主要在以下方面开展。

第一个方面,融合性研究。在运用理念的过程中,并非完全地照抄、照搬,而是有原则、有选择地吸收与借鉴。成果导向是一种注重实际需求、强调产出实效、突出能力培养的教育理念,在一定程度上契合了思政课教学改革的目标指向和价值旨归。基于目标导向的一致性,改革理念的趋同性等成为融入思政教育的有利因素。[131] 伴随大数据技术的发展,高校思政课教学评价也呈现大数据特征。在"万物皆可数字化"的科技创新驱动下,对学生的思想和行为的数据分析逐步由"小样本"走向"全样本",从而为思想政治教育定量分析与大数据分析相融合创造了条件。[132]

第二个方面,标准性研究。成果导向教育是反向设计、正向实施,这时"需求"既是起点又是终点,从而最大程度上保证了教育目标与结果的一致性。确定指标点应遵循两个原则:一是关联性,二是准确性。关联性包括对应性、不可逆性及不可复制性。对应性是指标点与毕业要求应有明确的对应关系[133]。通过对以"成果为本位"的创新教学的探索和深入研究,从而建立全新的综合成果评价体系。[134]

第三个方面,有效性研究。能够促进教学相长,是知识学习、能力提升的过程[135]。成果导向教育作为一种先进的教育理念,在美英等发达

第二章 理论基础

国家已有了多年的理论与实践探索,至今已形成了一套比较完整的理论体系和实施模式,而且已证明是教育改革的正确方向。顾佩华,胡文龙指出成果导向教学模式打破传统的"以教师为中心""以知识体系为导向"是一种强调学生主体地位的教学模式,实现了教学范式由"内容为本"向"学生为本"的根本转变。[136]

(三)理念的启示作用

本书将成果导向(OBE)理念运用于高校思政课进行教学改革研究,主要有四个方面的启示。

第一个方面,创新价值。高校思政课混合式教学模式创新,不仅能够通过线上平台丰富教学内容,增强思政课的时代气息,而且可以克服线下课堂教学学时的局限性,帮助学生获取更为全面的学习资料,更加系统性地理解教学内容。[137]一方面,混合式的教学改革。吕杰通过高校思政课教师在进行混合教学的过程中将教学目标、教学资源、教学方法和教学组织形式等要素混合,从而发挥"线上"+"线下"混合式教学优势。另一方面,围绕专题式的教学改革。与传统教学模式相比,专题式教学具有相对明显的优势,它不但可以充分发挥思政课对青年学生的道德引领与价值引导作用,还能增强教学实效。[138]思政课采用专题式教学是实现教材体系向教学体系转化、增强思政课理论供给之必然,也是实现教师个人教学与集体备课相结合、构建思政课教学共同体之必然,更是实现授受过程统一、增强学生对思政课获得感之必然。[139]线上线下混合式的专题思政课改革,实现"社会大思政课堂"与"学校专业思政小课堂"有机统一,提升高校思政课的互动性、有效性,让学生在调研、实习、宣讲的过程中,感受真理的深度与温度,提高自身认识世界、改造世界的本领,增强思政课的现实感召力。

第二个方面,载体平台。当今时代,自然科学和社会科学在各自领域取得了日新月异的进展,同时也开始相互交融嵌入、相互渗透融合。学界关于高校思想政治理论课混合式教学的载体研究越发丰富。其关注点主要集中于慕课(Mooc)、翻转课堂、蓝墨云班课、雨课堂、SPOC、学习通等教学平台。陈征、高书杰将"翻转课堂"应用到思想政治理论课中,并设计了"翻转课堂"的线上线下混合式教学方式。[140]韩淼选取"概论课"进行了基于慕课和雨课堂的混合式教学改革。他设计了"课前(慕课预习）——课中（雨课堂互动）——课后（慕课+雨课堂复习）。"[141]

第三个方面，模式路径。研究人员普遍将多种教学要素进行深度挖掘与有机整合，发挥线上教学和线下教学的协同优势，提升高校思想政治理论课教学质量，凸显育人成效。东秀萍、张淑东提出了"专题教学+网络课堂+实践教学'三位一体'"的思政课混合式教学模式，总体上取得了较好的效果[142]。杨志超从"教与学"的角度，提出思想政治理论课应着力打造有机互动的"在线课堂""传统课堂"和"实践课堂"，实现由传统单向灌输的教学方式"教—学—考"转变为"学—导—行"的教学流程[143]。针对高职院校的学生，将 OBE 理念与工匠精神相结合，构建"守""破""创""合"四阶段的工匠精神培育模式。[144] 高校围绕创新型人才的培养，立足于本地特色红色文化资源，利用本土鲜活的史实案例，充实思政课程的内容，将红色文化资源的线上呈现载体与教学专题相结合，促进教材体系向有目标性的教学体系转化，将爱国的热情与创新的激情融入师生心坎中，促使学生主动肩负起历史使命与责任担当。

第四，评价指标。蔡芸、曹皓、冯颖芝在成果导向视角下确定了高等教育质量评价指标体系，并采用德尔菲法和层次分析法，对各级指标进行科学赋权的实证研究。因此，根据成果导向教育理念建立高校教学质量评价机制，不仅契合我国教育高质量发展的需要，而且能促进高校培养高层次创新型人才。

李逢庆、韩晓玲指出混合式教学质量评价应根据不同的课程特点设计不同的评价手段和方法，同时应考虑学习平台、工具手段以及学生特点和班级规模等特点开展评价活动[145]。因此，围绕创新型人才能力提升作为成果导向的思政课教学改革，相应的评价指标体系也要根据专业思政课与日常思政课的客观教学需要进行评价，评价切实起到学习激励、方向调控、价值评估的作用。根据教育部等十部门印发《全面推进"大思政课"建设的工作方案》，制定评价指标体系，形成"课前—课中—课后"的系统、客观、全面、科学评价调控体系，帮助教师教学的不断改进，督促学生形成主动发现问题，解决问题的能力。

第五节 文献综述

在中国高质量发展的视域下,从高校坚持立德树人的角度出发,本研究的协同育人模型的构建是在思想政治教育与创新创业教育两种不同的学科教育中展开,以学生的创新创业能力为共同立足点。尤其是以培养具备良好思想道德素质学生的创新创业能力为落脚点,通过对近年来专家学者围绕自变量、因变量、中介变量、调节变量的研究,进行有针对性的检索、阅读、整理,从本书需要的研究角度对国内外专家学者的研究进行经验汲取与总结,为之后的模型建构的合理性奠定理论基础。

研究变量之间的关系,需要逐步分解各个变量的不同维度,立足立德树人,培养适合社会发展变化的人才是目前中国在创新型国家建设道路上提速增量保质的重要任务。

围绕本研究中出现的变量或者变量之间的关系,从不同的研究视角主要划分为以下几类。

一是马克思主义哲学视角。探讨高校这个独立社会系统、内部各个构成要素及相互间关系,该系统与其他社会系统之间的关系等,并以高校主体社会化问题为研究重点。

二是教育管理学视角。依据基本理论研究协同育人在高校的发生、发展、内涵特性及功能,此类成果很丰富。

三是文化学视角。用文化学原理阐述中国特色社会主义文化育人的现象,辨析育人与文化的联系互动关系,解析文化的结构类型及功能。以学生的创新创业能力作为切入点,研究探讨创新创业能力的维度,提升路径等等趋势。

四是德育视角。把立德树人与学校思想政治教育、立德树人与创新创业教育结合起来,探讨如何通过加强文化影响力,构建相应的培育导向机制,培养具备良好思想政治素养的创新创业能力人才。

五是教育心理学视角。按照学生满意度在高校协同特征评价维度的相关内容展开研究,探究协同特征对学生创新创业能力方面的影响程度。

一、思想政治教育相关研究

（一）中国思想政治教育研究现状

1984年我国高校开始设立思想政治教育学科，思想政治教育专业在我国高等教育成立，标志着思想政治教育学科在我国正式形成。1984年属于中国思想政治教育的恢复重建期的后期、稳步发展时期的前期。[146]本次研究中的思想政治教育也是围绕1984年正式提出这一学科概念后的学术作为研究时间划分点。

马克思、恩格斯在阐述阶级社会中思想统治时指出："统治阶级的思想在每一时代都是占统治地位的思想。"[147]世界上存在着不同社会性质的国家，为了通过意识形态服务统治阶级，就会存在为了维护、服务统治阶级的教育。就中国而言，思想政治教育必须坚持与拥护中国共产党领导的正确的教育发展方向。高校思想政治教育工作的开展只有与国家、社会发展的需求紧密结合，才可能拥有广阔的发展舞台与空间。

1. 内容本质的充实与拓展

世界百年未有之大变局不仅影响人们正常的生活生产，也对思想政治教育内容的完善方面提出了新的要求，不断发展完善的思想政治教育体系，加快促进该学科研究工作的深入拓展。依据地域特征整合社会资源，转化为思政课教育资源，运用充满生机活力的文化元素，推动课堂内外同向发力，有利于教育内容中生动案例与理论知识的扩展，增强学生的政治素养。

王雪指出道德观教育中也包含了职业道德教育。深入进行职业道德教育，可以调整人们的社会关系，调动生产积极性，增强生产的积极性和责任感。[148]职业道德观的正确与否，决定学生职业的选择与未来的发展。在大一新生的课程安排当中，通过思想政治理论专业课程针对性地专题授课，为学生将来的职业规划做到理论上的明晰指引，心理上的答疑解惑，自信心的建设提升。此外，通过开展各类实践活动，为学生进入社会，做好理论铺垫与实践经验的积累。为了丰富高校思想政治教育内容,高校要积极整合校史、地方史、家乡史等史学教育资源,构建校本思政课程,[149]结合高校的专项特色,拓展教育内容,提高思政课程的趣味性和导向性,激发学生自我求知的欲望。

内容的丰富,提供了源源不断的理论支撑与佐证。同时,对于突出的本质挖掘,研究者同样十分感兴趣。围绕思想政治教育的新媒体环境的本质[150]与课程思政内生育德的核心与关键[151],话语逻辑、形式划分等几个方面,进行研究与探讨。学术界普遍支持的观点是本质的本体论,本质的认识论,本质的价值论三个维度。[152,153]就本质而言,它具有四个维度。政治维度,伦理维度,社会维度,个体维度。分别对应思想政治教育的阶级性、服务性、工具性、启蒙性。[154]

目前,对思想政治教育话语逻辑的内涵本质主要有以下几种代表性观点:政治性学说、意识形态说、灌输说、互动说、教育说、精神生产说、社会活动说、思想掌握群众说、控制手段说。[155]对于本质的进一步发展与细化,思想政治教育的形式本质是精神生产和精神交往,内容本质是社会主导意识形态。[156]

以历史的发展眼光、立体式的研究态度,坚持全面掌握思想政治教育的本质,不断丰富内容,在时代发展进程中研究思想政治教育本质[157],才能够对其在育人功能中有准确而科学的价值定位。从以往的研究来看,思想政治教育本质涉及学生综合素质的全方位提升方面;内外综合的育人本质的探究;以本质的不断认识与完善,启蒙了思想意识与促进行动的落实。

2. 外部环境的潜移默化

环境(environment)是指围绕着某一事物(哲学上通常称其为主体)并对该事物会产生某些影响的所有外界事物(哲学通常称其为客体)。对于社会主体的人而言,环境一般分为自然环境与社会环境。结合思想政治教育这一个中国特色社会主义的教育而言,它的环境又可以分为软实力育人环境、硬实力育人环境。

学者关注通过环境资源逐渐地渗透到育人过程的始终。在日常德育过程中这些相对于正规课程系列的"隐性化"德育课程,主要包括校园环境、校园文化建设及师生关系三个方面。[158]新时代,对于新的媒体环境而言,学者们关注到新的媒体传播环境背景下,对思想政治教育造成的影响效果研究。张永汀充分利用新媒体更全面地覆盖全体青年大学生,更广泛地影响全体青年大学生。强调以新媒体为环境背景,对思想政治教育既是机遇也是挑战。[159]新媒体的盛行和发展,展现了其强大的生命力,也隐藏着可能的负能量,应当直面高校思想政治理论课教学面临的挑战。总结出面临的三方面的挑战,提出应对新媒体环境下高校思想政治教育理论课创新的三条路径。[160]

3. 方法体系的与时俱进

思想政治教育的方法只有与时俱进,才能培养出德行高尚、政治立场坚定、具有创新创业能力的合格社会主义事业接班人。为了有效影响学生的自身能力,学者们主要集中归纳了涉及目标设定—过程实施—考核评价—注重完善的育人方法体系。

思想政治教育方法体系主要包含了三大部分方法,即认识方法,实施方法,调节评估方法。[161]尤其是"互联网+"发展环境下,通过对信息技术和大学生思想政治方法的综合研究,明确大学生思想政治教育方法信息化的重要性和基本要求以及三大实现途径。[162]于道德的关系认识、处理上,以思想政治教育道德叙事在育人中运用为研究切入点,总结了四方面具体方法。即思想政治理论课教学中道德叙事的运用,日常思想政治教育中道德叙事的引入,校园文化中道德叙事的切入,网络思想政治教育中道德叙事的运用。[163]

4. 传播载体的蓬勃发展

传统育人载体分为传统课堂、学校活动、实习实践、人际交往等。但是随着网络的快速普及与发展,学者往往将现代育人载体与网络相结合来研究,在很大程度上,促进"互联网+教育"的快速发展。网络空间治理不仅仅关乎一个国家安全与稳定,也会对高等教育的教育载体与形式以及预期效果产生深刻影响。尤其与高校思想政治教育的关系日益密切。大众传媒作为思想政治教育传播的新型载体和重要手段,对思想政治教育存在利弊共存的影响。

新的环境的出现,推动新的教学方式、载体的诞生。根据时间发展过程来看,思想政治教育载体可以分为传统载体和现代载体。[164]通过

第二章 理论基础

互联网平台,学校将创新育人贯穿课堂教学、社团活动、社会实践、合作学习、保障机制、宿舍布置、专业实习、校园环境。[165]以发展的眼光去看待教育的环境,从外部因素来影响育人的有效性。正如陈建勋指出高校使命型思想政治教育坚持"因事而化、因时而进、因势而新",能第一时间关注师生代际特征的变化、内外部环境的变化以及方法手段的变化等,始终以创新的态势应对各种机遇和挑战,从而能够在强劲创新中完成自身使命。[166]

当代,国内学者主要集中在信息化的互联网思维角度,互联网文化背景,网络对思想政治教育实效性等等为切入点研究高校思想政治教育与育人之间的关系。创新课堂教学内容及方法的同时,提高大学生思想政治课堂参与度,实现文本知识内化,达到良好的思想政治管理工作效果。[167]

互联网作为新媒体与新载体,既带来了丰富的信息资讯,同时也有各种负面的、消极的因素暗藏在其中。快速发展的新媒体技术与各类工具,对人类的生活影响将越来越大,对我国大学生思想政治教育活动的影响也日益加深。文永刚指出高校网络舆情作为高校文化的重要组成部分,对大学生的思想政治教育既有积极影响,也有消极影响。面对其中的消极影响,要从占领舆情阵地、健全监测机制、完善思政队伍三个方面探究应对措施。[168]

5.教育目标契合时代要求

坚定政治信仰,尤其是引导大学生对中国共产党领导的坚定性,提升幸福感,保障信任度,作为教育的方向保证。在新的教育环境与载体的有机统一与运用的条件保障之下,对于社会主义国家开展网络思想政治教育的培养目标,主要是利用互联网技术抵制西方意识形态侵扰,保证社会主义国家培养的大学生永不变色、永远爱党爱国、永远为社会主义国家服务。[169]其中,思政教育和网络空间治理目标一致、主体协同、手段趋同,进而提出网络空间治理视角下高校思想政治教育创新的基本维度。[170]

育人目标不是一成不变的,是随着时间的推移,历史的进步,社会的需求,不断完善与改变的。明确的目标,可以使教育更加有效地服务于学生,服务于社会。从学生的角度而言,可以更好地明确自己的价值以及实现价值的路径。

6. 有效性的分析与研究

思想政治教育的教育效果如何,很大程度上取决于它的效用发挥。为了提升对学生能力的影响力,研究人员通过对不同的教育对象,分析影响教育有效性的各类维度,提出有针对性的解决建议与意见。

从有效性体系构建的论证来看,宋振超探索"科技理性"与"教育伦理"辩证融合的高校思想政治教育有效性体系构建,实现"技术理性"与"伦理理性"的合理链接。[171] 从不同的研究对象的特质来看,研究者以学生心理、外界因素为侧重点,尊重学生与教师是教育实效性发挥的两个主要环节的各自特征,提出发挥教育有效性的实证与分析。依托心理资本的相关理论,在思想政治教育的过程中挖掘"90后"大学生的心理资本,通过积极品质的培育和开发,发现"90后"大学生的思想政治教育有效性存在一定的缺失。同时,有针对性地提出解决对策。[172] 卫振中以高职院校的学生为研究对象,分析高职院校思想政治教育实效性不强是与很多因素有关的,比如:社会环境、师资队伍、教育的机制、教育的途径等多种因素。[173] 江梦乐立足于辅导员思想政治教育工作的有效性,分析学生对工作有效性三个维度即工作内容、工作方法、工作效果的满意度。针对存在的问题,提出解决的建议。[174]

研究者立足于网络思想政治教育的实效性,采取多种传播方式相结合的研究与论证。白婷在构建思想政治教育移动教学平台的建议中,提出三大对策,即加强教育者移动互联网运用能力,增强移动课堂的趣味性教学,运用VR技术创新课堂教学方式。[175] 赵丹论述了自媒体与大学生思想政治教育有三大耦合关系,为研究思想政治教育实效性提供了平台与载体。[176] 面对日新月异的科技革命,数字化技术不断与思政课教学形成融合之势,数字赋能思政教学所带来的创新条件,为国家培养时代新人发挥了"关键作用",促使各层级育人主体同向同行、通力配合,提升思政课协同育人实效性。

(二)国外思想政治教育的经验借鉴

去认识了解一个事物,首先要对这个事物以动态与静态相结合的审

第二章 理论基础

视角度出发,对其进行全方位、立体式的认知。国内外学者围绕国外思想政治教育的研究有很多,这里主要是通过分析与总结这些国家开展的相关教育的维度、优势、经验,找到与我国高校思想政治教育在培养大学生创新创业能力的契合点。

1. 涉及维度的比较与划分

通过对思想政治教育维度的划分,可以更详细地掌握国外思想政治教育的育人本质与进行方式。为此,林梅影从五个维度对国外思想政治教育进行划分研究,即遵循课堂教学主渠道,将思想政治教育隐匿于其他学科当中,积极组织课外教学活动,重视家庭教育的作用,利用大众传媒等手段强调社会教育。[177]思勤途则从教育目标、教育方法、教育模式三个维度着手,进行划分研究。[178]

2. 对受教育者的影响

(1) 促进学生的全面发展

通识教育不仅需要持续的时间,还是一种较为全面的、积极的育人模式。它可以培养学生的批判性思考能力和经过训练的好奇心,以及一些特殊的技能,使学生成为可以自信地适应任何情况与职位要求,并且有能力去掌握赋有兴趣的任何学科,从而促进学生的自由而全面发展。这种尽可能全面的教育,为学生准备学习任何专业与技能的掌握,起到对整体知识有一个系统整体的了解。

(2) 为个人创新能力带来机遇

通识教育通过基本知识和技能的熟悉,强调掌握超越所学专业知识的范围,具备更为宽广的视野,更加注重人和知识自身所具备的价值,强调人的全面发展,强调知识的整体性。在高质量发展的环境中,尊重大学生的个人价值,满足他们在心理方面的需要。运用数据分析思维,对学生开展既有知识,又有关注个人素养的个性化学习数字画像,帮助当代大学生积极构建充实的精神家园,明确创新在人生中的意义和价值,为实现其全面发展提供丰富的物质基础与充实的精神保障。

根据研究显示,随着年龄的增长,与受过职业教育的人相比,受过通识教育的人更有可能接受任何与职业相关的培训,接受更多时间的职业相关培训,使他们有机会继续更新技能,以便在不断变化的经济社会中就业。[179] 由上述研究推断,在高校开展通识教育,可以有效影响学生的创新创业能力,为他们将来发展奠定优势条件。

3. 国外思想政治教育特点归纳

对于国外思想政治教育特点方面,也是中国学者研究的侧重点之一。国外思想政治教育内容具有很强的政治性。[180 181 182 183 184] 突出思想政治教育的实践性。[185 186] 对于各个国家思想政治教育的特点给出明确的总结,朱晓兰、秦鹏飞指出新加坡重视国家意识、法制;倡导儒家思想。韩国则注重传统道德教育;民族意识教育;与儒家思想结合。印度的特点是开展公民教育、宗教教育,宣扬爱国主义。法国是开展公民教育与民族性教育,渗透本国的思想政治主张。[187]

爱国主义在国家的教育体系中处于重要的位置。它立足于本土,服务于本国发展建设。爱国主义将促进地方内容更具吸引力和可行性,实现国家的可持续增长和发展。[188] 美国的"合格公民""民主公民",英国的"培养人们做个好公民",日本的"做具有完美人格的人",还有新加坡"做新加坡人"等。[189] 新西兰的教育目标充分体现"以人为本"的办学宗旨。泰国重视对国王、国家、宗教的忠诚。[190]

各国关于思想政治教育的培养目标上说法尽管各有千秋,但是都围绕着促进个体自身才华提升,充分展示自己的个性,在尊重个体发展的基础上,维护国家稳定,服务本国健康正常发展,以适应未来社会的需要。

4. 模式路径的探索

借鉴学习国外育人的先进经验,对于教育模式与育人路径的研究,可以为中国培养创新型人才提供一定的先进模式经验作为发展基础。

一部分学者关注对国外思想政治教育的模式进行研究。王晓菲总结国外思想政治教育的四种模式划分。具有操作性很强的理论指导,具有明确的培养目标,具有丰富的教育内容,行之有效的实现途径。[191] 通过课程教学,有计划、有目的地宣传本国倡导的主流价值观,同时也将伦理道德教育融入专业教学。另一部分学者总结国外思想政治的各自不同的育人路径。坚持显性教育与隐性教育相结合。学科综合、寓德于教,善于形成教育合力。[192][193]随着科技的进步与发展,可以作为载体的主体也在不断丰富,不断拓展传统学校教育路径与家庭德育有机结合,加大利用大众传媒传播和一些国家具有特色的宗教教育路径。

综上所述,国外思想政治教育的育人路径表现为三个主要方面,即学校、家庭、社会。尤其重视"灌输与渗透"相结合,重视显性教育,更加注重隐性教育,手段具有隐蔽性,重视运用思想政治教育环境的整体性与教育方式的协调性。

(三)研究重点与经验借鉴

1. 内容范围广,程度深浅不一

表2-1 国外思想政治教育涉及的内容(部分研究者观点)

作者	年份	持有观点
丛琳	2010	爱国主义教育、政治观教育、宗教教育、道德教育
王晓菲	2011	公民宗教教育、政治观教育、道德教育、社会规范性教育
胥文政	2013	爱国主义教育、公民教育、国民精神教育、价值观教育、法制教育、宗教教育等
王雪	2014	公民教育、思想道德教育、宗教教育、以民族精神为主的爱国主义教育、政治意识教育、法制教育、个性教育、人生观教育、儒家思想教育等
邢国忠、刘子钰	2023	特定场域(学校教育、社区教育、家庭教育、同辈群体);特定主题(公民教育、爱国主义教育、核心价值观教育、道德教育);基于通观与专题的综合比较研究等[194]

资料来源:研究人员根据各种信息进行自主设计开发

根据表2-1中国学者对国外思想政治教育的内容作了分类归纳。学习国外先进的教育,对于国外思想政治教育我们需要首先了解他所代表以及涵盖的内容。尽管国外没有思想政治教育这一专属名词,但是,并不意味着不存在相关或者类似的教育。思想政治教育主要研究的对象是公民思想领域的政治问题和政治领域的思想问题。[195]

根据之前大部分学者的研究,国外对思想政治教育没有统一的称谓，而是把其内容以不同的方式融合在其他专业学科或家庭教育、社区教育等范围中，每一个国家开展的思想政治教育，只是在一定程度上展现各国在育人方面不同的侧重点。通识教育、爱国主义教育、道德教育是大多数学者关注的重点。因此，将以上三类教育作为本书研究中的国外思想政治教育涉及的内容。各国在小学、中学及大学的通识教育、爱国主义教育、道德规范教育、法制教育及宗教教育、社区教育等环境中，无不体现着"思想政治教育"的各项内容。国外思想政治教育的内容多种多样，形式丰富多彩，在不同的角度与我国思想政治教育有着高度的契合性与融合性。

2. 发展方向明确下的多样化模式体系

各国依据国情，制定中长期的教育发展规划，做到有据可依。以培养国家发展中需要的紧缺、重要人才为追求目标，得到国家政府层面的重视。数据只是一种证据，不可过度依赖数据。充分利用新兴传媒，有效增强思想政治教育传播效果的技巧。同时，坚持制度自信，以"目的性—主体性—有效性—过程性"的内在根据，共同构成可借鉴性的内在条件。[196]

高校对于学生开展的教育，重视"显性教育"的功能发挥，理论的直接讲授必不可少。同时，注意结合日常的多维因素，积极运用好家庭、社会、环境各个方面的协同融合与共同发力，影响学生的知识积累与技能掌握。既注重显性的教育方式，又善于利用隐性的路径影响学生，形成依托"大平台"的全方位、多角度、立体化的"大思政"育人新格局。

（三）思想政治教育在培养创新创业能力方面的优势

思想政治教育在近年来一直备受学者的关注，通过历史与现实的对比、国内与国外的对比，找到其在创新创业方面育人的有利之处。

1. 有利于创新意识得到激发

思想政治教育为学生创造机会，重视培养学生的创造性、创新性，锻炼学生的团队领导力，为其今后的发展奠定良好的基础。定位明确、内容完整、逻辑清晰的思想政治教育蕴含的育人内涵,结合国家人才培养需求,能够更好地提升学生的思想政治素养与实际动手能力。

2. 有助于引导树立科学的价值观

作为一种引领价值观的形成、发展、规范的教育,各国有不同的教育方式。尤其在爱国主义教育上,其意识形态属性非常明显,具有体现国家发展性质的明确政治导向,育人的先进经验,教学创新方式与成果值得我们吸收借鉴。其中,育人的有效性是直接关系、影响并决定着借鉴高校协同育人的成果导向,作为科学性、价值性的有机结合标准。

3. 提供人的全面发展的保障

中国特色社会主义思想政治教育的目标就是提升教育对象思想道德素质,促进人的自由而全面发展,强调人的发展和社会发展的一致性、同步性、同等重要性。[197]到2050年建成世界科技创新强国,成为世界主要科学中心和创新高地,为实现中华民族伟大复兴的中国梦提供强大支撑。[198]数字赋能思政课教育,融合线上线下多维度的教学资源,利用数字技术,提供给学生全方位的创新学习体验,以创新能力作为人才未来发展的支撑,服务创新型国家的建设。

4. 加强思想理论的认识深度

坚持马克思主义,以习近平新时代中国特色社会主义思想为理论指导,处理教育中出现的整体与局部、长远与近期、普遍与特殊的各类问题。通过理论的方向指引,在高校形成全方位协作的"大思政"。在我国具体的实际国情当中有选择地借鉴,通过坚持四个自信,通过"筛选—理解—解决"中国实际教育中遇到的现实情况。

(四)存在问题的综述

实现高质量发展,立足中国,放眼世界。我们取得了很多可以继续深入研究的成果,但也有人注意到思想政治教育中仍存在很多问题。如果不及时解决,高校开展的思想政治教育会对学生的创新创业能力造成消极的影响。

思想政治教育存在的问题主要表现在:(1)学理性过浓,预测性不强,缺乏实践体验,问题意识淡薄。(2)方法上存在盲目性,缺乏适应性创新发展,教学方式过于僵化。(3)意识形态性较强,在职位运用方面竞争性不强。(4)对学生实际情况缺乏动态发展的了解。(5)开发与共享优质教学资源不够充分。[199](6)思想政治教育教学评价体系存在滞后性。就国外开展的通识教育来看,目前一些欧美高校的通识教育正面临着特定困境:第一,通识教育追求的"广泛性"在一定程度上阻碍了明确教学目标的建立,也很难对教学效果的有效性进行评估。第二,以"知识拼盘"为形式,以"浅尝辄止"为结果的通识课程设置,很容易使学生丧失学习兴趣。第三,理想化与抽象的培养目标也会使教师难以定义其通识课的具体要求。[200]

综上所述,一方面,广普式的教育模式,无法保证教育的因材施教。重视理论而轻实践的态度,极易造成学生的动手实践参与能力较低,创新意识较弱,竞争意识不足,与实际社会衔接不顺畅等诸多不利因素,在不同程度上阻碍学生创新创业能力培养。另一方面,"精准式"的开展面临师资力量短缺,学科素养高低不一的挑战。此外,教师对学生心理、思想层面的关注度还需要进一步提升。

二、创新创业教育相关研究

(一)中国高校创新创业教育研究现状综述

进入2000年之后,国家和有关部门先后颁布了多项政策措施,对学生个人而言,成为实现自我价值,成就梦想的重要保障。对中国教育而言,促使我国高校不断进行人才培养模式与教学改革的创新探索,为协同育人迎来了新格局,促使校企、校社、校校、学科融合等各种模式的紧密结合。

按照马克思主义、社会主义的教育原则应该是培养"富有创造力的劳动者",而不能被庸俗化为一种单纯的综合技术教育或劳动教育。这一点在今天全球知识社会下,显得尤为必要。因为创新已经成为个体发展、社会发展的根本要素。[201]

1. 内容定位与价值意义

正如习近平总书记在文化传承发展座谈会上指出："中华文明具有突出的创新性,从根本上决定了中华民族守正不守旧、尊古不复古的进取精神,决定了中华民族不惧新挑战、勇于接受新事物的无畏品格。"[202]创新的重要影响力贯穿于中华民族的伦理道德的价值观的演进过程中,作为科学技术的基础不断融入生产力的发展进步历史过程中,成为我国国家治理与时俱进的推动力。

创新创业教育作为提升学生创新创业能力的主要教育方式,一直备受学者的关注。它内容涵盖类型多、范围广,创新价值高。创新创业教育涵盖的教育内容包括创新思维、创业意识、创业技巧。[203]此外,在课程设置方面包括具体阶段目标定位、师资队伍、文化氛围,机制保障等方面。创新创业也绝不只是为了自己或他人创造就业机会,而是要通过创新创业把中国的产业水平由"中国制造"提升为"中国创造"。[204]

2. 教育环境资源的开发与整合

环境资源的开发利用,是创新创业教育需要考虑的实际问题之一。在高质量发展过程中,整合运用社会资源,加大培育创新型人才的力度。其中,企业与高校的科研创新成果转化密切相关,发扬企业家精神,激发他们不怕困难、艰苦奋斗的精神品格,既兼顾经济收益与社会效益,又将企业文化理念进行主题宣传,进入课堂成为创新创业主题学习的典型案例。

在中国的实际国情当中,教育的系统化、流程化、标准化,离不开中国特色社会主义文化环境资源的挖掘整合与多维利用。我国培养以创新创业能力为核心的高素质人才,不断运用"线上+线下"的混合模式进行创新,活学活用红色教育资源,促进红色经济健康发展。红色资源作为一种独特而宝贵的资源,不断挖掘红色资源优势,密切资源与认识、资源与创新的联系,"因地制宜"打造特色亮点。各地依托当地红色资源的优势,逐步形成以主题培训、现场教学等形式为主要教学载体的创新发展模式,大力推动地方文旅、文教的有机融合和持续发展,在培养创新型人才的过程中,形成强大的创新精神推动剂,让红色资源在新时代绽放耀眼的光芒。

3. 育人模式的动态探究

育人模式建构与计划部署安排是中国学者在研究创新创业教育方面较为感兴趣的一方面。教育模式的构建,对于学生创新创业能力的提升有着明确的影响效用。主要围绕课堂为主渠道的创新创业教育,以培养学生创新能力为核心的实践创新教育、综合协同类型的创业教育等模式进行。

计划作为对项目顺利实施的前提与保障,研究者结合中国高等教育的实际国情,提出了具体可行的创新创业教育的训练计划。其包括大学生科研创新训练计划、大学生创业训练计划、大学生科技竞赛计划、大学生人文素养培训计划、大学生职业技能培训计划 5 方面,并纳入各专业人才培养方案和评价体系中。[205] 有了合理预判风险与挑战的计划做前提,如何能够使得学生和教师在更广阔的空间交流学习,这一落脚点就在创新创业教育平台搭建的研究方面。新型创业平台,包括创业竞赛、众创空间、技术孵化等。[206] 学生可以通过这些实践平台提高自己的实践能力。开展创业教育需要一支能够改革教材、创新课堂、灵活教学方式的高素质教师队伍。[207]

此外,学者们对于创新创业教育模式的分析与探讨,常常结合关于创新创业教育模式,研究者依据不同的研究角度立足点,分别给出自己不同的构建建议。

(1) 学者纷纷论述了自己的观点与建议,既有坚持创新创业教育为广普式的学者,也有坚持精致育人的研究人员。

面向大众的研究者们表述的观点主要在于高校学生全体所有人都应该具备创新的观念,试图从观念上对大学生的职业向往、追求做出引导,并且作为一种个人必备的能力要求所有人。实现培训广谱、全覆盖,培训对象由"小众"向"大众"转变。[208] 另一部分,主要坚持个性差异化的创新创业教育模式。他们认为学生是各自不同的主体,尊重并发现各自所具备的长处进行有针对性启蒙,尤其是对有创新创业意愿的学生进行系统化的教育与培训。在创新创业教育过程中,应针对不同专业背景的学生进行差异化教学。[209] 以工科院校的学生为研究主体,构建出

第二章 理论基础

"五位一体"创新创业教育模式(政府机构、高校和科研院所、金融机构、中介机构、创业园区)。[210]根据美术院校的育人特征,需要构建多维化、立体化、全方位的 Q-P-M-O 模式,包括素质教育、专业教育、就业教育与实践教育的综合体。[211]姜慧、殷惠光、徐孝昶提出:教育是一个个性化的过程,个性化教育是培养学生创新创业能力的有效途径。[212]刘敏、王耀南、谭浩然、江未来、张辉立足"专创融合"提出了"课程牵引轴""团队推动轴""竞赛训练轴""平台提升轴"四轴联动,在意识、文化、能力、实践四方面螺旋上升的"四轴四螺旋"研究生创新创业教育新模式。[213]此外,在实际的教学探索过程中,山西省 T 学院,作为应用性本科院校,坚持"五位一体"的创新创业教育模式,即实践训练、学科竞赛、课外科技活动、成果转化、企业孵化有机结合。

(2)关于提升的创新创业教育模式与理论的结合创新,学者们纷纷从多种理论维度着手讨论与分析。

表 2-2 中国创新创业教育模式与理论结合的部分类型

作者	年份	观点综述
王学智	2017	将 TRIZ 理论应用于高校创新创业教育[214]
胡蝶	2019	将三螺旋理论应用于高校创新创业教育[215]
张晓蕊、马晓娣、丁光彬	2019	将成果导向教育(Outcome based education,简称 OBE)进行教学设计[216]
傅田、赵柏森、许媚	2021	以"三螺旋"理论为工具,提出深入推进高校创新创业教育与专业教育融合的融合机理[217]
计华	2023	将"OBE"理念逐步融入创新创业教学中,探索"教—学—训—赛—评"五位一体课程教学模式[218]

资料来源:研究人员根据各种信息进行自主设计开发

根据表 2-2,立足研究对象的实际情况,在特定的理论基础之上,提出维度各异的教育模式或体系,大力支持创新创业教育全面融入人才培养方案。因此,鉴于该教育的发展是一种动态、创新、持续的育人方式。所以,只有通过运用不同的理论结合学校创新创业教育的特色定位,基于实际情况,才可能拓展出独具吸引力与感染力的中国创新创业育人的模式。

4. 传播手段的现代化

根据马克思主义关于生产力的界定,新质生产力主要涉及新的劳动者、新的劳动资料、新的劳动对象三个层面的变革。新质生产力赋能教育传播手段的科技化、现代化发展,通过人工智能、信息通信、大数据等为创新型人才的培养提供重塑劳动材料的平台与媒介。一切媒介均是感官的延伸,感官同样是我们身体能量上"固持的电荷"。[219]与传统传播媒介相比,当前新媒体具有传播手段多样化、传播实效性增强、传播受众海量化等特征。高校创新创业教育根据培育对象的自身特点,采取多元化的传播媒介手段,不止局限于广播电视、报刊等传统媒体,而是更充分利用各类短视频平台、微信、QQ等新兴传播平台对大学生进行信息传播。数据画像的实时呈现,有针对性的精准推送,促使大学生信息的获得更形象化、富有趣味性,拓宽大学生视野,提升创新创业教育的影响力,增强自身的综合认知与能力。通过对网络创业平台载体、网络创业培训载体、SYB创业培训课程载体(Start Your Business,SYB)、创新创业实践基地载体、创业孵化基地载体、创新创业师资载体六类载体的对比分析,能更好地掌握高职学生对各类载体的利用程度,更好地发挥载体的知识传播效率。[220]

5. 教育目标的时代导向性

在实现高质量发展背景下,教育目标也会发生相应的改变。对现有创新创业教育模式进行改革与完善,构建能够应对新形势的创新创业教育体系,培养新时代的创新人才。创新创业教育明确的培养目标将进一步促进学生对自身能力的认识程度以及高校对学生开展教育时所采取的教学方式与路径的完善与构建。

创新创业教育的培养目标是激发学生的创新创业综合能力,培养具有创业基本素质和开创性个性的人才,是以培养创新创业意识、创新创业精神、创新创业能力为主的教育。[221]具有创新创业能力是未来的高素质创新型人才需要具备的基本技能与理念之一,创新创业教育的课程设置的目标要求,基本依据和评价标准,作为它的起点和目的地,帮助选择合适的教学内容,确定有效的教学方法,提高教学的有效开展。

6. 影响创新创业能力实效性现状

单一的教育形式,无法满足学生生活、就业的发展需要,有效性的发挥受到阻碍。根据石梦伊在对天津大学、南开大学、天津职业技术师范大学的学生问卷调查的基础之上,总结不足,提出解决建议。指出提升创新创业教育的有效性主要有三方面的对策,即提高双创教育质量,吸引学生积极参与。注重理论课程教育、实践活动教育相结合。加强专业教育与双创教育的融合。[222] 陈苡从四个方面论述了创新创业教育对于学生创新精神和创业能力的有效性,并指出大学生创新创业教育主要有两个层次。[223]

因此,效用发挥的好与坏是决定一种教育在一定时期内对于涉及程度与范围的检验指标。只有及时发现在实际教学中存在的客观问题,才有可能提出建设性地完善与改进意见。研究者们依托新的教育载体以及涉及内容,目标对象等角度,开展不同层面的调查研究与分析总结。

(二)国外创新创业教育的经验借鉴

为了实现高质量发展,国家之间互联互通,进行交流。在互通有无的过程中,依靠创新能力,增强国家的综合实力,提升话语权,扩大影响力。因此,各国越来越重视创新型人才的培养,重视大学生的创新创业教育工作。

1. 创新创业精神的可培养性

重视对精神的教育与培养。通过主动教授的方式,影响受教育者的理论、精神与实践能力。教育的创新就是跳出框框,用不同的方式做事,或者用不同的方式去做平凡的事情。[224] 能力的提升往往会受到教育的影响。创业能力可教授性也被研究者证实。教育工作者鼓励学生从课程一开始就创办可持续发展的企业。在培训的早期阶段就有这样的定位,使学生能够严格地专注于创业。[225]

因此,现在比以往任何时候都更需要在管理教育课程和独立的创业课程中嵌入创业精神，以帮助关注寻找危机解决方案的积极好处。[226]通过创新创业理论知识的学习、专业技能的培训和实验实践，是可以培养与影响人的创新创业精神。

2. 创新创业精神的重要性

美国著名管理科学家彼得·F·德鲁克，围绕创新的实践、创业精神的实践、创业策略三个部分进行阐述，强调创业精神的重要性，对创新机会的来源等作了不同角度的分析。对于个人而言，自身持续不断地学习再学习，自身的发展和事业，每个人都必须承担越来越重的责任。[227]采用内部主动与外部引导相结合的方式，提升创新型人才个体的品格意志、观察能力、创新思维、知识储备、实习实践等方面。

高质量发展背景下，市场经济环境不停地变化，各类企业之间的竞争也十分激烈，对于产品质量、服务态度、经营管理模式优劣，都会对企业下一步的发展提出严峻的考验。对于企业来说，通过意识到创新要素对于企业发展带来的发展契机，抓住科技创新、政策扶植等要素，不断创新，促进自身在技术上的突飞猛进与管理上优化培育，促使企业赢得发展壮大。

3. 创新教育方法在实践中检验与完善

国外的大部分学者在探讨创新创业教育方法的主题下，往往以创业教育为立足点进行研究分析。这种研究是在一定的社会背景条件下进行，有着不断发展、变化的可能性。利用人的思维方式影响未来的创业方式。一个创新教育的方法来教授创业是有益的，其中设计思维可以是一个有价值的工具和方法来教授创业。[228]也有学者关注学生对于创业的态度认知与行为选择，认为应该从教师为中心转向学生能力为中心。因此，创建新企业并不是中心重点，而是培养学生的创业态度和技能。[229]Colin则关注研究一种标志性的创业教育方法的发展，为开发一种标准的极简主义创业教学方法的挑战提供了清晰的思路。教育可以直接集中于发展个人的信念和认知。[230]

有效的教育方法，一定是理论与实践的结合，也一定是传统与现代的统一。大学的合作伙伴网络提供尖端ICT教育，并结合创新和创业

（I&E）教育。[231]通过实验证明,与传统课堂教学法(对照组)相比,行动学习教学法(治疗组)组的创业自我效能感和创业意向水平显著高于传统课堂教学法(对照组)组。[232]研究人员提出了创业教育的五种实践方法,并指出创业教学的目的是实践。游戏的实践,移情的实践,创造的实践,实验的实践,反思的实践。[233]

（三）创新创业教育在培育创新创业能力的优势

1.有利于创业精神的培养

创业精神是在受到多种积极、正向发展的因素影响后,逐渐能够产生并对人的思想认知、行为方式产生实际效果的内在因素。接受系统化的创新创业教育理论传授,在知识的获取方面能奠定扎实的基础。中国高校中具备专业创新素养的教师,能够自主有针对性地利用各种资源创建适合的学习环境,利用教学经验与学生的细致分类,达到鼓励学生,助力学生的创新精神和创业行动力的提升。

2.提升学生的实际参与获得感

高校常把学生实践能力的提升作为检测创新创业教育的一种重要途径。通过各类创业大赛、模拟实践等方式,让学生能够将理论知识与实践体验有效衔接,在教学育人中,实现学思用贯通、知信行统一的有机结合。创新创业教育可以视为一种精神意识与实践力的育人理念,不断探索科技、人才、教育"三位一体"协同发展,是落实企业创新主体地位的重要抓手,将人才培养、科学研究、社会服务紧密地结合起来,以专业化的视角,实现从注重知识向更加重视能力和素质的转变,提高人才培养的质量。

利用政策条件对优秀的项目进行孵化,培育扶持一批具有创新创业能力的学生实现自主创业的成就感与获得感。无论是创新成果的转化过程,还是最终形成的创造性的成果,又或者是创业所需要具备的技能,在学生未来的择业方向、选择层面,都具有积极正向的推动作用。

3. 经济效益与社会效益的协调

我国高校利用所在地域的优势特色产业,以创新创业教育为抓手,选取特色项目,开展"校企地"深度融合,不仅助力乡村振兴,而且在解决难题的过程中,能够协调彼此之间的关系。一方面,实现经济效益的逐年增收,促进农民、农业企业的增效。另一方面,凸显社会效益的价值,提升了参与者的积极性,提供了稳定的就业岗位。此外,彰显绿色生态环境效益,贯穿于校企融合过程中。运用新发展理念,在"校企地"深度发展融合与成果转化过程中,尊重自然、顺应自然,实现人与自然和谐共生。

结合国外创新创业教育的经验,英国创业教育的发展历程,有效避免我们走上功利性的弯路。即从初期的功利性教育到非功利性的创业意识、品质精神的教育,再到后来的创业文化的起源和建立,这区别于美国创业资金以企业与个人赞助为主要来源,英国的创业教育80%以上的资金主要来自公共资源,其中只有少部分资金来自校友、企业的赞助及科研项目的经费[234]。日本筑波大学进行的创设资源共享的环境,构建产学政融合育人机制和路径对我国的创业教育发展提供了有益的参鉴,重视协调经济效益、社会效益、生态效益,为国家创新型人才的全面发展奠定基础。

(四)创新创业教育存在的问题综述

创新创业的基础理论教学工作开展较集中,但在创业心理、创业精神等方面少有涉猎。[235]在高校教育投入与学生满意度之间存在不平衡的现象。实际的体验环节与创新创业成功率偏低。根据对H省大学生的调查,总结出该省创新创业教育存在的问题,即大学生对就业创业态度保守,大学生对创新创业认知存在偏差,大学生创业能力低于我国平均水平。[236]过分关注创新创业的经济意义,忽略价值意义的引领。[237]

因此,创新创业教育的问题主要集中在课程的建设、氛围的熏陶、实践的缺失、教师的素养有待提升、政策的落实、学生的自身创新素养欠缺等几大类。其他存在的分散零星问题,也值得引起我们的重视,避免因小失大,造成人才的流失、教育的效用滞缓、创新积极性偏低等现象出现。

三、协同教育相关研究

协同育人可以运用于高校多个方面,如校企的协同,产学研的协同,家庭、社会、高校的协同,校社的协同等统一体。本书研究的主要内容是在高校开展的运用于不同的学科教学方面的协同,具体是指研究协同育人的范围是在围绕提升学生创新创业能力方面开展的思想政治教育与创新创业教育的协同育人的现状研究综述。

（一）思创协同育人研究

1. 可行性研究综述

思想政治教育与创新创业教育具有相似性,是继续研究的前提与基础。主要体现在：教育目标的一致性。教育内容的互补性。教育模式相容。[238 239 240] 社会实践,载体的类型多元化,既有传统的,又有现代的,既有精神的,又有物质的,既有人文的,又有自然的。既有主体资源载体又有活动资源载体。两者协同存在共同的载体,以理论传输为载体,以校园文化为载体,以实践活动为载体,以校园传媒为载体。[241]

正因为创新创业教育与思想政治教育具有相似的教育特点,所以为实现协同育人提供了可行性保障。张爱丽、邢维维指出在人的机制合理前提下,高校可以突破以往的教育模式,以培养高素质人才为目标,实现思想政治教育与创新创业教育的融合。[242]

2. 重要性研究综述

正因为重要性的分析,是对协同育人在高校教育地位的衡量,是影响学生能力的积极因素之一。所以学者选择从思想政治教育与创新创业教育的协同具有重要意义的角度出发,进行研究。

创业教育与思想政治教育各具特色,但是两者相互之间的有效结合,可以发挥出更大的作用。在培养国家所需人才方面打下良好的基础。[243] 二者协同不仅为学校人才培养把握正确方向,提供思想保障,而且能提高学生创业能力,塑造学生的创业品格。尤其可以缓解社会就业压力,培养企业所需创新型人才。

3. 双向建构原则的研究

关于思想政治教育与创新创业教育方面,大多数学者提出"双向建构"的想法与建议。王晓梅论述了创新创业教育与思想政治教育融合的必要性和可行性,指出只有将二者相融合,才能获得最大的科学效率与实际成效,并进一步在理论和实践层面提出了二者双向建构与协同共进的建议。[244] 刘嵘提出高校思想政治教育与创新创业教育双向构建原则的对策,即教育理念层面实现互相融合。教学内容层面实现丰富升华。实践活动层面实现有机结合。组织管理层面实现系统完备。[245] 李丽萍[246] 提出了双向建构体系。即学生(重要的内在驱动),教师(有重要影响,动力源泉之一),高校(形成统一指导意见),社会(外部条件,重要助推力)。

因此,在二者建构原则方面,高校创新创业教育与思想政治教育的协同育人模型,主要秉持双向建设的原则。首先,坚持解决思想问题和实践问题的统一,在双向建设中突出"以学生为中心"的原则。其次,遵循教育规律的统一,突出社会主义核心价值观,在双向建设中贯彻"德育第一"的原则。最后,按照个人成长与发展的统一和社会发展的需要,在双向建设中贯彻"德才兼备"的原则。[247]

4. 辨析关系的研究

根据马克思主义理论中事物是普遍联系的哲学观点,学者们热衷于从不同的角度进行论述两种教育各自所处的不同位置,并辨析两种教育在育人中的关系。

思政课程与课程思政是一个有机统一体,尤其是在培养创新创业能力方面,思想政治教育与创新创业教育有着不可分割的联系。学者们对创新创业教育与思想政治教育之间关系的研究也呈现出多元化趋势。

第二章 理论基础

（1）思想政治教育包括创新创业教育

一部分学者赞成将创新创业教育看作是思想政治教育的组成部分。既可以作为载体组成部分，也可以作为内容资源扩展部分。

创新创业教育可以最大限度挖掘思想政治教育的整体育人功能。将实践能力放在学生培养的首位，把社会价值的实现和大学生的个人价值的最大化统一协调发展，并联系社会的发展方向使创新创业教育成为思想政治教育的新载体。在融合与协同方面，创新创业教育对思想政治教育的目标，内容，教育方法与手段有传承和拓展的作用。从时间的发展角度来看，在中国的大学教育中，创新创业教育比思想政治教育晚，也就是说，创新创业教育是思想政治教育一种新的可扩展资源。根据这两个最终目标的一致性，可以充分结合、利用和扩大新的资源。[248]思想政治教育内在地包含了大学生创新创业教育。大学生创新创业教育内容丰富，是思想政治教育的发展和考验。[249,250]创新创业教育是大学生日常思想政治教育的一个重要组成部分，做好创新创业教育要有一定的理论知识为根基，没有理论知识为学生提供一般知识结构，培养的学生适应社会的能力、技能就缺少了基础。[251]

因此，在充分整合利用创新创业教育的独特优势，可以进一步完善思想政治教育的育人内涵，拓展思想政治教育在高校协同育人中的价值引导功能与思想引领功能。

（2）创新创业教育涵盖思想政治教育

对于二者的关系探讨，有学者赞成思想政治教育是创新创业教育的重要环节，充分认识并肯定思想政治教育在创新创业教育中的地位。

梅晓雨强调高校思想政治教育者应该教育年轻的大学生充分认识创新创业的重要性。培养大学生创新创业的内在动力。运用多种方法引导大学生科学参与创新创业，严格防止反动势力、宗教势力和别有用心的人对大学生创新创业活动进行误导、混淆、描绘、利用和控制。[252]正确认识思想政治教育在大学生创业教育中的作用，就是做好创业教育中的思想政治教育工作。[253]马俊平指出思想政治教育是创新创业教育过程的重要组成部分，创新创业教育为完善思想政治教育提供了新的视角。[254]高志勇提到思想政治教育只有重视创新创业教育，加入"创业型人才"的思想文化内涵，旨在通过转变思想政治教育的方向和方式，为高校培养创业人才做出思想层面上的推进举措。[255]从高校教育中思想政治教育的育人任务贯穿于整个教学过程，其中包括贯穿于创新创业教育的过程当中,以培养学生内生的思想政治素养,激发各类课程的内生动力是课程思政建设的着力点,其核心在于各类课程遵循教书育人规律,在各美其美中实现美美与共。[256]

（3）二者辩证关系的论述

学者们对思想政治教育与创新创业教育二者关系进行了研究论述。国内不同教育类型中开展的协同育人,常常以融合的方式或者提法进行研究。学者们从价值引领的动态发展角度出发,归纳二者的辩证关系。

罗杰(2008)从高校思想政治教育与创业教育的互动关系着手,总结了二者的三方面关系:高校思想政治教育是开展创业教育的有效途径;创业教育有助于我国高校思想政治教育的创新;开展创业教育有助于提高高校思想政治教育水平。[257]冯利、缪琦、邓磊指出思想政治教育与创新创业教育的辩证关系。即创新创业教育是优化和完善思想政治教育的必然要求,思想政治教育是实施和推广创新创业教育的重要依托。[258]艾华、郭雅茹、孟妍、田润平从思想政治教育与创新创业教育结合必然性出发,指出大学生思想政治教育是创新创业教育的重要环节。大学生创新创业教育是思想政治教育的新视角,并提出二者结合的策略。[259]

在价值引领与道德内化育人的方面,学者们重视与中国的价值观、安全观相结合的研究。强调科学价值观的形成对于学生的引导作用十分重大,可以有效构建思想意识形态领域方面的安全防线。

权松立从内化的角度出发做研究,指出思政教育能引导创新创业人才形成正确的价值观。[260]协同过程中思想政治教育能作出正确的价值选择,而创新创业教育灵活多样的内容和形式也丰富了思政教育的内涵和方式,符合新时代发展的现实需求。常飒飒指出中国创新创业教育的育人价值导向:社会主义核心价值观。形成了中国创新创业教育"本土创造"的新时代。[261]敬树勇指出创新创业教育需要思想政治教育的价值引领,才能实现快速有效、高效便捷地培养高素质创新型人才的目标。[262]张晓慧将思想政治教育理念运用到创新实践中,充分发挥创新精神和社会主义精神,加快高校创新创业人才培养的实现目标。[263]

关于两种教育关系的研究,表明二者在一定的育人范围内存在相互影响、相互依存的状态。尤其在思想政治教育的价值引领作用的重要性方面。学者纷纷给予积极肯定,并提出许多有建设性、可执行性的实施建议。协同育人模型建构中,思想政治教育在其中发挥了积极的目标指向效用。要重视创新创业中的安全问题,把思想政治工作贯穿高校教育教学全过程,通过强化理论的深度与提升理论的高度,明确指引方向,提高防范化解政治、意识形态等领域重大风险能力。通过把理论与实践相统一,紧扣师生思想的共鸣点,切实增强思想政治工作的亲和力和影响力。

5. 协同融合路径的研究

国内学者在研究思想政治教育与创新创业教育两种教育在协同作用下的各类研究,更倾向于使用融合来表述二者的育人协同模式等情况。从思想政治教育与创新创业教育协同融合路径,学者们纷纷给出了自己的研究成果与看法。

既要在内容上注意在思想政治课教学中加入创新创业教育内容,[268]也有强调在创业教育中融入思政教育的内容,[264 265]又要注重双师型、多元型专业教师队伍的建设,[266 267 268 269 270]营造浓厚的创新创业校园文化氛围,[271]利用新媒体平台提高思想政治教育与双创教育的融合。[272]马莉研究思想政治教育与创新创业教育的协同发展的"四位一体"发展路径。即教育理念上相互融合,培养模式上相互依托,内容上相互贯通,管理上相互耦合。[273]张晓慧从教育理念、教育内容、实践活动、组织管理的融合方面对两种教育的协同融合做了梳理。[274]在促进二者融合方面,华炜提倡当前高校可以通过创新课堂教学、开展创业实践活动、加强校园文化建设、完善创业教育队伍建设、校内外资源相互配合等路径。[275]

通过整体性的融合分析与具体案例的研究论证,二者协同融合,能够在培养学生自主创业意识与训练学生自主创业能力之外,培养学生要怀着一颗爱心与感恩的心,将所学到的知识回报给社会,最大限度地发挥二者相互促进的作用,培养思想政治优秀创新创业能力突出的大学生。

(二)国外协同育人研究

在国外,虽然没有思想政治教育与创新创业教育协同育人的提法与研究,但国外学者关于高校育人过程中各个参与主体与环节、课程之间,存在相互协作的育人成果,亦可以为此研究提供有益的启示与借鉴。

1. 产学研协同研究现状综述

高校是知识的生产地,也是知识的转运地。教学知识的最有效形式,能够在思想、认识、理论、数据经验之间互动转化。高校学术界、教职工中一些人既是优秀的教师,也是具备科研能力的实力型选手,同样是企业中的高级技术与管理人才。教学是研究和实践之间的重要桥梁,在公共领域的所有领域都有好处。[276]高校的人员要考虑好未来研究中心知识的研究方向,找到国家政策,生产经营,研究热点等方面的有用标准线,以促进大学的创新动力和创业转化成果。应该鼓励今后的研究和系统化工作。[277]

学术创业生态系统具有高度的互联性、多因素相互调节、多层次复杂动态地相互作用。[278]产学研三者之间的配合,可以提高科学和技术研究的经济生产力,从而促进成果转化与企业成长与发展的成功概率。高校、科研机构、产业集群、政府部门之间的紧密且有效地联系对于通过创新提高生产率和推动经济增长至关重要。因此,不仅需要灵活的内部结构,还需要所有利益相关方都能参与的治理安排,并对过程制订共同愿景,以创造一个更有活力,富有创新要素的整体协同氛围环境。

2. 家校社协同育人研究现状综述

当考虑面对的教育对象特征与个性的同时,还需要以家庭为单位与学校建立一种清晰的、配合彼此的教育模式。随着这二者之间的联系频率的增加,家庭成员之间也会建立彼此信任的可能性。亲密度和接触频率(面对面和其他形式的接触)可以预测友谊的状态,尤其是亲密度是一个强有力的预测因素。[279]通过单独沟通,或者定期的沟通,都会对受教育者体现一种督促与反馈的效用,充分利用家庭环境和伙伴之间的相互影响等教育资源来促进青少年的道德发展。在社区层面的干预中,自上而下和自下而上的混合实施策略被发现是在组织中采用干预原则的一个重要背景。[280]家庭位于的社区环境会对家庭育人氛围形成一定的互动氛围。潜移默化影响人的整体氛围层面,家庭、社区的协同关系程度也要受到逐步重视。

3. 教育之间协同育人研究现状综述

国外高校通过各学科教育与国外思想政治教育资源整合,实现有机融合,使各学科教育都共同对品德意识、行为产生潜移默化的影响。美国强调思想政治教育与其他课程的交融性,重视学生的广泛参与;韩国将国民精神教育深入一切教育活动中,在很多教材中都间接或直接反映道德教育,全员教育。[281]加拿大很多学校的办学宗旨就是,让学生知道社会、行业需要他们具有什么样的知识,掌握什么样的技能,有什么样的态度。他们培养教师不依赖知识的传授,而注重现场实践,并学会理解和尊重他人。[282]各国重视将德育贯穿于各个课程之中,配合各类课程,形成学生正确的价值观。此外,利用各类团体组织有序开展推动本国发展的价值观宣传教育。

(三)协同育人经验总结

高校思想政治教育旨在引导学生明大德、守公德、严私德,是一项塑造大学生思想与灵魂的复杂系统工程。在国外开展的爱国主义教育、公民教育、道德教育过程中,通过发挥各专业学科优势,加强学科之间的协调性,调动家庭、社区、企业等各方力量,采用渗透式、隐蔽式的方式,以潜移默化的育人路径影响学生的思想认知与内心情感。

实现参与主体进行协同,开展角色联动育人,加强高素质育人专业队伍建设,提高教育效果。实现课程内容联动协同,促进育人目标贯通,改革创新育人模式,构建育人路径,运用本国特有文化与教育相结合的方式进行创新型人才教育培养活动。

(四)协同育人现存问题综述

学者们关注到思想政治教育与创新创业教育具有协同性,在具体的协同方式、具备的重要意义等方面取得了丰硕的研究成果,但现实育人中仍存在很多问题。周辉归纳出协同育人的四种问题:首先,创新创业教育理念滞后。其次,思政教育与创新创业教育分离。再次,高校思想政治教育中创新创业教育方式单一。最后,大学生创新创业教育课程设置存在不足。[283]二者在客观上存在很多可以融合的方面,但仍旧存在教育理念、融合方式、人员配备、协同融合机制途径不明晰,不成科学完整的体系等诸多问题;内容融合程度低,创新创业课程与专业融合不够;融合方式不明确,融合机制不够完善;缺乏相应的素质过硬的专业的师资队伍。

四、优秀文化资源融入高校教育现状综述

2017年10月18日,习近平总书记在十九大报告中指出,中国特色社会主义文化,源自中华民族五千多年文明历史所孕育的中华优秀传统文化,熔铸于党领导人民在革命、建设、改革中创造的革命文化和社会主义先进文化,植根于中国特色社会主义伟大实践。[284]因此,此次研究中具体划分为中华优秀传统文化、革命文化、社会主义先进文化三大类。本研究中的中华优秀传统文化,既包括传统意义上的涵盖内容,也包括按照行政区域划分的地域文化。根据此次研究范围来看,地域文化具体是指晋商文化精神在新时代的弘扬、创新、传承。

根植中国深厚的文化土壤,"以文化人、以文育人",把中国特色社会主义取得举世瞩目的成就讲好,把中国式现代化的故事讲好,把理论论述"讲深讲透讲活",充分发挥中国文化的滋养力量。中国高等教育的形成与完善深受中国特色社会主义文化的影响。精神与文化是一个密不可分的统一体。中国精神往往通过中国文化传递与展现。高校充分挖掘与不断整合以中国精神为代表的文化资源的过程中,对学生的综合能力形成具有中国特色的教育影响力,创新创业能力作为综合能力的一个组成部分,自然也会受到程度高低不一的影响。鉴于样本选取的是山西省高校的大学生,很大程度上会受到山西独特地域文化熏陶,使二者之间产生密切关联。

(一)中国特色社会主义文化的育人价值

1. 中华优秀传统文化——传承、创新、发展

中华优秀传统文化蕴含着丰富的哲学思想、人文精神、教化思想、道

第二章 理论基础

德理念等,对于推进社会主义文化强国建设、提高国家文化软实力具有重要意义。[285]中华优秀传统文化所具有的时代价值,强调中国特色社会主义的过去、现在和未来都与中华优秀传统文化有着内在关联,为全党、全国人民正确认识和对待中华优秀传统文化指明了方向。[286]

高校坚持立德树人,运用中华优秀传统文化贯穿于教育过程始终,利用"引导+自主"的方式,全面提升大学生群体的文化品位、道德情操、家国情怀。不仅激发对于中华优秀文化的热爱,更关键的是培育一批批保护、研究、传承中华优秀传统文化的优秀人才。

2. 革命文化育人——精神熏陶与感染

与中国具体实践结合而产生了具有时代烙印的革命文化精神,以建党精神为代表,成为中国人民的坚定信仰。革命文化是中国共产党领导中国人民在长期的革命实践中,不断地选择、融化、重组、整合中外优秀文化思想的基础上所创造的特定的文化精神和文化形态。[287]在中国共产党的带领下,我们经历的每一次历史性事件,涌现出的每一位革命英雄,保存下来的每一件革命文物,都是我们实现中华民族伟大复兴的红色血脉资源,是我国自主培养创新人才的精神导向与使命引领,是大学生成长成才的力量赋予和道德支撑。

高校教育充分运用我国优秀的革命文化资源,深化大学生对理论的认识,密切个人与国家、个人与集体的情感联系,拓展大学生爱国途径,提高育人的实效性。面对多重要素关系的处理,高校教育者要保持各要素在基本方向上的一致性,尊重教育对象全面发展的规律,充分了解教育对象内心情感、思维方式、性格特征、知识水平、爱好需求等,有效实现育人与革命文化发展目标的协同发展。结合历史主题,密切现实联系,利用"集中+自主"的形式,开展红色实践教学活动,让师生在参观革命纪念馆、历史博物馆、文艺作品欣赏的活动中,不断感悟,汲取力量,传承党的优良传统和作风。

3. 社会主义先进文化育人——顺应历史与社会的发展

中国共产党第十六次全国代表大会报告又进一步对先进文化的内涵作出了科学论述,指出"在当代中国,发展先进文化就是发展面向现代化、面向世界、面向未来的,民族的科学的大众的社会主义文化"。[288]大学生创新创业能力的提升,是植根于中国特色社会主义的国家性质与处于社会主义发展初级阶段的实际情况中。从文化特征与功能的目标出发,社会主义先进文化为创新创业能力人才的发展提供了文化土壤和文化滋润,增强了大学生的文化自信。社会主义文化具有民族性、科学性、大众性三个特征,此外,具有社会教化功能、价值导向功能、提升民族凝聚力的功能。[289]在高校育人方面,有效利用社会主义先进文化的育人功能,凸显历史文化底蕴,提升思想政治理论课的理论厚度。因地制宜、因校制宜,发挥本校专业优势,提升生动鲜活案例的感染力效用,着力培养对中国共产党和中国特色社会主义制度的政治认同、思想认同、情感认同、价值认同的时代新人。

4. 地域文化育人——独具地方文化特色

本研究中的地域文化作用发挥,主要从自然和人文两方面着手,探讨对育人的资源整合与效用发挥。每个行政省份都有自己不同的地理特征和文化精神价值,生活在当地的人们往往在一定程度上会受到地域文化的影响。地域文化具有"区域特色开发、学生全面发展、人力资源开发、教师文化品格形成、民族凝聚力增强"的教育价值。[290]人们的思想观念、思维方式、价值观、伦理道德、风俗习惯、行为习惯等都体现着地域文化精神在潜移默化地影响。[291]

关于精神文化对高校教育的影响,围绕本书研究的主题,研究方向主要集中在地域文化与思想政治教育的创新协同融合,地域文化与创新创业能力的关系或与创新创业教育的育人效用研究。

（1）地域文化融入思政课程和课程思政的效用

地域文化为思想政治教育提供了多样化的来源。此外,地域文化在思想政治教育中发挥着引领和示范作用。[292]地域文化从传承和创新的有机集合体来看,传承保障了本地特色的传承,创新是区域文化的另一个重要维度。只有创新,地域文化才有生命力,才会不断吸收新的经验。将区域文化渗透到创新创业教育中,不仅可以进一步激发学生的创业热情,鼓励学生形成良好的创新意识,而且有利于区域优秀传统文化的传承和发展。[293]

(2)地域文化提升创新型人才的能力

创业意识和创业精神的差异是由不同国家的文化差异形成的。地域文化在提升当地学生的创新创业能力方面,可以迸发出自己的特色,形成面向区域特色产业的创业生态循环系统,激发大学生的创新创业热情。

本书研究样本的范围位于中国中部地区的山西省,晋商文化既是中华优秀传统文化的继承,又具有自己独特的人文地理特征,晋商文化与创业精神紧密联系。晋商文化是由山西商人创造的精神财富,包括晋商的商业在组织制度、商业技术、精英艺术、城乡建筑、庙宇俸祀、商业教育、社会习俗等整个商业文明体系。[294]晋商文化的基本特征主要包括吃苦敬业、诚实守信、以义制利、修身正己、同业相助、爱国救民等。[295]晋商文化作为典型的北方地域文化,有着自身独特的优势,同时存在一定的发展局限性。从管理与社会的传统、价值、观念的利用协调角度出发,指出晋商中继承与蕴涵的中国优秀文化传统的刚健进取、重诚守信、利以义制的晋商精神,是当代企业取得成功的经验借鉴。[296]晋商精神不仅内容丰富,而且思想深邃。它们汲取了中华传统文化的养分,也形成了自身的内在鲜明特征,是继承性、创新性、教育性的结合体现。晋商敢为人先的创新精神能够激励大学生打破常规、敢于冒险,在创业过程中想别人未想之事、做别人未做之事,占据竞争优势。通过学习晋商的开拓精神,能够激发学生的创新创业热情,培养坚韧不拔、吃苦耐劳的精神。[297]明清时期形成鼎盛的晋商精神作为中华传统文化的一个组成部分,其蕴含着的思想精神文化不仅有思想道德的内容,还有价值观的指引。作为新时代高校教学资源的扩展与延伸,当代晋商精神文化尤其体现在晋商大院文化中,对于学生而言,现实的表现比纯理论的教育知识更具说服力与感染力,更容易增强文化的价值认同,培养出具有明显文化标识的创新型人才。

(二)国外文化资源影响教育的研究现状综述

文化是一种心灵的程序,是由教育、宗教、语言、历史演变、政治制度等几个因素所决定的学习过程,因此,国家制度架构的类型和发展对文化有着重大的影响。[298]英国学者马克·J.史密斯曾感慨"文化是当今社会科学中最具挑战性的概念之一"。[299]大国内部区域的跨文化分析对于进一步理解增强心理功能的因素是必要的。[300] 创新是文化的灵魂,协同创新能力是文化产业的核心能力,提高协同创新能力是提高文化产业国际竞争力的关键。像任何领域的创新一样,文化领域协同创新的首要条件是形成一个创新智慧集聚、创新人才涌现的制度环境、文化环境和教育环境。[301]

大多数的学者认为不同国家或地域的精神文化会对人的价值观造成不同程度的影响。一部分学者支持精神文化可测量的观点,在复杂的多元文化环境中,情商、个性以及对学习、沟通和同理心的开放态度是文化智力的关键。[302] 另一部分的学者则认为精神文化不可测量。访谈结果显示,浜松和京都的信息技术企业家对地域文化的认知存在显著差异。地域文化方面,许多维度是无法量化的。[303]

在学者进行的研究调查中,有研究者指出不同地区的文化价值会影响学生的价值观与未来的创新践行。Jonathan & Kristina 这样论述:在这些学生中,文化价值观在学术环境中也被强调;具有个人主义文化价值观的学生在学校具有个人主义价值观,具有集体主义文化价值观的学生在学校具有集体主义价值观。[304] Wilson 和 Gore 发现,在阿巴拉契亚地区的大学生中,与非阿巴拉契亚地区的学生相比,大学有关的感觉与学习成绩之间的关联要更强。这些初步结果表明,在学术背景下表达集体主义价值观的能力对阿巴拉契亚学生的成功具有积极意义。换句话说,能够将自己的文化带在身边的学生似乎比那些不能这样做的学生表现得更好。[305] 具有高度知识水平和文化多样性特征的地区是技术导向的初创企业的理想滋生地。[306] 罗马尼亚各地区都存在着严重的文化特色不足,不利于创新的产生和实施。[307]

(三)文化因素育人影响力不足

在高质量发展过程中,关于文化认知的偏差仍然存在,内容上的不完整,形式上的单一性,保护程度的不平衡,外部消极的不健康文化等因素都会给我们的优秀传统文化带来冲击。传统文化精华挖掘不深入,革命文化与当代价值的结合有限,对社会主义先进文化的内容理解不深入,极个别个体对外来文化存在一定程度的盲目崇拜。

指导教师的文化底蕴程度素养欠佳。高校的定位发展受到地区发展经济水平的限制、人才引进政策、在职培养提升、未来发展预期等因素的影响,专业的教师水平存在差异化的同时,优秀的师资力量的扩展存在一定的挑战性,创新教育拓展力仍存在发展不协调的情况。

受教育者的行动力不足。尽管国内对创新创业能力有了较为清晰的定位与认知,但是实际教学与创新型人才使用的现实过程中,中国大学生的创新创业能力仍存在诸多问题。尤其是创业能力和创业实践还是比较薄弱的,这说明当代大学生缺乏的是实际行动能力,另一方面也透露出在高校中所受的专业教育在创业的过程中起到关键的作用。[308] 较少注重将革命文化中的精神资源运用到学生创新创业能力养成的模式当中。如何继承、发扬中国革命精神文化,尤其是在育人过程中的深入挖掘与有效利用,值得继续研究与关注。

五、新时代道德教育相关研究

(一)德育在新时代的价值意蕴

1. 立德树人维度内涵划分研究

表2-3 立德树人的部分维度划分结果

研究人员	年份	维度	具体内容
葛玉兰、徐铭鑫	2014	三维	教育的本质属性、高等学校立校之本、教师的职业使命[309]
王琳	2019	三维	历史文化厚度、内涵逻辑维度、拓宽视野宽度[310]
倪国栋、高富宁、王文顺	2019	六维	提升研究生思想政治素质,培养研究生学术创新能力,培养研究生实践创新能力,增强研究生社会责任感,指导研究生恪守学术道德规范,优化研究生培养条件,注重对研究生人文关怀[311]
吴秋爽、侯林	2020	四维	教学、学术、生活、网络[312]
门超、樊明方	2020	四维	真实主体性、价值主体性、文化主体性、创新主体性[313]

续表

研究人员	年份	维度	具体内容
成芳	2021	三维	理论、实践、创新[314]
孟雪静	2021	三维	历史、现实、价值[315]
陈超	2021	三维	理论、价值、实践[316]
冯立波	2021	三维	历史、理论、实践[317]

资料来源：研究人员根据各种信息进行自主设计开发。

根据表2-3，研究者们对于立德树人维度的划分，可以更加有效地明确立德树人在高校协同教育中的位置，更加清晰地明确受教育者与教育者之间的关系与主体职责。实际教育过程中，一方面对高等教育的发展指明方向，另一方面对教师自身发展起到促进作用，更重要的是对学生德行培养起到时刻警示的作用。

2.高校开展立德树人对策的研究

立德树人并非抽象概念，新时代立德树人就是要培养担当民族复兴大任的时代新人，培养德智体美劳全面发展的社会主义建设者和接班人。要坚持导向性原则、中心性原则、系统性原则、创新性原则和动态性原则。在新时代，高校必须继续探索贯彻落实立德树人根本任务的有效路径，从高校管理者、教师和学生三个主体入手，通过加强党的领导，提高立德树人的政治站位；通过加强师德建设，把握立德树人的工作方向；通过加强思想政治教育，紧盯立德树人的教育目标；通过加强制度保障，健全立德树人的有效工作机制。[318]

共建高质量高校教学体系，形成纵横交错的协同育人合力。纵向层面打造"大中小一体化"思政课教育教学衔接机制，横向层面构建家校社、校社企、校社地育人合力，密切思政课程与课程思政的关系，推动日常育人与专业育人的协同，促使各类主体广泛参与。思想政治理论课是落实立德树人教育根本任务的关键课程，要把思政课讲好，就要坚持用习近平新时代中国特色社会主义思想铸魂育人，教师以"大先生"为标杆、为指引，争创育人优异业绩。特别是加强中国近现代史、中国革命史、中国共产党史、中华人民共和国史、中国改革开放史的教育，在弘扬社会主义核心价值观的潜心教学过程中，引导青年把人生理想追求融入党和国家事业发展过程始终。

3. 立德树人的重要性研究

肯定立德树人在高校的重要地位。尽管立德树人体现的重要性在方方面面有所不同,但是能够在各自的领域内,起到有效地促进与培养作用。师德养成之路让教师能够无违本心进入自己的职业生涯,在成就学生的同时也成就自己。[319] 在高校、教师和大学生的教育评价改革中,必须把立德树人的成效作为高校评价的根本标准,把师德师风作为教师评价的第一标准,以德育评价为统领促进大学生全面发展。

新时代学生的品格修养培育是高校立德树人的重中之重,"德"在我国人才培养目标中居于首要地位,坚持"立德为本"是党领导教育事业的根本要求。传承本国优秀的历史传统是立德树人的前提,根据中国实际教育特征与环境,立足中华民族信仰是夯实立德树人的基础,全员参与多维度弘扬本国民族文化是立德树人持久发展的保障。

(二)国外德育研究现状综述

作为与中国"立德树人"的育人理念来比较,这里研究的侧重点围绕国外的道德品格育人状况开展研究与分析。

从不同国家的道德品格教育着手,总结归纳各自道德育人侧重点。当高等教育机构支持更全面的道德教育形式时,他们是通过培养对一套特定身份和传统的承诺,然后要求学生获得与这种承诺相关的美德。[320]

比较德育学以借鉴别国经验,改进本国德育为目的,因此,需要客观看待外国德育与外国道德的问题。比较德育所肩负的使命及其学科地位,决定了它自身的基本特征。主要表现在以下三个方面:阶级性,跨文化性,跨学科性。[321] 遵守国家社会的道德规范,重视诚实、正直品格的培养都是一个具备创新创业能力人才必不可少的条件。政府主导,社会全面参与,高校予以全面配合,实行显性教育与隐性教育相结合的生态德育方式,有利于增强教育的协同向心力。多方位、多层次的生态德育体系,有利于强化教育效果,体现知行合一,增强道德的内心自我约束力与他人的监督力。

(三)德育在高校育人中的积极作用

有利于加快学生道德认知的内化外化协调发展。一方面,道德的内化。有效对课堂知识的道德价值进行深度解读,从理论方面加深个人的知识储备;以道德意蕴的话语表述更好地帮助受教育者理解其中的道德价值与意义;以"共情"为主要的方式,对受教育者进行有效的引导,逐步将优秀的品格内化为自身的道德约束,促使认同的过程是自愿接受。另一方面,道德的外化。道德教育往往以讲授、故事叙述、探讨交流的方式,让受教育者"感同身受",提供了模仿与榜样的示范作用;行为的选择往往也会受到外界的因素影响与干扰,将内在的道德指引外化于行动,可以减少不良行为的产生。

有助于培养受教育者爱国情感与政治立场,爱国情感的坚守。道德育人的内容选择往往具有明确的范围,主要体现在现实和历史两个方面。一方面,以现实生活中典型的、代表的优秀道德模范,传递应有的情感,例如,守岛人王继才、王仕花夫妇的事迹,感染了许多平凡的普通人。另一方面,以历史上爱国志士的案例、故事的道德叙事,既吸引受教育者的兴趣,也将他们身上所体现的爱国之情有效传输给接受者。中国未来建设者的培养,坚持爱国爱党爱社会主义的统一。各国的道德教育,也纷纷关注为本国的建设培养可用的人才。

(四)道德育人工作开展不足引起的不良后果

道德教育开展不畅,阻碍国家社会正常发展。《俄罗斯的精神道德教育》指出,俄罗斯精神道德教育没有重视处理问题,致使国家发展遭受了严重的创伤。(1)割裂历史导致文化危机;(2)抛弃信仰导致社会动荡;(3)否定联盟导致国家分裂。[322]

教育模式滞后性,不利于学生个人成长。由于个人的成长需求各不相同,为此寻求一种有促进意义的教育方式需要各国教育者不断探索。教育方式不够灵活与道德、与法律教育、与专业结合不够紧密,造成了教学效果甚微,影响学生道德践行的转化动机与推进动力。

忽视人文关怀,弱化人的主动性潜能。根据(杨利伟)规范伦理的道德教育困境指出:(1)基本概念的误解;(2)道德本真的缺失;(3)

解释逻辑的局限。[323]道德教育作为教育的一个分支,既要有知识理论的有效传递,又要有对人的关怀与温度。日常的教书育人当中存在对德育重视度不够、观念更新不及时、方法与途径较呆板、反馈评价机制简单,师资力量分布不均等薄弱环节。

六、创新型人才能力现状研究

创新创业能力的提升与大学生全面发展的目标相契合,德育、智育、体育和美育、劳育是大学生全面发展的综合考量,作为合格的社会主义接班人的必备条件之一,大学生的未来发展方向以及具备的能力素养,最终都要以为人民服务的人生价值的方式来实现。

(一)变量对创新创业能力的效用

结合本研究内容,对近几年来自不同国家的部分学者对人口学等主要变量与创新创业能力维度之间的关系所持有的内涵观点的研究进行梳理与汇总。

表2-4 创新创业能力的前变量影响分析(2015—2024部分观点综述)

研究人员	年份	核心观点
李润亚、张潮、张珂、吕程阳[324]	2024	影响大学生创新创业能力的主要因素有性别、独生子女情况、家庭经济情况、学团干部经历等因素
杨冬、张娟、徐志强[325]	2024	个体特征、学生学习和学校教育作为影响大学生创新创业能力形成与发展的因素
郑雅倩[326]	2023	"个体背景"变量中除父亲接受高等教育经历以及学科类别与大学生创新创业能力无显著相关关系,其他变量(性别、家庭所在地、母亲接受高等教育经历)均与大学生创新创业能力有显著正相关关系
王洪才、郑雅倩[327]	2022	性别、文理专业类别、学业成绩优劣等因素会影响我国大学生创新创业能力。此外,还需要关注社团经历、学校类型、年级的作用机制

续表

研究人员	年份	核心观点
Hina Munir & Miao Wang & Sidra Ramzan & Umar Farooq Sahibzada & Cai Jianfeng[328]	2021	本研究解释了社会人口变量和基于个人能力意图的框架的详细作用,具体探讨了发展中国家的差异
Hooman Estelami[329]	2020	(1)统计上的显著差异表明男女在创业意向方面存在差异,男子的创业意向较高 (2)这种相关性的负向迹象表明,更有学术倾向的学生往往有较低的创业意愿水平 (3)风险偏好程度越高的个体,其创业意向评分越高 (4)研究结果还表明,创业意向的差异源于学科关注的不同
Kumaran Kanapathipillaii, S. M. Ferdous Azam[330]	2019	本研究中研究的因素(金融资本、人力资本、社会资本、创新和工作生活平衡)让人们了解了这些因素的意义
Muhammad Israr and Mazhar Saleem Israr & Saleem[331]	2018	性别、家庭背景、创业教育、外向性、亲和性、经验开放性与创业意向呈正相关关系,年龄、年级、神经质与创业意向呈负相关关系
Ferreira, Loiola, & Gondim[332]	2017	潜在创业生与经验创业生的主要区别在于社会动机和财务动机的定位
刘建勋、雷亚萍、朱治安[333]	2016	通过利用结构方程模型分析,可知传统的课堂教学对学生的创新创业的影响比较小,而非课堂因素(实践教学和第二课堂)对学生的创新创业能力的影响却是相当的大
张昆[334]	2015	利用网络调研的方式进行实证分析,除了基本的性别、学历等信息外,论证了大学生创新创业意愿、需求和现状

资料来源:研究人员根据各种信息进行自主设计开发。

根据表 2-4 显示,国外的学者纷纷关注人口学变量对于个人创新创业能力的影响,即从性别、家庭环境、学历、年龄等方面分析对创新创业能力呈现的差异。国外对于创业能力的概念界定的逐渐深入与拓展,与我国的创新创业能力表达方式虽不同,但本质或内涵存在相似。结合本研究分析的主体来看,缺乏生活在不同省级行政区域与独生子女等变量的相关研究数据的反馈。

第二章　理论基础

（二）创新创业能力的特征研究

根据学生背景专业不同,具体划分为中医药、音乐、艺术、新工科、商科、体育类等为主要类别,进一步提出切实可行的提升想象力、创造力、创造热情的教学模式。研究对象的总体特征,要结合我国时代背景和社会背景,分析大学生群体特点和创新创业阶段,总结归纳大学生创新创业能力有以下四个特征:时代性、民族性、阶段性、发展性。[335]进一步结合本次研究分析,中国学生的创新创业能力的特征,具有适应本国发展与社会制度的统一;这个能力要与民族振兴紧密结合;由模仿西方先进模式到"学习先进模式+立足本土化发展"结合的探索;创新创业人才培养范畴不断丰富;国家的重视与保障。一方面,促使创新创业能力由精英化培养向大众化的普及转化,另一方面,要培养一批拔尖创新领军人物。

七、中国高质量发展研究综述

（一）高质量发展的实现方式研究

1. 实现的机制路径研究

基于东中西部各地实际情况的不同,因地制宜,才能助力实现高质量发展。经济高质量发展的最终目的是为满足人民日益增长的美好生活需要的发展,进一步缩小区域间的差距,解决发展的不平衡不充分问题,同时秉持新发展理念,从"创新、协调、绿色、开放、共享"五个方面构建经济高质量发展的指标体系,对西部省区市经济高质量发展水平进行测度和分析[336]。从缓解西部省区市内部经济差距的角度,提出促进西部省区市经济高质量发展的对策建议。即加快西部区域一体化建设,推动产业融合发展,提升发展软环境,提高西部地区城市化水平。对于位于中部地区的江西省而言,通过模型估计结果均表明,技术创新、制度创新、要素配置优化和创新驱动力都能够对江西省制造业高质量发展产生显著的促进作用。[337]针对现代化经济体系建设的逻辑框架及制度安排,高培勇等建议,在高质量发展阶段,市场机制应开始起到决定性作用,产业体系应由工业主导变为服务业主导。[338]

优化人才战略,积极推进产业转型升级和战略性新兴产业发展壮大,建设现代化产业体系,深化改革,来实现中国式现代化的高质量发展,满足经济发展的高标准要求。[339]高质量发展背景下,为破解城乡教育不公平现象,构建"四位一体"的乡村教育振兴的路径,立足高质量教育体系,构建城镇村教育一体化;推进现代化乡村建设,打造数字化乡村教育链;完善乡土性育人理念,提升乡村教师文化自信;弘扬时代性乡土文化,培植乡村学生情感认同。[340]

2. 高质量发展的指标体系构建

关于高质量发展的指标体系研究,主要集中在经济、教育、生态等主要领域,经历了单一到复合的发展演进。

关于经济的高质量发展层面,研究人员通常选取地域总体的和各组成地市的特征开展数据实证研究。中国经济的高质量发展整体而言,师博、张冰瑶[341]基于"新发展理念",构建了发展的基本面、社会成果和生态成果三个维度的指标体系,对全国地级以上城市经济高质量发展水平进行测算。杨永芳、王秦运用熵权法,围绕中国区域经济高质量发展水平,构建了基于新发展理念的五维指标体系。根据地域的不同,许永兵、罗鹏、张月[342]围绕河北省经济的高质量发展现状,构建了一份创新驱动、结构优化、经济稳定、经济活力、民生改善、生态友好的六维测评指标体系。安树伟、张晋晋[343]围绕速度合理、结构优化、动力转换、市场有效、更可持续、民生共享六个方面来认识山西高质量发展。林艳丽、江润泽、刘嘉卿[344]综合运用熵权法, K-means 聚类分析法、Markov 链分析法、泰尔指数及其分解法等对东北地区 34 个地级市经济高质量发展水平进行测度,构建了创新、协调、绿色、开放、共享的五维东北地区经济高质量发展指标体系。李刚[345]分别利用熵值法、耦合协调度模型、障碍度分析等方法围绕新疆高质量发展,构建了经济生活、资源环境、创新开放、区域融合协调、农文旅产业、八大产业集群为一级指标的评价体系。

围绕教育的高质量发展层面,何宜庆、廖焱、王璠[346]使用熵权

TOPSIS法测度地方高校高质量发展水平,构建了创新发展、教学实力、人才培养、国际化质量和地方特色为一级指标的五维量表。彭妮娅、黄红武[347]通过高等教育服务经济社会高质量发展的目标导向和成效要求,注重区域高等教育一体化的协同要素和共荣效益,实现技术手段、资源统筹、人本核心和发展目标的评价统一,共同构成区域高等教育高质量一体化评价体系。

关于生态的高质量发展研究,周璞、刘天科[348]构建了包括"综合质效、创新发展、协调发展、绿色发展、开放发展、共享发展"6个维度的共27项指标的自然资源高质量发展绩效评价指标体系。刘颜[349]构建了从经济社会发展和生态文明建设两方面衍生出经济发展、创新驱动、民生改善、环境质量和环境治理5个维度为5个二级指标、28个三级指标的生态文明试验区高质量发展指标体系。

中国幅员辽阔,自然、人文等因素有着综合性差异,区域差异也在一直不断地改变,对于高质量指标体系的构建,无论环境背景如何改变,最终落脚点都是围绕人民的幸福感。此外,尽管各个方面高质量发展水平都在持续提高,仍存在一定程度的失衡现象。

(二)高质量发展遇到的瓶颈

1.高质量发展与科学技术融合的现实挑战

世界百年未有之大变局,中国站在历史的十字路口。一些国家为了保护本国的企业,造成贸易保护主义多发频发,全球贸易壁垒普遍存在。尤其是数字技术壁垒的存在,对于发展中国家来说,是一种限制因素,不利于全球构建公平的贸易交流体系。

我国的数字科技的基础设施与关键核心技术与欧美发达国家之间仍存在较大差距。一方面,在原创技术的层面,我国科技转化的效用理念与路径上与发达经济体之间竞争的话,处于弱势地位。另一方面,技术通信保障,基础设施建设还有待提高,关键核心技术仍处于"卡脖子"阶段,特别是城乡和东中西部之间仍然存在严重的不平衡现象,中部地区和西部地区的对外开放维度提升缓慢。[350]根据自然地理的先天优势,东南沿海地区在技术创新程度上明显优于中西部地区。

2.地方高质量发展过程中遇到的问题

山西省面临转型的新发展局面,地方发展新需求的呈现。山西作为中国第一产煤大省、重要的能源重化工基地,持续为国家发展作出重要贡献,但自身仍存在产业单一、结构不合理问题,转型发展任务紧迫而艰巨。山西高质量发展的短板主要表现为资源型经济结构突出,营商环境差,高质量公共服务短缺。[351]围绕高等教育结构与产业结构系统耦合协同水平分析,山西省高等教育结构调整始终滞后于产业结构调整,两系统存在高层次低水平的协同发展。[352]

新时代,党中央赋予山西建设国家资源型经济转型综合配套改革试验区的重大任务。山西成为全国第一个全省域、全方位、系统性的国家资源型经济转型综合配套改革试验区。2017年6月,习近平总书记来到山西考察,希望山西"用好这一机遇,真正走出一条产业优、质量高、效益好、可持续的发展新路"。2019年5月,总书记主持召开中央全面深化改革委员会第八次会议,审议通过了《关于在山西开展能源革命综合改革试点的意见》,支持山西通过综合改革试点,争当全国能源革命排头兵。[353]"要以科技创新引领产业创新,积极培育和发展新质生产力。" 2024年3月20日下午,习近平总书记在湖南长沙主持召开新时代推动中部地区崛起座谈会,并对中部地区制造业的发展提出了新要求——立足实体经济这个根基,做大做强先进制造业,积极推进新型工业化,改造提升传统产业,培育壮大新兴产业,超前布局建设未来产业,加快构建以先进制造业为支撑的现代化产业体系。[354]

国家复兴靠人才,人才强盛靠教育,山西地方高校承担着人才培养的重任。对于山西省地方转型发展而言,需要大量的创新人才作为人力资源保证,尤其需要具有良好思想政治素养的创新创业能力的人才。因此,高校对于人才培养的有效性,既是高校自身教育竞争力提升的关键,也是保障山西转型发展的重要条件之一。强化人才培养保障,加大柔性引进力度,抓牢、抓准、抓稳全省转型发展的新动能。哈尔滨、淄博的"旅游出圈",证明有效整合利用当地常见的资源,将其转化为动能十足的旅游文化的经济影响力,不断为本土优秀地域文化的资源赋予时代的生命力。山西奋力建设文化强省,因地制宜进行人才培养模式的创新与使用,逐步实现"教育—资源—经济"的一体协同发展。

八、OBE 成果导向理念

(一)教育理念的适用范围综述

育人理念始终以为党育人,为国育人为引领,将其运用于高校育人的各个学科专业,彰显创新的要素与以学生发展为中心的担当。同时,培养出的各类创新型人才,能够结合国家与地域社会的改革发展为契机,精准掌握学科前沿,满足时代发展,实现育人与教学、理论与实践、管理与反馈、技术与资源、平台与产业等方面的协同发展与有机融合。

OBE 成果导向理念,不局限于工程类认证学科专业当中,在其他专业中也适用,教育创新,潜力无限。在医学教学领域,同济大学医学院作为全国首个探索实践 OBE 人才培养的医学院校,通过个性化教育、智能化教学、国际化特色,关注学生的人文教育协同发力,努力探索"未来医学院"的模式。[355]对于地球物理类专业程序设计C语言的创新模式,主要从立足专业需求,明确教学目标;淡化语法规则,优化教学内容;突出学生主体,革新教学策略;注重过程考核,完善考核机制四个层面进行模型建构,开展 OBE 成果导向的教学改革。[356]对于生物类专业的本科学生群体中,通过 OBE 教育理念的运用和创新实践活动均对于学生创新能力产生显著的正向影响。[357]

在乡村振兴的主要方面,将创新型人才与教育、成果运用有机结合,注重科研成果应用转化,在科技兴农赛道上不落人后、奋勇争先,切实提高农业科技贡献率。[358]主题思想教育工作开展以来,各地突出问题导向、深入调查研究,聚焦解决群众急难愁盼的痛点难点问题,把主题教育的成果转化为高质量发展的成效。[359]

(二)OBE 教育理念的时代价值

1.落实调查研究之风

政府决策机关,按照我国"十四五"规划要求以及各地实际任务,通过领导干部的以身作则,深入基层,坚持健康持续发展任务为目标导向、基层客观实际情况为问题导向、处理各类事件成效为结果导向,坚定用事实、数据、成绩进行综合考核、科学鉴定,推动科技引领创新,人才铸造未来。

对于"专精特新"的中小企业,不断通过自身技术的创新与研发,以市场需求为导向,精准对接科技成果导向。积极促进高校实践教学基地与社会资源的融合,探索形成人才创新能力自主培养的新模式和新路径,为学生提供更广阔、更真实的实践平台,有效提升我国创新型人才培养质量。

2. 加速新旧育人模式的更替

与传统教育相比,OBE 具有十个方面的特点:成果决定而不是进程决定;扩大机会而不是限制机会;成果为准而不是证书为准;强调知识整合而不是知识割裂;教师指导而不是教师主宰;顶峰成果而不是累积成果;包容性成功而不是分等成功;合作学习而不是竞争学习;达成性评价而不是比较性评价;协同教学而不是孤立教学。[360] 作为 OBE 育人理念的突出优势,在高校的教学过程中,有着广而深的运用开展。各高校在育人过程中,往往采用立足于本校办学要求,保证质量的前提之下,将立德树人贯穿于教学改革的过程始终,依托创新为提升动力,扎实推进教学质量,提供平台与场所,培养出高层次,强技能的人才。

3. 助力学生精神文明的培养

高校学生作为高素质创新人才的主要群体,既有明显的个人发展特征,又具备发展的潜能,通过有效的成果导向目标育人贯穿于教育过程的始终,能够最大限度地实现精神层面的提升与技能的全方位掌握与运用。根据图 2-3,实现工匠精神应遵循回归主体性教育、塑造成长型思维、形成生态体系原则,从而达到工匠精神内涵有机地融入人才培养的全过程。[361]

第二章 理论基础

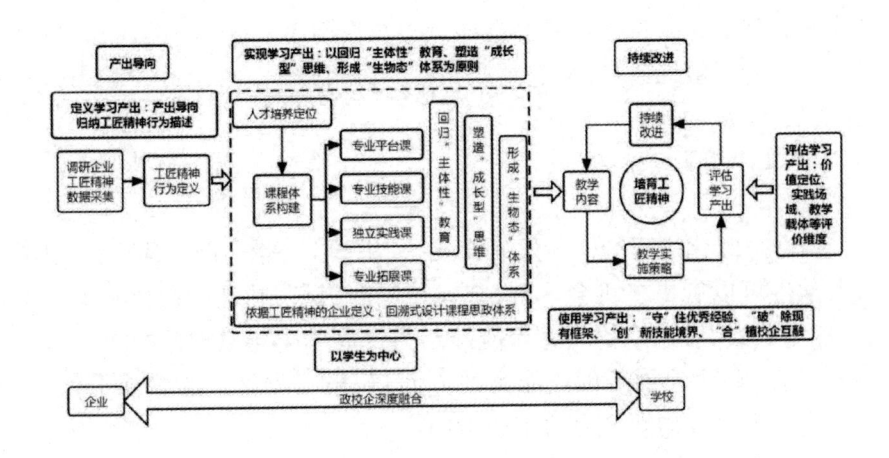

图 2-3 基于 OBE 理念的工匠精神培育模式

资料来源：OBE 理念下制造类高职生工匠精神培育模式探索，何永强，2024。

（三）OBE 教育理念在高校思政课教育中的不足

OBE 是作为一种有效的课程设计与实施方法，具有优越性，即使是 OBE 理念下的社会需求分析，也要防止狭隘的工具主义倾向。[362]OBE 虽然在关注成效、时间的弹性化、体现以学习者为中心等方面对传统教育模式进行了相应的修正，而强调学习者的产出仍是其出发点与归宿。严格意义上 OBE 仍属于目标模式的范畴，对目标模式所存在的不足并未完全避免。OBE 强于根据最终的学习成果来预设课程、教学等，弱于根据具体情况、现实需要进行教学、学习过程中的生成，这使得 OBE 未能完全脱离目标模式的窠臼，仍然未能完全避免目标模式注重目标，忽视过程的不足。[363]因此，OBE 教育理念的运用还需要辩证的逻辑去思考，以系统全面的方式去创新运用。

通过梳理，当前学界关于成果导向应用于高校思政课教学创新的理论基础和应用研究已取得了一定的进展，这些研究成果对本书的研究有着宝贵的参考借鉴价值，但仍存在一些不足之处。第一，不同学者对高校线上线下混合式思政课教学的价值有不同的理解，围绕成果导向的教学改革创新还未形成有效的共识。第二，缺乏针对性研究。现有的研究大多从高校思想政治理论课混合式教学方面进行宏观研究，鲜有针对成果导向为目标的混合式专题化研究。第三，成果导向在思政课教育教学中能够起到对学生精准培养的指导意义与作用还未被广泛关注,只是呈现出一定的零散性研究,缺乏系统完整的协同研究。

【本章小结】

随着全球化进程的不断发展变化,在中国"一带一路"倡议下,中国的大学生可以有更多机会了解、掌握外国的信息,并且存在影响学生生活、学习方式、思想道德观念可能性。当代大学生要以理性的态度对待外来经验,在培养创新创业能力的方面,积极吸收先进的精神文化,作为本国学生提升创新能力的拓展延伸。

根据本国实际国情,开展相应的创新意识和创业人才培养,才能培养出符合本国实际发展需要的人才。思想政治理论与创新创业教育的协同,培养以思想政治素质为核心的创新人才,彰显中国特色高等教育的育人魅力。在高质量发展背景下,中国高校利用创新的方式和资源的效能释放,既能弥补自主创新的不足,又能提升人才的创新能力。

尽管国外思想政治教育的教育方式主要通过体系化的学校、家庭与社会三者之间的协同,但是借鉴与参考这些领域的协同育人,对于本研究的开展具有积极意义。持有科学的态度批判地吸收与借鉴西方先进经验,有效地发挥教育的有效性,重视文化与教育的双向循环,不断提升学生的综合能力素养。

通过对本研究相关领域学者的研究进行分类和分析,进一步为本研究的模式构建提供大量的定性研究信息,为定量研究中的问卷调查提供进一步深入研究。通过对国内外,两种不同教育教学的研究综述,二者之间存在相似性与相关性。研究者关注两种教育存在协同的可能性,及时发现并找出问题,提出对策建议。

综上所述,国内外各国学者专家对于研究中的变量以及相关因素都各抒己见,为本次研究提供珍贵的参考价值。但是,还是存在着一些不足之处。

第一,从研究内容与方法上来分析。在研究内容方面,研究者特别关注到课程内容的互补性与融合性,却很少有从思想政治教育与创新创业的全方位的关系入手,对整体的关系缺乏一定的探讨,尤其是在协同维度上缺乏论证与分析。理论方面的研究较为充实,缺乏定量数据的支撑,没有真正落实在实证研究基础之上。

第二章　理论基础

　　第二，在研究成果上，对协同育人与大学生创新创业能力实效性厘清仍较少，存在研究不足的现象。已有研究成果对思想政治教育与创新创业教育的协同育人展开论述，探讨了影响大学生创新创业能力方法和路径，取得了一系列的研究成果，这些研究成果为本书的撰写提供了重要的理论借鉴。但在文献的整理与分析中，也发现现有文献中仍然存在研究的盲点和空缺，协同育人往往集中于产学研研究的较多，涉及不同教育之间协同的相对较少。

　　第三，知识转移在创新创业能力方面的研究不够深入，此外，精神文化的育人影响效用发挥方面，资源挖掘与时代发展的需求，仍存在一定程度的滞后性与影响力偏低的现象。学者在关于知识转移的研究分析方面，往往用于企业与企业之间，企业与高校之间。少有学者关注它在不同教育之间与创新创业能力方面的应用程度。

　　第四，数字化互联网作为育人的载体，在协同育人中起到的是加速融合的作用。尽管在思创融合协同育人的环境下，它作为新的传播育人手段，受到各国学者的关注，但是互联网怎样与协同育人结合在一起的研究还处于起步阶段。

　　第五，在协同育人模型的构建上，缺乏详细的维度因子的实证验证。往往提出一个合理的理论框架，缺乏实证的分析与检验。本研究将借鉴学者在思想政治教育与创新创业教育协同育人的"一体两翼"模式的基础上，结合文献综述与研究的实际情况，提出划分依据与构建测量标准。

　　总之，本书将取其精华，在借鉴前人研究的相关理论知识的基础上，以实证研究为特色，结合之前学者们有价值的理论经验，创新性地提出中国高校不同教育之间的协同育人对大学生创新创业能力实效性的内涵，并严谨论证立德树人理念下思想政治教育与创新创业教育的关系。围绕成果导向的育人目标，在协同育人的"一体两翼"模式下，不断探索协同育人对大学生创新创业能力的实效性，在数据实证的基础上提出系统全面的完善建议。

第二篇
高质量发展视域下协同育人模式建构实证研究

第三章 研究小样本分析

在文献回顾与综述的基础上,本章将对研究设计和数据的收集进行论证说明,重点介绍调研问卷的设计过程,问卷的发放与回收,变量的设计与测量,预测小样本信度效度检验等。

在问卷编制的前期准备、中期修改、后期完善过程中,参加相关的学术培训会议与学术专题讲座。此外,就研究内容、研究设计与本领域相关学者、专家进行探讨并征求了他们的意见与建议,对本书中设计的问卷开展维度因子等进行筛选剔除,调整优化。本研究的问卷设计过程严格遵循科学问卷设计的依据、流程、注意事项、数据调查及收集过程规范合理,符合研究要求。

研究在收集样本数据的基础上,对思想政治教育与创新创业教育的协同模式影响大学生创新创业能力的育人效用进行实证评价分析,并对研究理论框架的实际应用进行详细的论述。

第一节 研究设计

本书主要包括了高质量发展视域下的思想政治教育与创新创业教育的协同育人、创新创业能力、知识转移三个研究变量。其中,协同育人、创新创业能力是本节的核心变量。知识转移是中介变量。具体而言,按照"一体两翼"模式,协同理论主要运用于思想政治教育与创新创业教育这两种不同的教育教学方面。此外,研究将对协同育人划分三个维度并以实证的方式论证其在学生创新创业能力方面的有效性影响程度。

第三章 研究小样本分析

一、混合研究方法

为了满足数据广博性和深度性的需求,本节主要采用定性与定量相结合的混合研究方法。

定性研究方法作为定量研究的先前步骤,可以帮助理解和解释定量研究的结果,使研究者对所研究的问题有较为客观、全面地解释。本研究中的定性研究主要采用文献研究法、半结构式深度访谈法、多学科交叉的研究方法、核心概念结构法、比较分析法。定量研究方法主要采用调查问卷的方式。

为了提高中国大学生的创新创业能力,研究协同教育模式对大学生创新创业有效性的影响,拟在借鉴前人有关的研究成果基础上,从理论支撑与现实数据的两大维度对我国思想政治教育与创新创业教育的协同育人效用进行剖析。

二、定性研究方法

（一）文献研究法

任何研究的开展都离不开前人的研究成果。同样,教育的协同对于大学生创新创业能力的有效性也离不开之前学者从不同角度开展的研究。为了更加完整了解并把握此次研究状况和进展情况,需要大量的文献资料的整理收集。文献涉及思想政治教育、创新创业教育、学生创新创业能力培养、知识转移、中国特色社会主义文化、地域文化、晋商文化、协同育人等方面。主要涵盖了期刊文章、学位论文,也涉及我国政府部门颁布的相关指导文件。这些文献资料为研究提供了理论基础,并且能够帮助研究人员更好地理清思路、构建框架、确定具体的研究范围和研究内容,使研究范围更加广泛,论证更加具有说服力。

根据上一章文献综述中的中外文献、著作、学术论文、期刊、会议材料等方面查询有关数据资料的研究来看,比较缺乏在高质量发展视域下针对思想政治教育与创新创业教育协同性对中国大学生创新创业能力影响较为全面的数据经验证据。同时,也缺乏一份测量的协同育人的量表。

根据研究中的假设目标与探讨的问题,探究大量相关数据与理论资料,梳理出中外文献中的共性与差异。通过进一步归纳整理,发现不足,理清线索,汲取经验,为完善框架结构提供整体延伸扩展的思路,最终为此次研究奠定良好基础。

(二)半结构深度访谈法

基于之前文献研究的结果分析,结合定性研究典型抽样半结构深度访谈法来选择研究对象参与调查的目标群体。这个定性研究的目的是深入和系统地理解教育的协同在思想政治教育与创新创业教育的应用对学生创新创业能力的有效性。通过典型案例研究,可以揭示研究对象,研究的复杂性,减少访谈次数,提高研究效率。

依托在高等院校工作的便利条件,进行深入的探讨,有效拓宽了协同教育对创新创业能力的研究广度与深度。在尽量保证年龄、性别、职务、学校层次等有所区别的前提之下,将教师、管理人员、辅导员、大学生等群体作为访谈对象,使访谈结果更加具有说服力。通过深入他们之中,采用日常观察和深入访谈,了解协同育人在提升学生的创新创业能力方面的难题,根据他们对于协同育人的现实诉求,更好地发现协同的结合点和切入点。

在半结构访谈过程中,每次访谈平均时长超过 1.5 小时。对访谈内容进行梳理后,总计字数约 8.2 万。

(三)多学科交叉的研究方法

综合了马克思主义哲学、思想政治教育学、创新创业教育学、管理学、协同学、教育学、心理学、文化传播学、社会学等多门学科的理论知识,实现了多门学科的交叉研究,开拓出交叉学科的应用经验,为协同育人有效性的创新提供了新视野、新思路、新方式。

在思想政治教育与其他学科交叉研究的探索上,最大限度地促进多学科研究的融合,打破学科之间的边界,使学科之间的数据可以相互渗透,进一步增强高校培养创新型人才的科学性、针对性、实效性、应用性。

(四)核心概念界定法

本书的研究中具有多个变量,也就意味着具有分析问题的现实复杂性,涉及的领域宽泛,基于众多文献中数据与理论资源,本课题研究采取核心概念界定的方法,使研究中的概念明确,理论连贯,逻辑统一。

例如,在平台利用维度中涉及的国内文化资源,本研究中主要是指彰显中国精神的中国特色社会主义文化资源,并将其划分为中华优秀传统文化、革命文化、社会主义先进文化三大类。中华优秀传统文化又根据本次研究的范围选择,具体划分为晋商文化为代表的地域文化,阐述文化平台的资源利用和育人作用的发挥。

(五)比较分析法

通过采用马克思主义唯物辩证法观点,客观分析对比不同事物或相同事物之间的异同点,以达到对研究事物或个体的本质及特征的认识。本书比较研究主要围绕三个方面展开:一是不同国家协同教育的比较;二是育人有效性方面的运用比较;三是比较不同类别的教育教学在培养创新创业能力维度的异同点。

通过上述几方面内容比较,加深立德树人在高校实际育人过程中的结合程度,提升知识转移中介效用发挥,推动各类教育资源及协同特征对学生创新创业能力的影响力。

三、定量研究方法

本次调查的高校样本是按照简单随机抽样的原则抽取的,包括山西省的普通高等学校,既有本科院校,又有高职院校。此次研究采用SPSS26.0统计软件进行数据统计分析。

借鉴传统的问卷调查方法,按照"设计—发放—回收—统计"的流程。掌握思想政治教育与创新创业教育这两种教育的协同性对大学生创新创业能力有效性的第一手资料。从每一项选择的数据评价和分析出发,深入剖析数据的价值导向,全面了解当前大学生的需求和提出现实性的建议,为下一步找准提升协同教育有效性存在的问题及成因、解决办法提供有价值的参考。

在问卷设计中,将研究结构框架中的变量与本章的假设相结合进行问卷设计。这份调查问卷的目的是通过数据分析建立一个高效的协同教育模式,通过变量的内在维度划分研究,希望可以发挥协同教育模式在学生创新创业能力方面的有效性。

定量研究中,主要的目标群体是高校在校生。通过问卷调查对数据进行收集、总结和分析,并根据数据结果有针对性地提出建议。

第二节 研究目标样本

一、总体和样本量

(一)总体

本节选取的研究对象群体是就读于中国山西省的高校学生。根据国家数据统计局2022年对山西省普通高等学校在校生人数统计,在校人数为94.57万。

(二)样本

1.定性研究样本

定性分析通常需要比定量分析更小的样本量。定性样本的大小应该足够大,以便获得足够的数据,用于充分描述感兴趣的现象和解决研究问题。定性研究人员的目标应该是达到饱和。当更多的参与者加入研究中并不能带来更多的观点或信息时,就会出现饱和。Glaser 和 Strauss(1967)[364]推荐了饱和度的概念,以在定性研究中获得适当的样本大小。还推荐了其他指导方针。Morse(1994)在人种志方面建议大约30~50名参与者。对于有根据的理论,Morse(1994)建议

30～50次采访,而 Creswell[365]建议只有20～30次采访。对于现象学研究,Creswell 建议5～25次,Morse[366]建议至少6次。这些建议可以帮助研究人员估计他们需要多少参与者,但最终所需的具体参与者数量应该取决于何时达到饱和。

因此,在前人定性研究样本量统计结果的基础上,结合本章的研究内容,在半结构式深度访谈中,共有17名大学生,20名高校教职员工。

2. 定量研究样本

研究中的样本量会采用 Yamane 公式计算。

因为有一个已知的人口(根据中国国家统计局数据汇总,2022年在山西省各大学就读的学生有94.57万)。本研究以山西省高校大学生为样本,采用5%的样本量公式(Yamane 误差和95%信度系数),[367]用于计算样本量。

公式的表述具体为:

$$n=\frac{N}{1+Ne^2}$$

公式中,$n=$样本大小;$N=$人口数量;$e=$误差5个百分点;$n=$样本大小为 $945700÷(1+945700×0.05^2)≈400$,因此,本研究的样本量为至少400。

二、问卷设计

问卷的设计是复杂的,需要考虑时间,因此建议遵照 A·Williams 建议的步骤。(2003)[368]

1. 确定你的研究问题和研究人群。
2. 决定如何进行问卷调查。
3. 列出你的问题。
4. 制定相应的对策。
5. 设计布局。
6. 预先试点的问题和布局。
7. 初步研究—测试的有效性、可靠性和可接受性。
8. 设计你的编码方案。
9. 打印问卷。

本研究问卷的问题采用李克特式量表,由被调查者来表示他们在多大程度上同意或不同意某一陈述。因此,研究人员设计了提问技术,以便通过一个总结的分数来判断一个人对一个概念的态度是积极的还是消极的。

题项设计采用量表,按照李克特的五个量表进行如下设计:

非常同意 =5

同意 =4

既不同意也不反对 =3

不同意 =2

非常不同意 =1

通过上述描述,确定类间隔:

$$公式 = 最大数值 - 最小数值 / 类别$$
$$=5-1/5=0.8$$

划分认同程度等级的具体标准:

4.21 ~ 5.00　非常高

3.41 ~ 4.20　高

2.61 ~ 3.40　中等

1.81 ~ 2.60　低

1.00 ~ 1.80　非常低

在本研究中,问卷仅包含结构化问题,询问参与者在多大程度上同意或不同意。参与者的回答应该归因于他们对以下几个方面的积极或消极态度:协同教育模型、大学生的创新创业能力、自身知识转移的判断。

第三节　协同育人模型构建及阐释

一、协同育人的量表构建及阐释

(一)协同育人维度的测量指标

关于自变量的测量方面,主要借鉴了以下几位研究人员的实证成果与经验总结：崔晓丹（2020）《大学生思想政治教育主渠道与主阵地协同研究》，孔如水（2017）《高校思想政治教育与创新创业教育融合问题研究》，宋妍（2017）《高校创新创业教育与思想政治教育关系研究》。

此外，结合本次研究的主题以及文献综述部分的整理，对一些题目做了相应的调整，并且根据学者们的相关研究设置一部分题目，形成自编调查问卷一份。

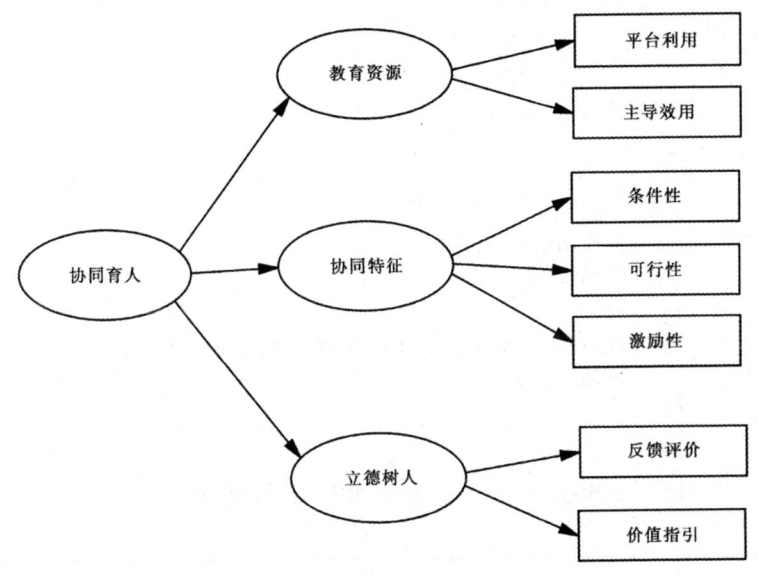

图 3-1　协同育人量表设计结构图

资料来源：研究人员根据各种信息进行自主设计开发。

如图 3-1 所示，依托"一体两翼"模式，经过编码，最终将思想政治教育与创新创业教育协同育人的影响维度归纳为 3 个层面，即维度具体分为教育资源、协同特征、立德树人。

（二）协同育人问卷的编制

教育是一个不断发展变化的过程，其中涉及的各个组成部分也处于不断变化发展的过程中。因此，结合具体研究来分析，教育资源层面包括平台利用、主导效用两类指标；协同特征层面包括条件性、可行性、激励性三类指标；立德树人层面包括反馈评价、价值指引两类指标。

表 3-1 教育资源量表的编制

指标	编码	项目依据
平台利用	A1	王雄（2007）
	A2	Szulanski（1996）
	A3	张永汀（2011）；郭勤艺（2019）
	A4	宋妍（2017）
	A5	
	A6	Wilson, Gore（2010）
	A7	陈婷（2013）；徐冬先（2017）
	A8	刘敏（2021）
	A9	高薇（2009）；韩晓敏（2020）
	A10	Arif Dirlik（2009） 侯倩杰（2018）
主导效用	A11	倪国栋、高富宁、王文顺（2019）；冯立波（2021）；陈超（2021）
	A12	
	A13	
	A14	
	A15	倪国栋、高富宁、王文顺（2019）；陈超（2021）
	A16	

根据表 3-1，该子问卷是一份在参考借鉴不同学者的研究基础之上的自编问卷。教育资源部分的问卷有 2 个指标，共 16 个项目。采用点问卷计分，从"1"分代表"非常不同意"到"5"分代表"非常不同意"，问卷中的得分越高，表明被试认同度越高。

表 3-2 协同特征量表的编制

指标	编码	项目依据
条件性	A17	董金玲（2019）；吴纾恬（2013）
	A18	
	A19	
	A20	
	A21	方彦（2015）

续表

指标	编码	项目依据
可行性	A22	王雪(2014);邵建防、罗骋(2004);顾洪英(2008);尹学红、张小杰、李雪莉(2009);胥文政(2013);王艳飞(2016)
	A23	崔晓丹(2020);孟凡婷(2019);李丽萍,(2020);张洁、马谨、窦艳芬、郑静(2020); 王占仁、吴晓庆(2016);李文英(2018)
	A24	王雪(2014)
	A25	王雪(2014);Todd C. & Glanzer, Perry L (2009)
	A26	孟凡婷(2019);李丽萍(2020);张洁、马谨、窦艳芬、郑静(2020);陈华洲(2007);曹诣晋姊(2019);丁嘉、刘峰、丁平(2020)
	A27	宋妍(2017);韩玉志(2006)
	A28	丁嘉、刘峰、丁平(2020)
	A29	
	A30	张晓蕊、马晓娣、丁光彬(2019);克琴、王娜(2017)
	A31	丁冬红(2019);何芷君(2018)
激励性	A32	倪国栋、高富宁、王文顺(2019);成芳(2021);陈超(2021)
	A33	
	A34	
	A35	孟凡婷、(2019);李丽萍、(2020);张洁、马谨、窦艳芬、郑静、(2020);张爱丽、邢维维(2019)
	A36	倪国栋、高富宁、王文顺(2019);成芳(2021);陈超(2021)
	A37	

  根据表3-2显示,该子问卷是一份在参考借鉴不同学者的研究基础之上的自编问卷。协同育人部分的问卷有3个指标,共21个项目。采用点问卷计分,从"1"分代表"非常不同意"到"5"分代表"非常不同意",问卷中的得分越高,表明被试认同度越高。

  根据表3-3显示,该子问卷是一份在参考借鉴不同学者的研究基础之上的自编问卷。协同育人部分的问卷有2个指标,共14个项目。采用点问卷计分,从"1"分代表"非常不同意"到"5"分代表"非常不同意",问卷中的得分越高,表明被试认同度越高。

表 3-3 立德树人量表的编制

指标	编码	项目依据
反馈评价	A38	丁亿(2020)
	A39	
	A40	
	A41	漆新贵(2013)
	A42	李晓影(2012)
	A43	漆新贵(2013)
	A44	
	A45	李晓影(2012)
价值指引	A46	门超、樊明方(2020);倪国栋、高富宁、王文顺(2019);孟雪静(2021);陈超(2021)
	A47	倪国栋、高富宁、王文顺(2019);陈超(2021)
	A48	
	A49	
	A50	
	A51	

二、创新创业能力的量表构建及阐释

（一）学生创新创业能力维度的测量指标

关于因变量的测量方面,主要借鉴的是李娜(2019)《新时代大学生创新创业能力结构与现状研究》,鲁跃山(2019)《淮南地区高校大学生创新创业能力培养路径探析》,高山(2019)《师范类院校大学生创新创业能力测评体系构建研究——以云南师范大学为例》。孙媛媛(2018)《H校大学生创新创业能力培养研究》,罗朝晖(2017)《应用统计学专业创新创业能力培养的目标维度与实现的研究》。此外,结合本次研究的主题以及文献综述部分的整理,对其中的题目做了相应的调整,改编调查问卷一份。

如图 3-2 所示,本次问卷主要依托李娜(2019)的创新创业能力划分的模式,经过编码,研究者赞成将维度归纳为 3 个层面。维度具体分为创新创业内驱力、创新创业领导力、创新创业行动力(在接下来的研究中简称为内驱力、领导力、行动力)。

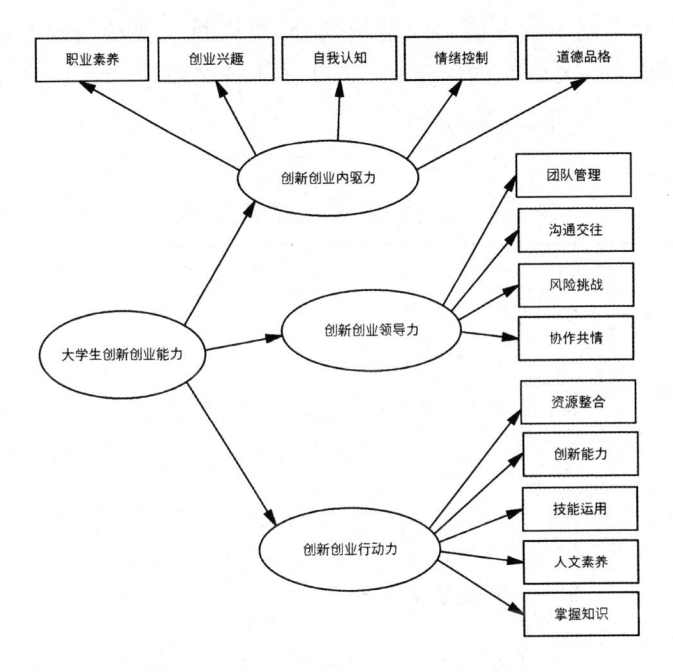

图 3-2　创新创业能力量表设计结构图

资料来源:研究人员根据各种信息进行自主设计开发。

将大学生创新创业能力作为评价目标,将它划分为三层。其中,创新创业内驱力层面包括职业素养、创业兴趣、自我认知、情绪控制、道德品格 5 类指标;创新创业领导力层面包括团队管理、沟通交往、风险挑战、协作共情 4 类指标;创新创业行动力层面包括资源整合、创新能力、技能运用、人文素养、掌握知识 5 类指标。

(二)学生创新创业能力问卷的编制

大学生创新创业能力受多种因素共同影响,甚至各个影响因素之间也存在相互联系、相互影响。大学生创新创业能力影响因素模型的构建，为大学生创新创业能力培养策略的制订提供有力依据。

教育是一个不断发展变化的过程，对学生的创新创业能力的影响也会造成不一样的影响。根据大量的文献综述与专家学者的评判，构建上述的3类维度14项指标的大学生创新创业能力影响因素模型。通过对文献资料的梳理，本次研究人员结合实际调查情况，比较赞同李娜（2019）[369]关于创新创业能力维度的划分，所以将主要沿用她的三个维度。此外，结合本次研究的侧重点，涉及具体各个维度内容的具体测量指标，也会做出一定的调整与修改。

表3-4 创新创业内驱力量表的编制

指标	编码	项目依据
职业素养	B1	李娜（2019）
	B2	
	B3	
	B4	
	B5	
创业兴趣	B6	李娜（2019）
	B7	
	B8	
自我认知	B9	李娜（2019）
	B10	
	B11	
情绪控制	B12	李娜（2019）
	B13	
	B14	
道德品格	B15	高山（2019）
	B16	

根据表3-4，该子问卷是一份在参考借鉴不同学者的研究基础之上的自编问卷。创新创业内驱力维度的问卷有5个指标，共16个项目。采用点问卷计分，从"1"分代表"非常不同意"到"5"分代表"非常不

同意",问卷中的得分越高,表明被试认同度越高。

该子问卷是一份在参考借鉴不同学者的研究基础之上的改编问卷。表3-5显示创新创业领导力维度的问卷有4个指标,共15个项目。采用点问卷计分,从"1"分代表"非常不同意"到"5"分代表"非常不同意",问卷中的得分越高,表明被试认同度越高。

表 3-5 创新创业领导力量表的编制

指标	编码	项目依据
团队管理	B17	李娜(2019)
	B18	
	B19	杜洁(2014)
沟通交往	B20	李娜(2019)
	B21	
	B22	
风险挑战	B23	李娜(2019)
	B24	
	B25	
	B26	李娜(2019)
	B27	
	B28	
协作共情	B29	李娜(2019)
	B30	
	B31	

该子问卷是一份在参考借鉴不同学者的研究基础之上的改编问卷。根据表3-6显示,创新创业行动力维度的问卷有5个指标,共16个项目。采用点问卷计分,从"1"分代表"非常不同意"到"5"分代表"非常不同意",问卷中的得分越高,表明被试认同度越高。

表 3-6　创新创业行动力量表的编制

指标	编码	项目依据
资源整合	B32	
	B33	
	B34	
创新能力	B35	李娜(2019)
	B36	
	B37	
	B38	
	B39	
	B40	罗朝晖(2017)
技能运用	B41	罗朝晖(2017)
	B42	
人文素养	B43	罗朝晖(2017)
	B44	
掌握知识	B45	罗朝晖(2017)
	B46	
	B47	陈泓任(2018)

三、知识转移的量表构建及阐释

（一）知识转移维度的测量指标

如图 3-3 所示,经过编码,最终将知识转移的因素归纳为两个维度。将知识转移作为评价目标。将指标划分为知识传播与知识吸收两个维度。

第三章 研究小样本分析

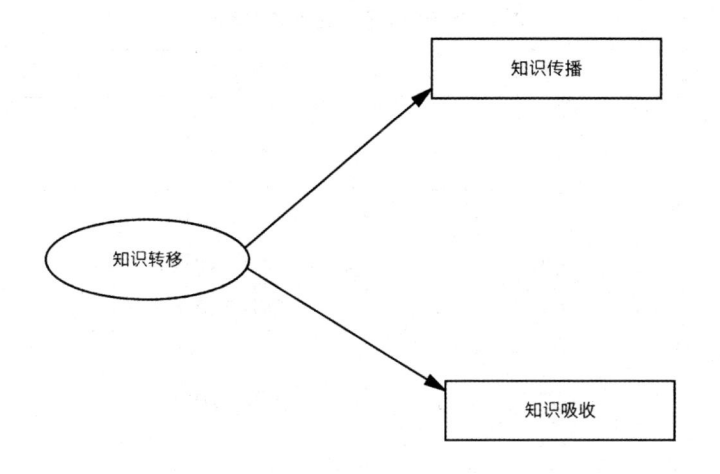

图 3-3 知识转移量表设计结构图

资料来源：研究人员根据各种信息进行自主设计开发。

（二）知识转移问卷的编制

关于中介变量的测量方面，主要借鉴与参考源于以下文献。郑倩（2016）《不确定性规避对科技人才创新绩效的影响研究：基于知识转移的中介作用》，邓伟任（2017）《经管类大学生社会网络对创新创业能力的影响研究》。关于知识转移的维度划分以及测量题目，并依据本次研究的实际情况，对研究设计量表进行了一定的修改。

通过对文献资料的梳理，本次研究人员结合实际调查情况，比较赞同郑倩（2016）关于知识转移维度的划分，所以本研究将主要沿用她的两个维度。具体是指知识传播、知识吸收。该问卷中的题项主要以郑倩（2016），邓伟任（2017）的研究问卷中的项目为参考标准。

该子问卷是一份在参考借鉴不同学者的研究基础之上的改编问卷。根据表 3-7 显示，知识转移的问卷有两个维度，共 11 个项目指标。采用点问卷计分，从"1"分代表"非常不同意"到"5"分代表"非常不同意"，问卷中的得分越高，表明被试认同度越高。

表 3-7 知识转移量表的编制

指标	编码	项目依据
知识传播	C1	郑倩（2016）
	C2	郑倩（2016）
	C3	郑倩（2016）
	C4	郑倩（2016）
	C5	郑倩（2016）
知识吸收	C6	郑倩（2016）
	C7	郑倩（2016）
	C8	郑倩（2016）
	C9	郑倩（2016）
	C10	郑倩（2016）
	C11	邓伟任（2017）

第四节　数据收集过程

在本研究中使用一个混合的研究方法，即定性研究和定量研究的结合运用。因此，大致分为两种类型的数据收集。

一、定性研究数据收集过程

定性数据及其分析为解释为什么某些因素显著或不显著影响参与者的持久性提供了必要的解释。[370] 定性阶段的目标是探索和解释在第一个定量阶段获得的统计结果。为了提高定性分析的深度，我们决定采用多案例研究设计，这意味着从不同来源广泛而繁琐的数据收集，以及多层次的数据分析。[371]

人种学研究需要 25～50 次访谈和观察，包括大约 4～6 次焦点小组讨论，而现象学研究需要不到 10 次访谈，扎根理论研究需要 20～30 次访谈，内容分析需要 15～20 次访谈或 3～4 次焦点小组讨论。然而，

第三章 研究小样本分析

这些数字是暂时的,在使用它们之前应该非常仔细地考虑。[372]

因此,本次研究根据上述经验,所有的访谈都是在信息提供者的许可下为学术研究而开展的。半结构性访谈以适当的方法(邮件、面对面、电话沟通等)对受访者开展学术研究工作。

结合当前我国思想政治教育和创新创业教育的大环境,以及专任教师的专业背景和教育教学工作经验。在理论研究的基础上,进一步梳理国内外大量的相关研究,整理和总结国内外相关理论和实践成果培养和提高大学生的创新创业能力的基本计划和基本步骤。咨询相关学者、专家对该研究进行广泛的社会调查。一方面,对高校的20名相关教职工进行深度访谈,了解协同育人在高校实施的真实状况。主要为了掌握高校对于大学生创新创业能力的重视程度与今后的发展培养趋势。另一方面,对17名学生进行半结构深度访谈,可以进一步地明确学生对于自身创新创业能力的要求以及对学校协同育人的认同理解程度。

访谈提纲包括两个部分(详情见附录一)。

教师半结构访谈分为11个项目。学生半结构访谈分为7个项目。

在定性研究的访谈部分,我们将通过对选定的研究对象的访谈进行分类和总结。根据保密原则,所有名字都用密码代替(详情见附录二)。

在实际研究过程中,首先,根据初步研究结果,围绕研究的需求和自己的理解,制订研究问题和采访大纲。然后,根据大纲内容,采用半开放的深度采访格式确定受访者,进行预约、访谈。在交流过程中,鼓励受访者从客观的角度来提出协同教育模式对学生创新创业能力的实际影响效用,鼓励受访者用他们自己的语言表达自己的独到建议和想法,从而不断挖掘协同教育模式发展过程以及如何做出科学决策的理论认识和现实案例。

此外,研究成果是后来才最终完成的,通过邀请对方进行审阅,只有得到对方的同意,他们的反馈和评论才可以被引用到文章中,以确保采访的合理性、科学性。

二、定量研究数据收集过程

（一）收集汇总阶段

本次研究中的各类信息收集、调查始于2022年。在大量参考研究人员和学者所做的各类相关研究的基础之上制订并测量本次问卷。

在定量研究的问卷调查部分（详见附录三），以在线发放和回收问卷的形式进行研究。本次研究中的调查问卷分为两大部分。第一部分为人口学变量信息，第二部分为变量测量信息。在第二部分中又具体按照自变量、因变量、中介变量划分为三个小部分。

在定量的调查问卷中，本次调查以个人为分析单位。囿于精力所限，本次调查学校主要选取的是中国山西省（作者的家乡所在省份）。由于选取学校是内陆省份，其调查对象基本涉及山西省各地市的在校大学生。被调查的高校有老牌院校（第一类型）、新升本科院校（第二类型）、高职院校（第三类型）等。这样保证了调查问卷的代表性、多样性及说服力。

本次问卷调查主要分为预测调查与正式问卷两次。

在预测调查问卷阶段。通过在问卷星网站发放电子问卷的方式，共回收电子问卷250份，经过筛选，剔除无效问卷4份，最终选取有效电子问卷246份，有效率为98.4%。其中，男生136人，占55.3%，女生110人，占44.7%。

在正式问卷调查阶段也是通过在问卷星网站发放电子问卷的方式，共回收电子问卷1531份，经过筛选，剔除无效问卷，最终选取有效电子问卷1493份，有效率为97.5%。

在构建了研究模型后，将依据模型中的变量设计问卷，问卷回收后，首先要对问卷进行初步的过滤整理，剔除无效问卷，然后将样本数据逐条认真核对后录入计算机，采用EXCEL2003、SPSS26.0等相关统计分析软件进行变量研究与数据分析。

在正式问卷的研究分析中，拟采用如下数据分析方法：正式量表的信度分析；正式量表的效度分析；描述性统计分析；单因子方差分析；独立样本T检验；相关分析；偏相关分析；多元回归分析。

(二)整理分析阶段

根据研究内容的需要,将研究内容分为若干个假设,结合有效的分析工具,提高本研究的科学性和合理性。对通过问卷回收的数据逐一验证,并分别开展研究,进一步深化研究内容,形成阶段性的研究成果。在前人研究的基础上进行整合研究,最终实现研究目标和思路,综合数据结果,提出存在的不足以及解决的建议。

第五节 小样本数据分析

研究中的前测样本是2022年底开始进行调研,选取了山西省太原市的两所高等院校(本科、专科),调查对象为每个学校的在校学生。

一、信度分析

为了提高问卷的效度与信度,本研究在正式发放问卷和收集数据之前进行了问卷前测(Pretest),并进行了小样本的前测信度分析与效度检验。信度分析是用来精简问卷,删除对测量变量毫无贡献的问卷项目,以增进每个测量变量的信度;效度检验(探索性因素分析)(EFA)主要是确定量表的基本构成与项目。总之,通过小样本的前测分析,为了得到一份信度与效度都较为合理的量表。

对各潜变量的测量条款进行净化(purify),剔除信度较低的条款。Churchill(1979)强调,在进行探索性因子分析前要进行测量条款的净化并删除"垃圾测量条款"(garbage items)。假如没有净化测量条款,直接进行因子分析,很可能导致多维度的结果,因而很难解释每个因子的含义。采用的是纠正条款的总相关系数法(Corrected-Item Total Correlation,也就是CITC)来进行测量条款的净化,对于CITC值小于0.3,且删除后可增加Cronbach α值的条款予以删除。[373]因此,本研究以0.3作为净化测量条款的标准,并利用Cronbach α信度系数法来检测测量条款的信度。

如果删除某项后，Alpha 系数增加幅度较大，说明整个量表 Alpha 系数较低是由该指标导致的，建议对该指标进行修改，如果题目量足够的情况下，也可以删除该题项。[374]

采用 Cronbach's Alpha 法计算信度值，以确定信度值与项目是否存在内在一致性。George 和 Mallery 将 Cronbach's Alpha 系数的值举例说明如下。[375]

α ≥ 0.9 =Excellent= 极好的；

0.9> α ≥ 0.8 =Good= 好的；

0.8> α ≥ 0.7 =Acceptable= 可以接受的；

0.7> α ≥ 0.6 =Questionable= 有问题的；

0.6> α ≥ 0.5 =Poor= 不好的；

0.5> α =Unacceptable= 不可接受的。

因此，研究问卷的 Cronbach's Alpha 系数值必须至少为 0.7，才具有可靠性。

巴特莱特球体检验的统计值显著性概率小于等于显著性水平时，可以作因子分析。对所有变量的测量条款进行净化后，要对样本进行 KMO 样本充分性测度（Kaiser-Meyer-Olykin Measure of Sampling Adequacy）和巴特莱特球体检验（Bartlett Test of Sphericity）以判断是否可以进行因子分析。

根据这一原则对于 KMO 值在 0.6 以下的不作进一步分析；对于 KMO 值在 0.7 以上的进行因子分析；对于 0.6～0.7 的以理论研究为基础，根据实际情况决定是否进行因子分析。

最后，对所有变量进行探索性因子分析。区分效度主要通过评价测量项目的因子载荷来开展测度。本书采用的 EFA 主要利用主成分分析法（Principle Component Methods），并进行方差最大旋转（Varimax），以特征值大于 1 作为因子提取标准。

在因子个数的选择方面，一方面，结合定性研究的划分维度，另一方面，也会采用特征值（Eigenvalue）大于 1 的标准，同时，在对项目的区分效度评价时，具体遵循如下几个原则。[376]

（1）两个或以下的项目自成一个因子时，则删除，因为其没有内部一致性。

（2）项目在所属因子的载荷量必须大于 0.5，则其具有收敛效度，否则删除。

（3）每一项目其所对应的因子载荷必须接近1（越大越好），但其他因子的负荷必须接近于0（越小越好），这样才具有区分效度。因此，如果项目两个因子的载荷差值小于0.3，则两个因子属于横跨因子现象，应该删除。

（一）教育资源量表小样本信度

表3-8 教育资源的前测信度

代码	维度	项目个数	CITC	删除该条目后Cronbach α 值	Cronbach α
A1	平台利用	10	0.803	0.975	0.976
A2			0.815	0.975	
A3			0.824	0.974	
A4			0.820	0.975	
A5			0.823	0.974	
A6			0.843	0.974	
A7			0.873	0.974	
A8			0.871	0.974	
A9			0.831	0.974	
A10			0.848	0.874	
A11	主导效用	6	0.830	0.974	
A12			0.829	0.974	
A13			0.846	0.974	
A14			0.841	0.974	
A15			0.830	0.974	
A16			0.845	0.974	

首先采用Cronbach α 信度系数法和CITC法净化量表的测量条款。从表3-8可以看出，协同育人的16个测量条款的CITC指数均大于0.3，量表整体的信度系数为0.976，远大于0.7，这说明量表符合本研究的要求。因此，通过信度检测后，本量表不删除任何条目。

（二）协同特征量表小样本信度

表 3-9　协同特征的前测信度

代码	维度	项目个数	CITC	删除该条目后 Cronbach α 值	Cronbach α
A17	条件性	5	0.817	0.983	0.983
A18			0.925	0.982	
A19			0.855	0.982	
A20			0.807	0.983	
A21			0.833	0.982	
A22	可行性	10	0.871	0.982	
A23			0.880	0.982	
A24			0.886	0.982	
A25			0.885	0.982	
A26			0.870	0.982	
A27			0.835	0.982	
A28			0.860	0.982	
A29			0.841	0.982	
A30			0.860	0.982	
A31			0.857	0.982	
A32	激励性	6	0.813	0.983	
A33			0.860	0.982	
A34			0.845	0.982	
A35			0.851	0.982	
A36			0.850	0.982	
A37			0.857	0.982	

首先采用 Cronbach α 信度系数法和 CITC 法净化量表的测量条款。从表 3-9 可以看出，协同特征的 21 个测量条款的 CITC 指数均大于 0.3，量表整体的信度系数为 0.983，远大于 0.7，这说明量表符合本研

究的要求。因此,通过信度检测后,本量表不删除任何条目。

(三) 立德树人量表小样本信度

首先采用 Cronbach α 信度系数法和 CITC 法净化量表的测量条款。从表 3-10 可以看出,立德树人的 14 个测量条款的 CITC 指数均大于 0.3,量表整体的信度系数为 0.980,远大于 0.7,这说明量表符合本研究的要求。因此,通过信度检测后,本量表不删除任何条目。

表 3-10　立德树人的前测信度

代码	维度	项目个数	CITC	删除该条目后 Cronbach α 值	Cronbach α
A38	反馈评价	8	0.849	0.978	0.980
A39			0.840	0.979	
A40			0.883	0.978	
A41			0.831	0.979	
A42			0.841	0.979	
A43			0.888	0.978	
A44			0.823	0.979	
A45			0.898	0.978	
A46	价值指引	6	0.895	0.978	
A47			0.889	0.978	
A48			0.892	0.978	
A49			0.896	0.978	
A50			0.885	0.978	
A51			0.889	0.978	

(四) 创新创业内驱力量表小样本信度

首先采用 Cronbach α 信度系数法和 CITC 法净化量表的测量条款。从表 3-11 可以看出,内驱力的 16 个测量条款的 CITC 指数均大于 0.3,量表整体的信度系数为 0.973,远大于 0.7,这说明量表符合本研究的要求。因此,通过信度检测后,本量表不删除任何条目。

表 3-11　创新创业内驱力的前测信度

代码	维度	项目个数	CITC	删除该条目后 Cronbach α 值	Cronbach α
B1	职业素养	5	0.833	0.971	0.973
B2			0.827	0.971	
B3			0.843	0.971	
B4			0.839	0.971	
B5			0.857	0.971	
B6	创业兴趣	3	0.798	0.972	
B7			0.812	0.972	
B8			0.805	0.972	
B9	自我认知	3	0.840	0.971	
B10			0.852	0.971	
B11			0.854	0.971	
B12	情绪控制	3	0.844	0.971	
B13			0.839	0.971	
B14			0.829	0.971	
B15	道德品格	2	0.743	0.973	
B16			0.746	0.972	

（五）创新创业领导力量表小样本信度

首先采用 Cronbach α 信度系数法和 CITC 法净化量表的测量条款。从表 3-12 可以看出,创新创业领导力的 15 个测量条款的 CITC 指数均大于 0.3,量表整体的信度系数为 0.981,远大于 0.7,这说明量表符合本研究的要求。因此,通过信度检测后,本量表不删除任何条目。

表 3-12 创新创业领导力的前测信度

代码	维度	项目个数	CITC	删除该条目后 Cronbach α 值	Cronbach α
B17	团队管理	3	0.865	0.980	0.981
B18			0.886	0.980	
B19			0.878	0.980	
B20	沟通交往	3	0.855	0.980	
B21			0.868	0.980	
B22			0.874	0.980	
B23	风险挑战	6	0.883	0.980	
B24			0.887	0.980	
B25			0.891	0.980	
B26			0.908	0.979	
B27			0.905	0.979	
B28			0.903	0.979	
B29	协作共情	3	0.810	0.981	
B30			0.820	0.981	
B31			0.851	0.980	

（六）创新创业行动力量表小样本信度

首先采用 Cronbach α 信度系数法和 CITC 法净化量表的测量条款。从表 3-13 可以看出,创新创业行动力的 16 个测量条款的 CITC 指数均大于 0.3,量表整体的信度系数为 0.983,远大于 0.7,这说明量表符合本研究的要求。因此,通过信度检测后,本量表不删除任何条目。

表 3-13 创新创业行动力的前测信度

代码	维度	项目个数	CITC	删除该条目后 Cronbach α 值	Cronbach α
B32	资源整合	3	0.861	0.982	0.983
B33			0.901	0.981	
B34			0.892	0.982	
B35	创新能力	6	0.843	0.982	
B36			0.887	0.982	
B37			0.866	0.982	
B38			0.881	0.982	
B39			0.896	0.982	
B40			0.909	0.981	
B41	技能运用	2	0.862	0.982	
B42			0.889	0.982	
B43	人文素养	2	0.848	0.982	
B44			0.867	0.982	
B45	知识掌握	3	0.882	0.982	
B46			0.882	0.982	
B47			0.873	0.982	

（七）知识转移量表的小样本信度

首先采用 Cronbach α 信度系数法和 CITC 法净化量表的测量条款。从表 3-14 可以看出，知识转移的 11 个测量条款的 CITC 指数均大于 0.3，量表整体的信度系数为 0.984，远大于 0.7，这说明量表符合本研究的要求。因此，通过信度检测后，本量表不删除任何条目。

表 3-14 知识转移的前测信度

代码	维度	项目个数	CITC	删除该条目后 Cronbach α 值	Cronbach α
C1	知识传播	5	0.900	0.983	0.984
C2			0.915	0.982	
C3			0.922	0.982	
C4			0.924	0.982	
C5			0.912	0.982	
C6	知识吸收	6	0.908	0.982	
C7			0.924	0.982	
C8			0.916	0.982	
C9			0.915	0.982	
C10			0.910	0.982	
C11			0.888	0.983	

二、效度检测

(一) 问卷的内容效度检测

第一步,在确定访谈提纲与调查问卷的主要内容后,积极与专家学者进行接触和沟通。

第二步,在与学者们沟通的过程中,不断修改访谈提纲、调查问卷中的存在不足与问题。

第三步,在确定问卷内容和设置后,采用 IOC 方法进行评价。(IOC 表格见附录四)主要有三个专家学者参与。

本书的数据分析采用 SPSS26.0 软件综合定量分析和专家调查法。基于该评价方法,通过对现有样本模式的分析,获得评价专家的知识和经验,评价精度高。

采用项目—目标一致性(IOC)对问卷项目进行评估,评分范围为 $-1 \sim +1$。

合适 =1

不确定 =0

不一致 =-1

一方面,分数低于 0.5 的科目需要进一步修正和提高。另一方面,分数高于或等于 0.5 的科目被保留。

根据结果显示,调查问卷 IOC 平均值为 1。协同育人量表、学生创新创业能力量表、知识转移量表均具有良好的内容效度。由此可见,问卷具有可靠的效度。

(二)问卷的结构效度检测与探索性因子分析

1. 教育资源量表的小样本效度检测与探索性因子分析

由表 3-15 可知,各变量旋转矩阵成分与原始问卷趋于一致,各成分的得分均大于 0.5,说明本问卷具有良好的结构效度。进行因子分析后(运用主成分提取),可知因子分析一共提取了 2 个主成分,刚好将其分为了 2 个模块,与研究者之前的预判是一致的。根据探索性因子分析,因子 1 含有 10 个项目,因子载荷介于 0.775 ~ 0.843;因子 2 含有 6 个项目,因子载荷介于 0.845 ~ 0.866。总之,两个因子共解释了变异 82.751%,说明表达得还是不错的。

表 3-15 教育资源量表的前测效度

维度	代码	因子	旋转成分矩阵成分	
			1	2
平台利用	A1	平台利用 1	0.788	
	A2	平台利用 2	0.802	
	A3	平台利用 3	0.819	
	A4	平台利用 4	0.805	
	A5	平台利用 5	0.813	
	A6	平台利用 6	0.781	
	A7	平台利用 7	0.825	

续表

维度	代码	因子	旋转成分矩阵成分 1	旋转成分矩阵成分 2
	A8	平台利用 8	0.843	
	A9	平台利用 9	0.778	
	A10	平台利用 10	0.775	
主导效用	A11	主导效用 1		0.866
	A12	主导效用 2		0.865
	A13	主导效用 3		0.852
	A14	主导效用 4		0.855
	A15	主导效用 5		0.853
	A16	主导效用 6		0.845
特征根植			7.401	5.839
方差解释率			46.259	36.492
累计方差解释率			46.259	82.751
KMO 值		0.972		
巴特球形值		31672.641		
Sig.		0.000		

根据碎石图 3-4 也可以看出，从第 3 个因子以后，坡度线较为平坦，可见保留 2 个因子比较合适。

碎石图

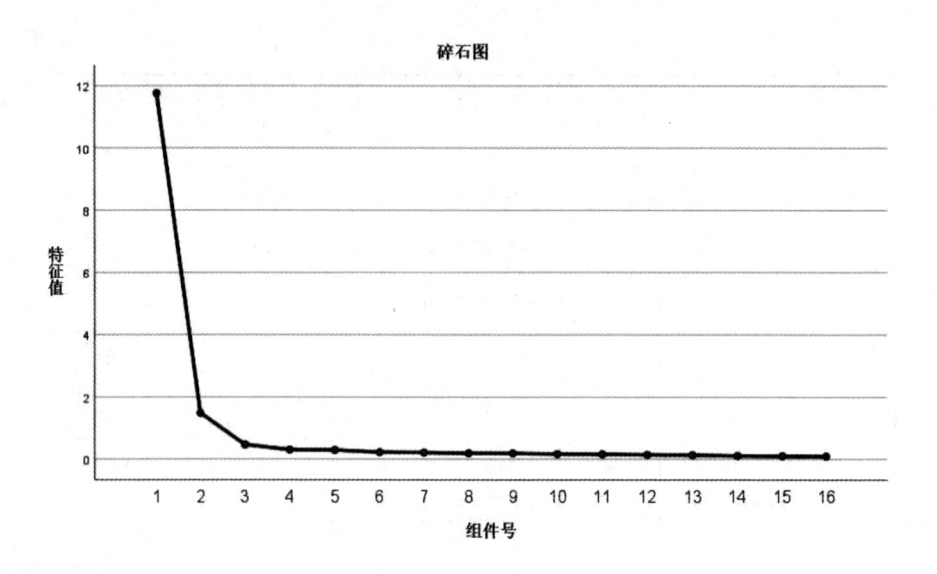

图 3-4　教育资源碎石图

2. 协同特征量表的小样本效度检测与探索性因子分析

由表 3-16 可知,各变量旋转矩阵成分与原始问卷趋于一致,各成分的得分均大于 0.5,说明本问卷具有良好的结构效度。进行因子分析后(运用主成分提取),可知因子分析一共提取了 3 个主成分,刚好将其分为了 3 个模块,与研究者之前的预判是一致的。根据探索性因子分析,因子 1 含有 10 个项目,因子载荷介于 0.680 ～ 0.786;因子 2 含有 6 个项目,因子载荷介于 0.770 ～ 0.796;因子 3 含有 5 个项目,因子载荷介于 0.747 ～ 0.801。总之,三个因子共解释了变异 85.126%,说明表达得还是不错的。

表 3-16　协同特征量表的前测效度

维度	代码	因子	旋转成分矩阵成分		
			1	2	3
条件性	A17	条件性1			0.764
	A18	条件性2			0.778
	A19	条件性3			0.747

续表

维度	代码	因子	旋转成分矩阵成分 1	旋转成分矩阵成分 2	旋转成分矩阵成分 3
	A20	条件性 4			0.801
	A21	条件性 5			0.775
可行性	A22	可行性 1	0.715		
	A23	可行性 2	0.737		
	A24	可行性 3	0.770		
	A25	可行性 4	0.777		
	A26	可行性 5	0.777		
	A27	可行性 6	0.695		
	A28	可行性 7	0.786		
	A29	可行性 8	0.680		
	A30	可行性 9	0.754		
	A31	可行性 10	0.743		
激励性	A32	激励性 1		0.770	
	A33	激励性 2		0.788	
	A34	激励性 3		0.780	
	A35	激励性 4		0.796	
	A36	激励性 5		0.792	
	A37	激励性 6		0.789	
特征根植			7.221	5.698	4.957
方差解释率			34.386	27.135	23.604
累计方差解释率			34.386	61.521	85.126
KMO 值			0.979		
巴特球形值			44560.104		
Sig.			0.000		

根据碎石图 3-5 也可以看出，从第 4 个因子以后，坡度线较为平坦，可见保留 3 个因子比较合适。

碎石图

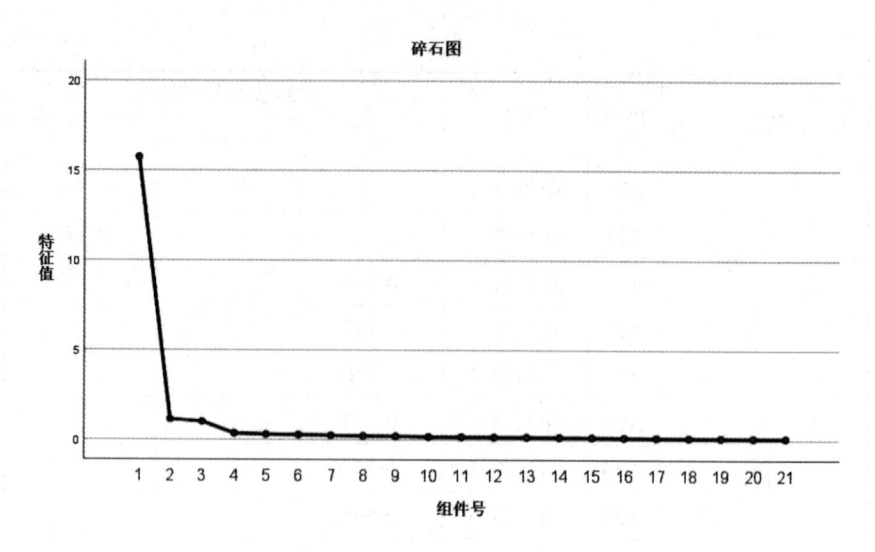

图 3-5　协同特征碎石图

3. 立德树人量表的小样本效度检测与探索性因子分析

由表 3-17 可知，各变量旋转矩阵成分与原始问卷趋于一致，各成分的得分均大于 0.5，说明本问卷具有良好的结构效度。进行因子分析后（运用主成分提取），可知因子分析一共提取了 2 个主成分，刚好将其分为了 2 个模块，与研究者之前的预判是一致的。根据探索性因子分析，因子 1 含有 8 个项目，因子载荷介于 0.680 ~ 0.808；因子 2 含有 6 个项目，因子载荷介于 0.815 ~ 0.855。总之，三个因子共解释了变异 85.020%，说明表达得还是不错的。

表 3-17　立德树人量表的前测效度

维度	代码	因子	旋转成分矩阵成分	
			1	2
反馈评价	A38	反馈评价 1	0.680	
	A39	反馈评价 2	0.794	
	A40	反馈评价 3	0.772	
	A41	反馈评价 4	0.802	
	A42	反馈评价 5	0.808	

续表

维度	代码	因子	旋转成分矩阵成分 1	旋转成分矩阵成分 2
	A43	反馈评价 6	0.690	
	A44	反馈评价 7	0.802	
	A45	反馈评价 8	0.769	
价值指引	A46	价值指引 1		0.815
	A47	价值指引 2		0.833
	A48	价值指引 3		0.823
	A49	价值指引 4		0.819
	A50	价值指引 5		0.855
	A51	价值指引 6		0.819
特征根植			5.968	5.935
方差解释率			42.629	42.391
累计方差解释率			42.629	85.020
KMO 值			0.973	
巴特球形值			29663.291	
Sig.			0.000	

根据碎石图 3-6 也可以看出，从第 3 个因子以后，坡度线较为平坦，可见保留 2 个因子比较合适。

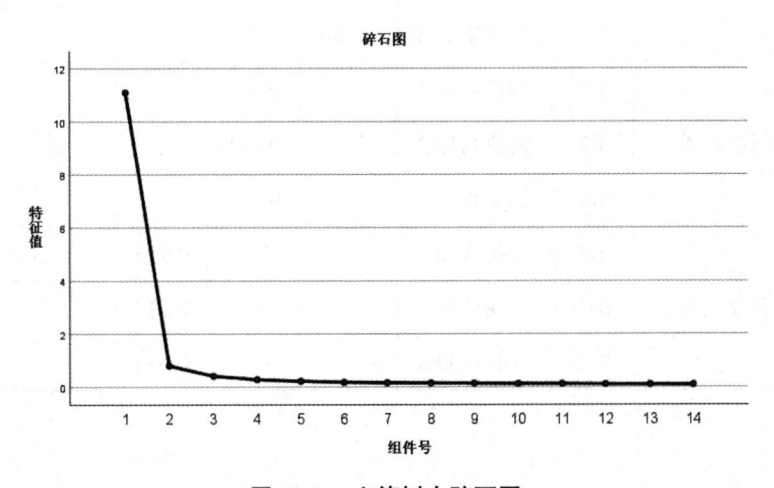

图 3-6 立德树人碎石图

4. 创新创业内驱力量表的小样本效度检测与探索性因子分析

由表 3-18 可知，各变量旋转矩阵成分与原始问卷趋于一致，各成分的得分均大于 0.5，说明本问卷具有良好的结构效度。进行因子分析后（运用主成分提取），可知因子分析一共提取了 5 个主成分，刚好将其分为了 5 个模块，与研究者之前的预判是一致的。根据探索性因子分析，因子 1 含有 5 个项目，因子载荷介于 0.586 ~ 0.759；因子 2 含有 3 个项目，因子载荷介于 0.777 ~ 0.817；因子 3 含有 3 个项目，因子载荷介于 0.657 ~ 0.723；因子 4 含有 3 个项目，因子载荷介于 0.698 ~ 0.719；因子 5 含有 2 个项目，因子载荷介于 0.798 ~ 0.809。总之，五个因子共解释了变异 88.008%，说明表达得还是不错的。

表 3-18　创新创业内驱力量表的前测效度

维度	代码	因子	旋转成分矩阵成分				
			1	2	3	4	5
职业素养	B1	职业素养 1	0.752				
	B2	职业素养 2	0.759				
	B3	职业素养 3	0.703				
	B4	职业素养 4	0.586				
	B5	职业素养 5	0.600				
创业兴趣	B6	创业兴趣 1		0.817			
	B7	创业兴趣 2		0.806			
	B8	创业兴趣 3		0.777			
自我认知	B9	自我认知 1			0.723		
	B10	自我认知 2			0.713		
	B11	自我认知 3			0.657		

续表

维度	代码	因子	旋转成分矩阵成分 1	2	3	4	5
情绪控制	B12	情绪控制1				0.698	
	B13	情绪控制2				0.705	
	B14	情绪控制3				0.719	
道德品格	B15	道德品格1					0.809
	B16	道德品格2					0.798
特征根植			3.383	3.234	2.683	2.558	2.225
方差解释率			21.141	20.211	16.767	15.985	13.905
累计方差解释率			21.141	41.352	58.119	74.103	88.008
KMO值			0.962				
巴特球形值			28207.786				
Sig.			0.000				

根据图 3-7 可以看出,从第 6 个因子以后,坡度线较为平坦,可见保留 5 个因子比较合适。

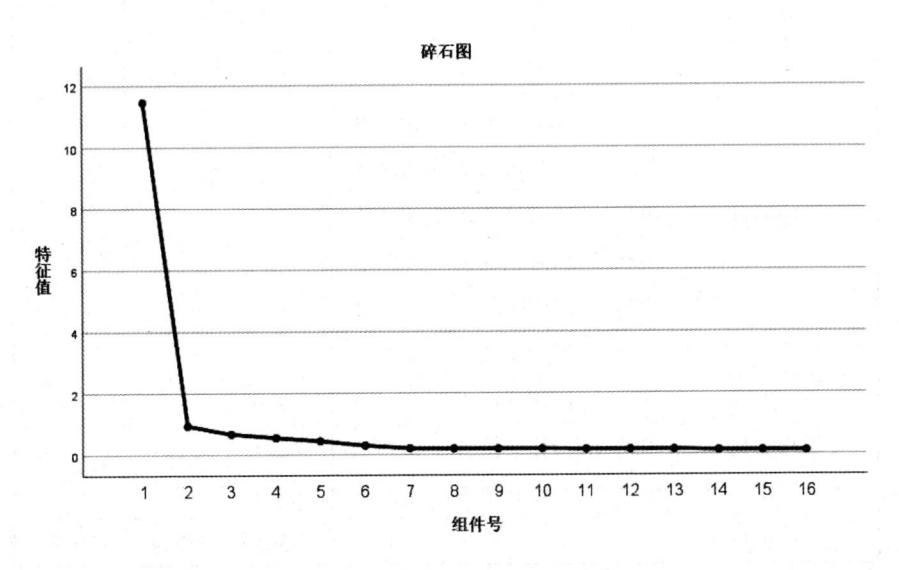

图 3-7 创新创业内驱力碎石图

5. 创新创业领导力量表的小样本效度检测与探索性因子分析

由表 3-19 可知，各变量旋转矩阵成分与原始问卷趋于一致，各成分的得分均大于 0.5，说明本问卷具有良好的结构效度。进行因子分析后(运用主成分提取)，可知因子分析一共提取了 4 个主成分，刚好将其分为了 4 个模块，与研究者之前的预判是一致的。根据探索性因子分析，因子 1 含有 6 个项目，因子载荷介于 0.649 ~ 0.778；因子 2 含有 3 个项目，因子载荷介于 0.734 ~ 0.811；因子 3 含有 3 个项目，因子载荷介于 0.724 ~ 0.748；因子 4 含有 3 个项目，因子载荷介于 0.633 ~ 0.689。总之，四个因子共解释了变异 90.006%，说明表达得还是不错的。

表 3-19　创新创业领导力量表的前测效度

维度	代码	因子	旋转成分矩阵成分			
			1	2	3	4
团队管理	B17	团队管理1				0.689
	B18	团队管理2				0.633
	B19	团队管理3				0.662
沟通交往	B20	沟通交往1			0.724	
	B21	沟通交往2			0.748	
	B22	沟通交往3			0.744	
风险挑战	B23	风险挑战1	0.649			
	B24	风险挑战2	0.778			
	B25	风险挑战3	0.774			
	B26	风险挑战4	0.740			
	B27	风险挑战5	0.722			
	B28	风险挑战6	0.728			
协作共情	B29	协作共情1		0.810		
	B30	协作共情2		0.811		
	B31	协作共情3		0.734		
特征根植			4.662	3.365	3.034	2.450

续表

维度	代码	因子	旋转成分矩阵成分			
			1	2	3	4
方差解释率			31.082	22.436	20.152	16.336
累计方差解释率			31.082	53.518	73.669	90.006
KMO 值		0.970				
巴特球形值		32254.178				
Sig.		0.000				

从图 3-8 可以看出,从第 5 个因子以后,坡度线较为平坦,可见保留 4 个因子比较合适。

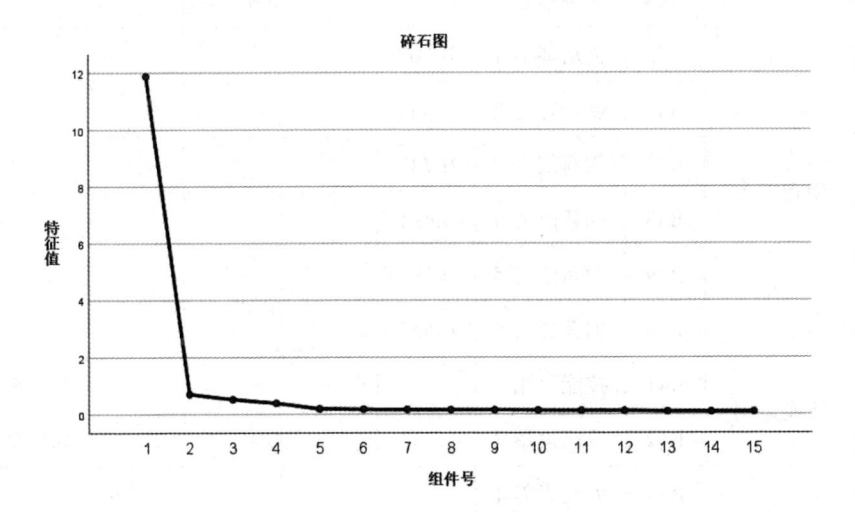

图 3-8 创新创业领导力碎石图

6. 创新创业行动力量表的小样本效度检测与探索性因子分析

由表 3-20 可知,各变量旋转矩阵成分与原始问卷趋于一致,各成分的得分均大于 0.5,说明本问卷具有良好的结构效度。进行因子分析后(运用主成分提取),可知因子分析一共提取了 5 个主成分,刚好将其分为了 3 个模块,与研究者之前的预判是一致的。根据探索性因子分析,因子 1 含有 6 个项目,因子载荷介于 0.551 ~ 0.743;因子 2 含有 3 个项目,因子载荷介于 0.760 ~ 0.776;因子 3 含有 3 个项目,因子载荷介于 0.644 ~ 0.720;因子 4 含有 2 个项目,因子载荷介于 0.689 ~ 0.726;因子 5 含有 2 个项目,因子载荷介于 0.516 ~ 0.578。总之,五个因子共解释了变异 90.396%,说明表达得非常不错。

表 3-20　创新创业行动力量表的前测效度

维度	代码	因子	旋转成分矩阵成分 1	2	3	4	5
资源整合	B32	资源整合 1			0.720		
	B33	资源整合 2			0.652		
	B34	资源整合 3			0.644		
创新能力	B35	创新能力 1	0.708				
	B36	创新能力 2	0.658				
	B37	创新能力 3	0.743				
	B38	创新能力 4	0.691				
	B39	创新能力 5	0.592				
	B40	创新能力 6	0.551				
技能运用	B41	技能运用 1					0.578
	B42	技能运用 2					0.516
人文素养	B43	人文素养 1				0.726	
	B44	人文素养 2				0.689	
掌握知识	B45	掌握知识 1		0.760			
	B46	掌握知识 2		0.773			
	B47	掌握知识 3		0.776			
特征根植			4.035	3.560	2.830	2.325	1.174
方差解释率			25.218	22.249	17.686	14.528	10.713
累计方差解释率			25.218	47.467	65.155	79.683	90.396

第三章 研究小样本分析

续表

维度	代码	因子	旋转成分矩阵成分				
			1	2	3	4	5
KMO 值			0.971				
巴特球形值			34953.519				
Sig.			0.000				

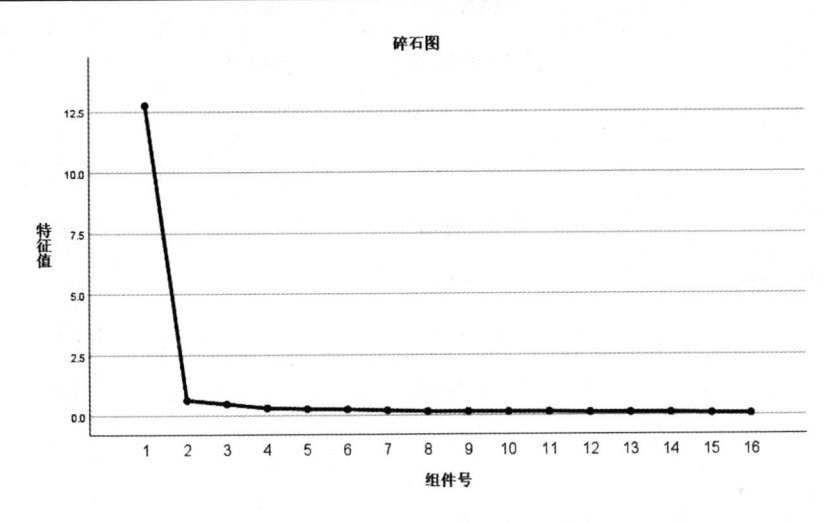

碎石图

图 3-9 创新创业行动力碎石图

由图 3-9 可以看出,从第 6 个因子以后,坡度线较为平坦,结合研究主题,可见保留 5 个因子比较合适。

7. 知识转移量表的小样本效度检测与探索性因子分析

由表 3-21 可知,各变量旋转矩阵成分与原始问卷趋于一致,各成分的得分均大于 0.5,说明本问卷具有良好的结构效度。进行因子分析后(运用主成分提取),可知因子分析一共提取了 2 个主成分,刚好将其分为了 2 个模块,与研究者之前的预判是一致的。根据探索性因子分析,因子 1 含有 5 个项目,因子载荷介于 0.661 ~ 0.888;因子 2 含有 6 个项目,因子载荷介于 0.568 ~ 0.932。总之,两个因子共解释了变异 79.958%,说明表达得还是可以接受的。

表 3-21　知识转移量表的前测效度

维度	代码	因子	旋转成分矩阵成分 1	旋转成分矩阵成分 2
知识传播	C1	知识传播 1	0.722	
	C2	知识传播 2	0.888	
	C3	知识传播 3	0.859	
	C4	知识传播 4	0.882	
	C5	知识传播 5	0.661	
知识吸收	C6	知识吸收 1		0.726
	C7	知识吸收 2		0.840
	C8	知识吸收 3		0.602
	C9	知识吸收 4		0.800
	C10	知识吸收 5		0.568
	C11	知识吸收 6		0.932
特征根植			5.505	3.291
方差解释率			50.043	29.916
累计方差解释率			50.043	79.958
KMO 值		0.912		
巴特球形值		2918.790		
Sig.		0.000		

第三章 研究小样本分析

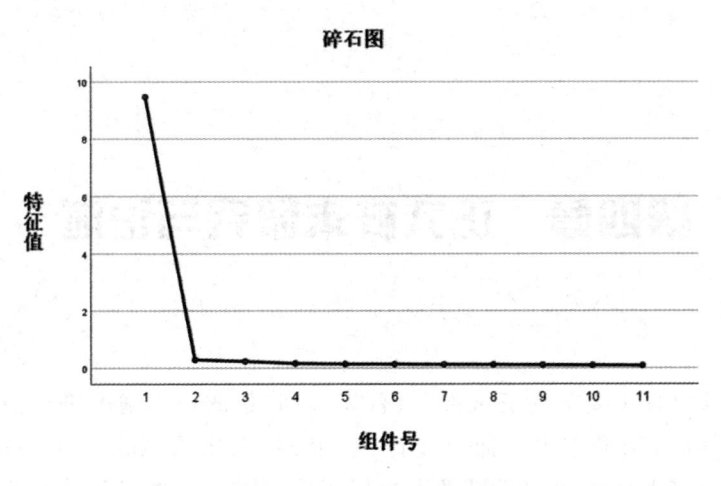

碎石图

图 3-10 知识转移碎石图

根据图 3-10 可知，从第 3 个因子以后，坡度线较为平坦，结合研究范围与主题，可见选择保留 2 个因子比较合适。

三、正式问卷量表维度与对应题项的确认

通过上述各个量表小样本的信效度检验与分析，可推断量表可以用于正式量表分析与变量假设研究。

【本章小结】

首先，本部分对以往研究取得的进展和不足，以及本研究拟解决的问题进行了总结。其次，简要介绍了本研究将在下面的章节中用到的数据处理与分析方法。最后，在此基础上对提出的概念模型进行小样本的信效度的前测。

第四章 正式样本研究与论述

本章内容主要分为三大部分,首先,对收集的样本情况进行描述性统计。其次,结合本书的研究设计,运用 SPSS.26 和 Amos Graphics 等工具手段对大样本数据质量进行初步评估、分析,根据量化结果开展有逻辑性的讨论。最后,根据实证分析的数据结果与半结构性访谈的梳理,作出科学性、哲理性、总结性的分析。

第一节 正式问卷数据收集与样本描述

本研究概念模型中的各个变量,一方面通过定性研究,在改编与整理的基础上,对创新创业能力、知识转移相关的问卷内容进行调整,根据研究内容进行设置。另一方面,协同育人是一份自编问卷。此外,这三个方面的量表,由于缺乏完善的前人数据研究,因此,主要使用混合研究方法,利用问卷调查来取得样本分析所需的数据,并进行详细的探讨与分析。

一、正式问卷大样本数据收集

实证调查研究的对象为高校学生,所以调查的单位归属界定为高校。研究者选择具有一定社会关系的调查地区,并让该地区的人员(同事、朋友、亲戚等)协助进行问卷发放和回收,其中调研的区域主要是山西省的高校。

基于样本量需要是条目数量的 10 倍的原则(Boateng et al.,2018)[377]

第四章　正式样本研究与论述

又或者根据本书第三章的公式,样本量至少在 400 个。

本书的研究内容共有 109 个问项(李克特量表的形式),所以总体研究样本应该在 1090 个以上。根据访谈专家的建议与本次研究实际的调查研究环境,主要采用网络平台电子版问卷进行调查。

在收回的问卷中,存在不合格的问卷。因此进行了无效问卷的整理与剔除。对存在以下两种情况的问卷进行剔除:选择相同过多的问卷予以删除;回收的电子问卷中存在乱码现象也删除。

最终,正式问卷调查阶段也是通过在问卷星网站发放电子问卷的方式,共回收电子问卷 1531 份,经过筛选,剔除无效问卷 38 份,最终选取有效电子问卷 1493 份,有效率为 97.5%。

二、正式问卷数据的描述性统计分析

首先对样本总体分布情况,如性别、年龄、学历、学籍所在地(山西省)、独生子女、专业、家庭所在地、班干部经历 8 个方面进行分布描述。

表 4-1　调查对象的分布统计表

人口学统计变量	类别	频率	百分比 /%	有效百分比 /%	累计百分比 /%
性别	男	830	55.6	55.6	55.6
	女	663	44.4	44.4	100.0
年龄	1—18	84	5.6	5.6	5.6
	18—25	1399	93.7	93.7	99.3
	26—30	2	0.1	0.1	99.5
	31—40	8	0.5	0.5	100.0
学历	本科	1070	71.7	71.7	71.7
	专科	403	27.0	27.0	98.7
	硕士	20	1.3	1.3	100.0
学籍所在地（山西省）	是	1246	83.5	83.5	83.5
	否	247	16.5	16.5	100.0
独生子女	是	345	23.1	23.1	23.1
	否	1148	76.9	76.9	100.0

续表

人口学统计变量	类别	频率	百分比 /%	有效百分比 /%	累计百分比 /%
专业类别	文史类	443	29.7	29.7	29.7
	理工类	804	53.9	53.9	83.5
	体育类	39	2.6	2.6	86.1
	艺术类	37	2.5	2.5	88.6
	其他	170	11.4	11.4	100.0
家庭所在地	城镇	652	43.7	43.7	43.7
	乡村	841	56.3	56.3	100.0
班干部经历	是	804	53.9	53.9	53.9
	否	689	46.1	46.1	100.0

根据表4-1的数据，可以得出以下结论。

从样本的男女性别分布来看，男性学生（55.6%）高于女性学生（44.4%）。

年龄段分布由高至低排序依次为：18—25岁学生人数最多，达到1399人，占比为93.7%；18岁以下学生84人，占比为5.6%；31—40岁的参与者有8人，占比为0.5%；最少的占比年龄段为26—30岁，仅为2人，占比为0.1%。

从学历分布来看样本，本科1070人，占比为71.7%；专科为403人，占比为27.0%；硕士研究生20人，占比为1.3%。

参与者的学籍所在地来看，属于山西省籍贯的学生有1246人（83.5%）；非山西省学籍的有247人（16.5%）。

从是否为独生子女来看，属于独生子女的参与者有345人，占比为23.1%；不是独生子女的有1148人，占比为76.9%。

从就读的专业类别来看，理工类最多，有804人（53.9%）；其次是文史类的学生443人（29.7%）；接下来分别是其他专业类别170人（11.4%）；占比较少的是体育类39人（2.6%）；艺术类37人（2.5%）。

参与问卷者的家庭所在地来看，乡村841人（56.3%）高于城镇652人（43.7%）。

从学生是否担任过班干部来看，有班干部经历的学生804人

(53.9%)高于没有班干部经历的学生689人(46.1%)。

总之,根据统计描述表明,参与调查的学生样本情况比较理想。造成这些分布特点,可能受本次调查研究的高校选择、时间与条件因素的影响。

三、正式问卷数据分布的正态性分析

（一）协同育人

表4-2 协同育人的大样本数据描述性统计及正态分布

维度	编码	均值 统计	标准偏差 统计	偏度 统计	偏度 标准错误	峰度 统计	峰度 标准错误	各个维度均值
平台利用	A1	4.04	0.970	−0.629	0.063	−0.341	0.127	4.0440
	A2	3.99	0.934	−0.454	0.063	−0.584	0.127	
	A3	4.11	0.914	−0.583	0.063	−0.521	0.127	
	A4	4.12	0.925	−0.631	0.063	−0.501	0.127	
	A5	3.98	0.937	−0.470	0.063	−0.505	0.127	
	A6	4.01	0.940	−0.510	0.063	−0.500	0.127	
	A7	4.04	0.913	−0.451	0.063	−0.674	0.127	
	A8	4.12	0.914	−0.607	0.063	−0.522	0.127	
	A9	3.96	0.911	−0.326	0.063	−0.743	0.127	
	A10	4.06	0.925	−0.463	0.063	−0.753	0.127	
主导效用	A11	4.01	0.922	−0.369	0.063	−0.783	0.127	4.0205
	A12	3.98	0.923	−0.320	0.063	−0.831	0.127	
	A13	4.04	0.899	−0.303	0.063	−1.049	0.127	
	A14	4.06	0.899	−0.340	0.063	−1.019	0.127	
	A15	4.01	0.913	−0.335	0.063	−0.943	0.127	
	A16	4.02	0.897	−0.300	0.063	−0.973	0.127	

续表

维度	编码	均值 统计	标准偏差 统计	偏度 统计	偏度 标准错误	峰度 统计	峰度 标准错误	各个维度均值
条件性	A17	3.93	0.955	−0.372	0.063	−0.737	0.127	3.9668
	A18	3.97	0.936	−0.410	0.063	−0.644	0.127	
	A19	4.01	0.930	−0.439	0.063	−0.633	0.127	
	A20	3.93	0.963	−0.425	0.063	−0.614	0.127	
	A21	3.99	0.944	−0.464	0.063	−0.570	0.127	
可行性	A22	4.05	0.893	−0.402	0.063	−0.793	0.127	4.0716
	A23	4.07	0.892	−0.343	0.063	−1.091	0.127	
	A24	4.09	0.886	−0.350	0.063	−1.149	0.127	
	A25	4.07	0.881	−0.361	0.063	−0.971	0.127	
	A26	4.07	0.892	−0.366	0.063	−1.032	0.127	
	A27	4.00	0.923	−0.361	0.063	−0.878	0.127	
	A28	4.12	0.897	−0.481	0.063	−0.901	0.127	
	A29	4.01	0.933	−0.390	0.063	−0.875	0.127	
	A30	4.13	0.892	−0.483	0.063	−0.903	0.127	
	A31	4.10	0.894	−0.420	0.063	−0.977	0.127	
激励性	A32	3.96	0.931	−0.281	0.063	−0.923	0.127	4.0150
	A33	4.03	0.905	−0.311	0.063	−1.000	0.127	
	A34	4.01	0.904	−0.321	0.063	−0.890	0.127	
	A35	4.02	0.909	−0.348	0.063	−0.867	0.127	
	A36	4.04	0.888	−0.319	0.063	−0.995	0.127	
	A37	4.03	0.901	−0.330	0.063	−0.940	0.127	

第四章　正式样本研究与论述

续表

维度	编码	均值 统计	标准偏差 统计	偏度 统计	偏度 标准错误	峰度 统计	峰度 标准错误	各个维度均值
反馈评价	A38	4.05	0.902	−0.327	0.063	−1.080	0.127	3.9500
	A39	3.95	0.949	−0.373	0.063	−0.705	0.127	
	A40	4.00	0.890	−0.283	0.063	−0.912	0.127	
	A41	3.88	0.962	−0.303	0.063	−0.754	0.127	
	A42	3.85	0.978	−0.299	0.063	−0.726	0.127	
	A43	4.02	0.898	−0.306	0.063	−0.976	0.127	
	A44	3.86	0.985	−0.330	0.063	−0.686	0.127	
	A45	3.98	0.913	−0.302	0.063	−0.867	0.127	
价值指引	A46	4.03	0.901	−0.330	0.063	−0.946	0.127	4.0322
	A47	4.03	0.893	−0.271	0.063	−1.102	0.127	
	A48	4.04	0.886	−0.272	0.063	−1.101	0.127	
	A49	4.02	0.908	−0.309	0.063	−1.025	0.127	
	A50	4.04	0.906	−0.343	0.063	−0.985	0.127	
	A51	4.03	0.892	−0.253	0.063	−1.167	0.127	

如表4-2所示,从协同育人中的维度划分来看,它们的平均值分别为:平台利用4.0440,主导效用4.0205;条件性3.9688,可行性4.0716,激励性4.0150;反馈评价3.9500,价值指引4.0322。根据李克特量表评分划分,均处于较高的均值阶段,说明高校协同育人模型的应用效用受到比较不错的认可。

（二）创新创业能力

表 4-3 创新创业能力的大样本数据描述性统计及正态分布

维度		均值	标准偏差	偏度		峰度		各个维度均值
		统计	统计	统计	标准错误	统计	标准错误	
创新创业内驱力	B1	3.94	0.882	−0.146	0.063	−1.054	0.127	3.8269
	B2	3.91	0.890	−0.152	0.063	−.964	0.127	
	B3	3.93	0.886	−0.161	0.063	−1.042	0.127	
	B4	3.82	0.940	−0.118	0.063	−1.077	0.127	
	B5	3.81	0.916	−0.079	0.063	−1.043	0.127	
	B6	3.69	1.050	−0.274	0.063	−0.748	0.127	
	B7	3.71	1.029	−0.228	0.063	−0.777	0.127	
	B8	3.69	1.036	−0.268	0.063	−0.748	0.127	
	B9	3.74	0.969	−0.106	0.063	−0.932	0.127	
	B10	3.80	0.926	−0.094	0.063	−0.932	0.127	
	B11	3.81	0.917	−0.066	0.063	−0.972	0.127	
	B12	3.78	0.970	−0.203	0.063	−0.788	0.127	
	B13	3.76	0.969	−0.140	0.063	−0.885	0.127	
	B14	3.81	0.942	−0.171	0.063	−0.773	0.127	
	B15	4.00	0.887	−0.174	0.063	−1.262	0.127	
	B16	4.02	0.880	−0.135	0.063	−1.446	0.127	
创新创业领导力	B17	3.80	0.945	−0.139	0.063	−0.876	0.127	3.7749
	B18	3.80	0.924	−0.067	0.063	−0.982	0.127	
	B19	3.77	0.968	−0.138	0.063	−0.943	0.127	
	B20	3.79	0.985	−0.238	0.063	−0.786	0.127	
	B21	3.75	0.999	−0.219	0.063	−0.785	0.127	
	B22	3.75	1.010	−0.264	0.063	−0.770	0.127	
	B23	3.72	0.983	−0.124	0.063	−0.854	0.127	

	B24	3.68	1.011	−0.154	0.063	−0.848	0.127	
	B25	3.67	1.015	−0.133	0.063	−0.872	0.127	
	B26	3.71	0.976	−0.118	0.063	−0.820	0.127	
	B27	3.74	0.963	−0.115	0.063	−0.845	0.127	
	B28	3.70	0.980	−0.086	0.063	−0.936	0.127	
	B29	3.93	0.884	−0.090	0.063	−1.177	0.127	
	B30	3.92	0.872	−0.054	0.063	−1.225	0.127	
	B31	3.88	0.899	−0.079	0.063	−1.064	0.127	
创新创业行动力	B32	3.64	1.027	−0.109	0.063	−0.882	0.127	3.7625
	B33	3.72	0.949	−0.036	0.063	−0.914	0.127	
	B34	3.78	0.929	−0.009	0.063	−1.047	0.127	
	B35	3.82	0.927	−0.111	0.063	−0.910	0.127	
	B36	3.77	0.949	−0.088	0.063	−0.945	0.127	
	B37	3.85	0.895	−0.068	0.063	−0.914	0.127	
	B38	3.87	0.882	0.014	0.063	−1.181	0.127	
	B39	3.83	0.900	0.007	0.063	−1.151	0.127	
	B40	3.81	0.908	−0.030	0.063	−0.964	0.127	
	B41	3.67	1.004	−0.152	0.063	−0.753	0.127	
	B42	3.76	0.939	−0.056	0.063	−0.922	0.127	
	B43	3.83	0.877	0.090	0.063	−1.228	0.127	
	B44	3.84	0.878	0.083	0.063	−1.235	0.127	
	B45	3.68	0.973	−0.031	0.063	−0.858	0.127	
	B46	3.68	0.964	−0.002	0.063	−0.874	0.127	
	B47	3.65	1.003	−0.052	0.063	−0.911	0.127	

如表4-3所示，从创新创业能力的维度划分来看，它们的平均值分别为：创新创业内驱力3.8269，创新创业领导力3.7749，创新创业行动力3.7625。根据李克特量表评分划分，均处于一个高值域区，说明学生的创新创业能力还是能接受与认可的。

（三）知识转移

表4-4　知识转移的大样本数据描述性统计及正态分布

维度		均值	标准偏差	偏度		峰度		各个维度均值
		统计	统计	统计	标准错误	统计	标准错误	
知识传播	C1	3.84	0.915	−0.082	0.063	−1.040	0.127	3.8151
	C2	3.79	0.932	−0.059	0.063	−1.007	0.127	
	C3	3.81	0.927	−0.050	0.063	−1.104	0.127	
	C4	3.79	0.931	−0.008	0.063	−1.132	0.127	
	C5	3.83	0.896	0.048	0.063	−1.222	0.127	
知识吸收	C6	3.81	0.893	0.059	0.063	−1.174	0.127	3.8200
	C7	3.81	0.911	−0.009	0.063	−1.108	.1270	
	C8	3.81	0.914	0.009	0.063	−1.131	0.127	
	C9	3.83	0.878	0.106	0.063	−1.279	0.127	
	C10	3.79	0.910	0.052	0.063	−1.151	0.127	
	C11	3.87	0.875	0.080	0.063	−1.313	0.127	

如表4-4所示，从知识转移的维度划分来看，知识传播的平均值为3.8151，知识吸收的平均值为3.8200。根据李克特量表评分划分，均处于高值域区，说明知识转移的效果是可以被接受和认可的。

一般认为，当偏度绝对值小于3，峰度绝对值小于10时，表明样本基本上服从正态分布（Kline，1998）[378]。从上面三个汇总表可以看出，偏度绝对值均小于1，而峰度绝对值均小于2。因此，可以说各测量条款的值基本服从正态性分布，可以继续进行下一步分析。

第二节 正式量表的信度与效度检验

一、正式量表的信度检验

表 4-5　各个维度的信度

维度名称	题项代码	Cronbach's Alpha	项数
教育资源	A1-A16	0.976	16
协同特征	A17-A37	0.983	21
立德树人	A38-A51	0.980	14
内驱力	B1-B16	0.973	16
领导力	B17-B31	0.981	15
行动力	B32-B47	0.983	16
知识传播	C1-C5	0.970	5
知识吸收	C6-C11	0.972	6

根据表 4-5 所示，正式量表的信度均在 0.9 以上，属于非常优秀的信度表达，为下一步研究提供了可靠的保证。

二、正式量表的效度检验

表 4-6　各个维度的效度分析

维度名称	题项代码	项数	KMO	巴特利特球形度检验 Approx. Chi-Square	Sig.
教育资源	A1-A16	16	0.972	31672.641	0.000
协同特征	A17-A37	21	0.979	44560.104	0.000
立德树人	A38-A51	14	0.973	29663.291	0.000
内驱力	B1-B16	16	0.962	28207.786	0.000

续表

维度名称	题项代码	项数	KMO	巴特利特球形度检验 Approx. Chi-Square	Sig.
领导力	B17—B31	15	0.970	32254.178	0.000
行动力	B32—B47	16	0.971	34953.519	0.000
知识传播	C1—C5	5	0.922	9938.095	0.000
知识吸收	C6—C11	6	0.941	12083.279	0.000

根据表4-6所示，正式量表的KMO均在0.9以上，属于非常优秀的效度表达，为下一步研究提供了可靠的保证。

（一）正式问卷的大样本方差分析

本部分会使用独立样本T检验和单因素方差分析来检验人口统计学变量对协同育人、学生创新创业能力、知识转移影响的差异。

1. 性别对各研究变量的影响分析

由于本研究中，学生的性别分为男性和女性两类。因此，采用两个独立样本的T检验来分析性别对各研究变量的影响。

表4-7 性别对各研究变量的影响（独立样本T检验）

变量名称	性别	平均值	标准差	莱文方差等同性检验 F	Sig.	平均值等同性T检验 T	Sig.（2-tailed）
平台利用	男	3.9937	0.87293	24.970	0.000	−2.688	0.007
	女	4.1069	0.75337				
主导效用	男	3.9972	0.88123	8.857	0.003	−1.185	0.236
	女	4.0498	0.82800				
条件性	男	3.9508	0.90616	9.034	0.003	−.790	0.430
	女	3.9867	0.84478				

第四章　正式样本研究与论述

续表

变量名称	性别	平均值	标准差	莱文方差等同性检验 F	Sig.	平均值等同性 T检验 T	Sig.(2-tailed)
可行性	男	4.0157	0.83281	3.291	0.070	-2.971	0.003
	女	4.1416	0.78981				
激励性	男	3.9974	0.86660	3.839	0.050	-0.895	0.371
	女	4.0370	0.82530				
反馈评价	男	3.9399	0.85029	2.643	0.104	-0.520	0.603
	女	3.9627	0.82834				
价值指引	男	4.0062	0.86743	3.114	0.078	-1.318	0.188
	女	4.0646	0.82847				
内驱力	男	3.9148	0.81287	8.895	0.003	4.832	0.000
	女	3.7168	0.76465				
领导力	男	3.8738	0.85696	2.884	0.090	5.042	0.000
	女	3.6510	0.83794				
行动力	男	3.8649	0.84481	5.616	0.018	5.359	0.000
	女	3.6343	0.81075				
知识传播	男	3.9058	0.86734	.341	0.559	4.533	0.000
	女	3.7017	0.86082				
知识吸收	男	3.9060	0.84478	1.802	0.180	4.449	0.000
	女	3.7124	0.82381				

*$p<0.05$, **$p<0.01$, ***$p<0.001$。（以下表格相同）

从表4-7可以看出，性别对平台利用、协同可行性、创新创业内驱力、行动力、领导力、知识传播、知识转移的影响通过了显著性检验。而性别对高校协同育人的主导效用、条件性、激励性、反馈评价、价值指引的影响均不存在显著性差异。表4-7中的数据表明，在"一体两翼"的可行性方面，女生接受综合影响程度高于男生，但是针对创新创业能力和知识转移方面，男生高于女性受教育者。这也在一定程度上说明，男性在创新力、创业实践等方面的比例高于女性。社会情况来看，男性会更有意愿去进行事业的打拼。因此，假设1a得到部分支持。

2. 年龄对各研究变量的影响分析

由于本研究中,高校学生的年龄被划分为四个阶段,因此,本研究采用单因素方差分析(One-way ANOVN)来检验年龄对各变量的影响是否存在显著差异。

从表4-8可以看出,年龄仅对平台利用、条件性的影响通过了显著性检验,表明平台利用、协同特征的条件性会随着学生的年龄的不同而存在显著差异。而年龄对主导效用、可行性、激励性、反馈评价、价值指引、内驱力、领导力、行动力、知识传播、知识吸收的影响均存在显著差异。

为了进一步分析年龄对平台利用和条件性的影响,由于方差是齐性的,因此,还需要采用LSD法来判断不同类别的均值是否存在显著性差异。

表4-9中只列出了组间均值差异显著的项目。学生的年龄对协同育人的平台利用和条件性的影响存在显著性差异。不同的年龄阶段的学生,由于其家庭所在地、班干部经历等不同,对于平台利用和条件性的建构也会不同。其中,在平台利用和条件性方面,31—40岁的年龄段高于26—30岁的年龄,由此可知,根据生活经历、学习经验、社会阅历等方面的不断积累,在处理学习中的各类因素时会占据一定的优势。因此,假设1b得到部分支持。

3. 学历对各研究变量的影响分析

由于本研究中,高校学生的学历被划分为三个阶段,因此,本研究采用单因素方差分析(One-way ANOVN)来检验学历对各变量的影响是否存在显著差异。

表 4-8 年龄对研究变量影响的单因素方差分析（One-way ANOVA）

变量名称	<18	18—25	26—30	31—40	F	Sig.
平台利用	4.1381±0.79591	4.0380±0.82304	2.4000±0.56569	4.5125±0.78456	3.932	0.008
主导效用	4.0397±0.86723	4.0224±.854860	3.9167±0.70711	3.5208±1.20659	0.930	0.425
条件性	4.0643±0.91053	3.9594±0.87588	2.5000±0.70711	4.6000±0.70102	3.634	0.012
可行性	4.0881±0.85537	4.0728±0.81348	3.6500±1.06066	3.8000±0.91183	0.485	0.693
激励性	4.0079±.86153	4.0183±0.84504	4.0000±1.41421	3.5000±1.19523	0.992	0.396
反馈评价	3.9807±0.88590	3.9509±0.83615	4.2500±1.06066	3.4063±1.03456	1.240	0.294
价值指引	3.9940±0.87255	4.0375±0.84651	4.0000±1.41421	3.5000±1.19523	1.120	.3400
内驱力	3.9286±.859050	3.8199±0.79340	3.7813±1.72357	3.9922±0.74510	0.607	0.610
领导力	3.9103±0.91722	3.7647±0.85163	3.8667±1.60278	4.1000±0.65997	1.161	0.324
行动力	3.9375±0.90139	3.7500±0.83267	3.8750±1.59099	4.0938±0.70315	1.759	0.153
知识传播	3.9286±0.91237	3.8059±0.86720	3.9000±1.55563	4.2250±0.76672	1.127	0.337
知识吸收	3.9563±0.89813	3.8094±0.83662	4.3333±0.94281	4.1250±0.87627	1.411	0.238

· 165 ·

表4-9　年龄对平台利用、条件性影响的多重方差比较分析

因变量	（I）年龄	（J）年龄	平均值差值（I-J）	标准错误	Sig.	95% 置信区间 下限	95% 置信区间 上限
平台利用	31—40	<18	0.37440	0.30386	0.218	-0.2216	0.9704
		18—25	0.47447	0.29118	0.103	-0.0967	1.0456
		26—30	2.11250*	0.64924	0.001	0.8390	3.3860
条件性	31—40	<18	0.53571	0.32450	0.099	-0.1008	1.1722
		18—25	0.64060*	0.31095	0.040	0.0306	1.2506
		26—30	2.10000*	0.69333	0.002	0.7400	3.4600

* $p<0.05$

表4-10　学历对研究变量影响的单因素方差分析（One-way ANOVN）

变量名称	教育背景（平均值 ± 标准差）本科	专科	硕士	单因素方差 F	Sig.
平台利用	4.0937 ± 0.79564	3.9047 ± 0.87147	4.1900 ± 1.00624	8.104	0.000
主导效用	4.0699 ± 0.83588	3.8983 ± 0.89482	3.8417 ± 1.04080	6.344	0.002
条件性	3.9994 ± 0.85889	3.8734 ± 0.91552	4.1000 ± 1.10215	3.247	0.039
可行性	4.1391 ± 0.78849	3.8973 ± 0.85688	3.9750 ± 0.93745	13.202	0.000
激励性	4.0601 ± 0.82398	3.9024 ± 0.89312	3.8667 ± 1.02255	5.400	0.005
反馈评价	3.9862 ± 0.82781	3.8564 ± 0.86290	3.9000 ± 0.94382	3.541	0.029
价值指引	4.0832 ± 0.82642	3.8999 ± 0.88835	3.9667 ± 1.07958	6.909	0.001
内驱力	3.8134 ± 0.77628	3.8493 ± 0.84742	4.0969 ± 0.87535	1.459	0.233
领导力	3.7505 ± 0.84621	3.8237 ± 0.87765	4.0967 ± 0.83083	2.511	0.082

行动力	3.7356 ± 0.82554	3.8162 ± 0.86392	4.1219 ± 0.83692	3.233	0.040
知识传播	3.8045 ± 0.86680	3.8268 ± 0.87898	4.1500 ± 0.83823	1.599	0.202
知识吸收	3.8044 ± 0.83785	3.8470 ± 0.84879	4.1167 ± 0.80586	1.639	0.195

从表4-10可以看出,学历对平台利用、主导效用、条件性、可行性、激励性、反馈评价、价值指引、行动力的影响通过了显著性检验,表明以上维度会随着学生学历的不同而存在显著差异。而学历对内驱力、领导力、知识传播、知识吸收的影响均存在显著差异。

为了进一步分析学历对平台利用、主导效用、条件性、可行性、激励性、反馈评价、价值指引、行动力的影响,由于方差是齐性的,因此,还需要采用LSD法来判断不同类别的均值是否存在显著性差异。

表4-11 学历对受教育者影响的多重方差比较分析LSD

变量名称	(I)教育背景	(J)教育背景	平均值差值(I-J)	标准错误	Sig.	95% 置信区间 下限	95% 置信区间 上限
平台利用	硕士	本科	0.09626	0.18501	0.603	−0.2666	0.4592
		专科	0.28529	0.18780	0.129	−0.0831	0.6537
主导效用	本科	专科	0.17167*	0.04997	0.001	0.0736	0.2697
		硕士	0.22827	0.19298	0.237	−0.1503	0.6068
	硕士	本科	0.10056	0.19815	0.612	−0.2881	0.4893
		专科	0.22655	0.20114	0.260	−0.1680	0.6211
条件性	硕士	本科	0.10056	0.19815	0.612	−0.2881	0.4893
		专科	0.22655	0.20114	0.260	−0.1680	0.6211
可行性	本科	专科	0.24179*	0.04731	0.000	0.1490	0.3346
		硕士	0.16407	0.18270	0.369	−0.1943	0.5224
激励性	本科	专科	0.15773*	0.04944	0.001	0.0607	0.2547
		硕士	0.19346	0.19092	0.311	−0.1810	0.5680

续表

变量名称	（I）教育背景	（J）教育背景	平均值差值（I-J）	标准错误	Sig.	95% 置信区间 下限	95% 置信区间 上限
反馈评价	本科	专科	0.12983*	0.04904	0.008	0.0336	0.2260
		硕士	0.08621	0.18935	0.649	−0.2852	0.4576
价值指引	本科	专科	0.18326*	0.04952	0.000	0.0861	0.2804
		硕士	0.11651	0.19121	0.542	−0.2585	0.4916
	硕士	本科	0.38630*	0.18872	0.041	0.0161	0.7565
		专科	0.30565	0.19157	0.111	−0.0701	0.6814
行动力	硕士	本科	0.38630	0.18872	0.041	0.0161	0.7565
		专科	0.30565	0.19157	0.111	−0.0701	0.6814

* $p<0.05$

表4-11中只列出了组间均值差异显著的项目，学生的学历对协同育人的平台利用、主导效用、条件性、可行性、激励性、反馈评价、价值指引、行动力的影响存在显著性差异，不同学历背景的学生，由于其知识储备与理解转化等不同，对于上述维度的影响也会不同。

硕士学历的受教育者在平台利用、主导效用、条件性、价值指引、行动力方面高于本科和专科学历的人，因为处于硕士阶段的人，综合的学术研究能力与践行能力相比于其他两者更为优秀。

本科学历的学生在主导效用、可行性、激励性、反馈评价、价值指引方面相对于硕士和专科学历均较高。由此可推断，处于本科阶段的人有着向上发展的动力和拼搏努力的干劲儿，对于周围的学习资源更有意愿去利用，更愿意去更好地与学校互动反馈，虚心接受老师的引导。

就专科学生的整体来看，与硕士和本科学历的人相比，在这些维度方面均处于弱势。造成这种情况的主要原因包括学习的平台受限和自身能力不足等。因此，假设1c得到部分支持。

4.学籍对各研究变量的影响分析

由于本研究中，学籍仅分为山西省和非山西省两类，因此，采用两个独立样本的T检验来分析学籍对学生各研究变量的影响。

第四章 正式样本研究与论述

表4-12 学籍对各研究变量的影响（独立样本T检验）

变量名称	学籍（山西）	平均值	标准差	莱文方差等同性检验 F	莱文方差等同性检验 Sig.	平均值等同性T检验 T	平均值等同性T检验 Sig.（2-tailed）
平台利用	是	4.0645	0.80748	5.206	0.023	2.020	0.044
	否	3.9405	0.89537				
主导效用	是	4.0217	0.85628	0.001	0.982	0.114	0.909
	否	4.0148	0.86902				
条件性	是	3.9865	0.87151	0.972	0.324	1.950	0.051
	否	3.8672	0.91306				
可行性	是	4.0799	0.81089	1.797	0.180	0.886	0.376
	否	4.0296	0.84250				
激励性	是	4.0171	0.84656	0.054	0.816	0.221	0.825
	否	4.0040	0.85960				
反馈评价	是	3.9604	0.83552	0.939	0.333	1.069	0.285
	否	3.8978	0.86451				
价值指引	是	4.0357	0.84899	0.002	0.967	0.364	0.716
	否	4.0142	0.85996				
内驱力	是	3.8246	0.79558	1.363	0.243	−0.247	0.805
	否	3.8383	0.80956				
领导力	是	3.7725	0.84936	2.460	0.117	−0.240	0.811
	否	3.7868	0.88740				
行动力	是	3.7622	0.83578	0.154	0.695	−0.034	0.973
	否	3.7642	0.84762				
知识传播	是	3.8157	0.86533	1.285	0.257	0.059	0.953
	否	3.8121	0.89553				
知识吸收	是	3.8245	0.83469	1.768	0.184	0.460	0.646
	否	3.7976	0.87224				

* $p<0.05$

从表4-12可以看出，学籍所在地仅对平台利用的影响通过了显著性检验。而学籍所在地对主导效用、条件性、可行性、激励性、反馈评价、价值指引、内驱力、领导力、行动力、知识传播、知识吸收的影响均不存在显著性差异。

表4-12中的数据表明,在平台利用方面,山西籍学生能更好地利用各类承载知识的平台,这与他们本身具有的生活习惯、思维方式等密切相关。这也在一定程度上说明,处于长期生活、居住的地方的人在适应当地的文化习俗、办事风格方面,相比较其他外省籍的学生而言,这些人更容易融入当地并且很好地利用平台发展自己。因此,假设1d得到部分支持。

5. 独生子女情况对各研究变量的影响分析

由于本研究中,独生子女情况仅分为是和否两类,因此,采用两独立样本的T检验来分析独生子女情况对学生各研究变量的影响。

表4-13 独生子女情况对各研究变量的影响(独立样本T检验)

变量名称	独生子女情况	平均值	标准差	莱文方差等同性检验 F	莱文方差等同性检验 Sig.	平均值等同性T检验 T	平均值等同性T检验 Sig.(2-tailed)
平台利用	是	4.0394	0.81982	0.309	0.578	-0.118	0.906
	否	4.0454	0.82514				
主导效用	是	4.0618	0.86986	0.546	0.460	1.019	0.308
	否	4.0081	0.85454				
条件性	是	3.9925	0.86619	0.983	0.322	0.619	0.536
	否	3.9591	0.88346				
可行性	是	4.0678	0.81824	0.062	0.803	-0.098	0.922
	否	4.0727	0.81585				
激励性	是	4.0565	0.86216	0.513	0.474	1.038	0.300
	否	4.0025	0.84427				
反馈评价	是	3.9609	0.85079	0.054	0.816	0.273	0.785
	否	3.9468	0.83761				

续表

变量名称	独生子女情况	平均值	标准差	莱文方差等同性检验 F	莱文方差等同性检验 Sig.	平均值等同性T检验 T	平均值等同性T检验 Sig.(2-tailed)
价值指引	是	4.0681	0.86851	0.692	0.405	0.896	0.371
	否	4.0213	0.84518				
内驱力	是	3.8562	0.80582	0.016	0.900	0.778	0.437
	否	3.8181	0.79532				
领导力	是	3.7919	0.88499	1.875	0.171	0.421	0.674
	否	3.7697	0.84674				
行动力	是	3.8105	0.84711	0.208	0.649	1.214	0.225
	否	3.7481	0.83437				
知识传播	是	3.8817	0.84491	1.573	0.210	1.622	0.105
	否	3.7951	0.87689				
知识吸收	是	3.8841	0.82275	0.719	0.397	1.613	0.107
	否	3.8008	0.84553				

* $p<0.05$。

从表4-13可以看出，独生子女情况所有维度的影响均不存在显著性差异。因此，由数据可知，作为独生子女的学生在主导效用、条件性、激励性、反馈评价、价值指引、内驱力、领导力、行动力、知识传播、知识吸收均高于非独生子女。这是因为独生子女的独立自主意识、思想认识水平要比非独生子女更为成熟。此外，非独生子女由于日常生活的经验和为人处世的技巧，可能更擅长积极听取别人的意见，因此，则在平台利用、可行性方面略优于独生子女的学生。由此可推断，假设1e得到不支持的验证。

6.所学专业对各研究变量影响的方差分析

本研究将所学专业分为文史类、理工类、体育类、艺术类、其他类别，共五种。因此，采用单因素方差分析来检验不同的所学专业对各研究变量的影响。

从表4-14可以看出,所学专业对平台利用、主导效用、条件性、可行性、激励性、反馈评价、价值指引、内驱力、领导力、行动力、知识传播、知识吸收的影响全部都通过显著性检验,表明以上维度会随着学生专业的不同而存在显著差异。

为了进一步分析所学专业对涉及维度的影响,由于方差是齐性的,因此,还需要采用LSD法来判断不同类别的均值是否存在显著性差异。

表4-15中只列出了组间均值差异显著的项目,学生的专业对所有维度的影响均存在显著性差异,不同专业背景的学生,由于其专业知识、学习能力等不同,对于上述维度的建构也会不同。

艺术类专业的学生在平台利用、主导效用、条件性、可行性、激励性、反馈评价、内驱力、领导力方面优于文史类、理工类、体育类、其他类的学生。由此可以推断,艺术类专业的学生对高校的协同育人利用效率高,而且他们的未来发展和就业方向相对于其他方面更为广泛。

文史类专业的学生在价值引领方面优于其他的四种类型的学生,这同他们日常学习的思想政治方面的知识更为专业化、系统化有极大的关系,理论性的知识更为扎实。

体育类专业的学生在行动力、知识转移方面的表现优于其他四个专业类型的学生。体育类专业的学生日常的体能素质锻炼频率高,稳定程度大,这有助于他们的行动力和知识转移的效率提升。因此,假设1f得到支持的验证。

7. 家庭所在地对各研究变量的影响分析

由于本研究中,家庭所在地的情况仅分为城镇和乡村两类,因此,采用两个独立样本的T检验来分析家庭所在情况对学生各研究变量的影响。

第四章 正式样本研究与论述

表 4-14 所学专业对研究变量影响的单因素方差分析(One-way ANOVN)

变量名称	文史类	理工类	体育类	艺术类	其他	F	P
平台利用	4.1341±0.77436	4.0226±0.82225	4.0000±1.01385	4.1676±0.88162	3.8935±0.87274	3.132	0.014
主导效用	4.1208±0.82440	3.9936±0.85713	4.1154±0.97569	4.1261±0.941500	3.8422±0.87373	3.834	0.004
条件性	4.0375±0.85105	3.9473±0.87540	3.9436±1.03614	4.1892±0.88059	3.8318±0.91648	2.425	0.046
可行性	4.1912±0.76943	4.0290±0.83046	4.2077±0.79551	4.2243±0.88440	3.8971±0.82142	5.532	0.000
激励性	4.1008±0.81887	3.9944±0.84437	4.0897±0.95578	4.1171±0.93448	3.8490±0.87748	3.105	0.015
反馈评价	4.0341±0.79378	3.9258±0.85495	3.9487±0.88515	4.1014±0.94503	3.8125±0.83828	2.727	0.028
价值指引	4.1467±0.81644	4.0029±0.84506	4.0897±0.98738	4.1171±0.93777	3.8402±0.87525	4.593	0.001
内驱力	3.7341±0.74123	3.8658±0.81138	4.0401±0.79994	4.0828±0.85772	3.7798±0.83342	3.804	0.004
领导力	3.6606±0.82962	3.8185±0.85795	3.9624±0.88507	4.0414±0.87240	3.7651±0.87074	3.899	0.004
行动力	3.6198±0.78796	3.8172±0.84505	4.0561±0.84874	3.9730±0.90097	3.7629±0.86182	5.933	0.000
知识传播	3.7233±0.85441	3.8502±0.86978	4.0564±0.89789	3.9676±0.90739	3.8000±0.88110	2.620	0.033
知识吸收	3.7186±0.82633	3.8568±0.83628	4.0940±0.78714	3.9279±0.95059	3.8125±0.83828	3.204	0.012

表 4-15　专业对受教育者影响的多重方差比较分析

变量名称	（I）专业	（J）专业	平均值差值（I-J）	标准错误	Sig.	95% 置信区间 下限	95% 置信区间 上限
平台利用	艺术类	文史类	0.03348	0.14055	0.812	-0.2422	0.3092
		理工类	0.14493	0.13809	0.294	-0.1259	0.4158
		体育类	0.16757	0.18848	0.374	-0.2022	0.5373
		其他	0.27404	0.14899	0.066	-0.0182	0.5663
主导效用	艺术类	文史类	0.00536	0.14629	0.971	-0.2816	0.2923
		理工类	0.13255	0.14374	0.357	-0.1494	0.4145
		体育类	0.01074	0.19619	0.956	-0.3741	0.3956
		其他	0.28397	0.15508	0.067	-0.0202	0.5882
条件性	艺术类	文史类	0.15172	0.15019	0.313	-0.1429	0.4463
		理工类	0.24193	0.14757	0.101	-0.0475	0.5314
		体育类	0.24560	0.20142	0.223	-0.1495	0.6407
		其他	0.35742*	0.15921	0.025	0.0451	0.6697
可行性	艺术类	文史类	0.03313	0.13882	0.811	-0.2392	0.3054
		理工类	0.19534	0.13640	0.152	-0.0722	0.4629
		体育类	0.01663	0.18617	0.929	-0.3486	0.3818
		其他	0.32727*	0.14716	0.026	0.0386	0.6159
激励性	艺术类	文史类	0.01629	0.14479	0.910	-0.2677	0.3003
		理工类	0.12271	0.14226	0.388	-0.1563	0.4018
		体育类	0.02737	0.19417	0.888	-0.3535	0.4082
		其他	0.26810	0.15349	0.081	-0.0330	0.5692
反馈评价	艺术类	文史类	0.06721	0.14349	0.640	-0.2142	0.3487
		理工类	0.17551	0.14098	0.213	-0.1010	0.4521
		体育类	0.15263	0.19243	0.428	-0.2248	0.5301
		其他	0.28885	0.15211	0.058	-0.0095	0.5872

续表

变量名称	（I）专业	（J）专业	平均值差值（I-J）	标准错误	Sig.	95% 置信区间 下限	95% 置信区间 上限
			LSD				
价值指引	文史类	理工类	0.14382*	0.05009	0.004	0.0456	0.2421
		体育类	0.05698	0.14139	0.687	−0.2204	0.3343
		艺术类	0.02961	0.14486	0.838	−0.2545	0.3138
		其他	0.30653*	0.07637	0.000	0.1567	0.4563
内驱力	艺术类	文史类	0.34871*	0.13599	0.010	0.0820	0.6155
		理工类	0.21694	0.13362	0.105	−0.0452	0.4790
		体育类	0.04271	0.18237	0.815	−0.3150	0.4004
		其他	0.30299*	0.14416	0.036	0.0202	0.5858
领导力	艺术类	文史类	0.38079*	0.14583	0.009	0.0947	0.6668
		理工类	0.22295	0.14328	0.120	−0.0581	0.5040
		体育类	0.07905	0.19557	0.686	−0.3046	0.4627
		其他	0.27634	0.15459	0.074	−0.0269	0.5796
行动力	体育类	文史类	0.43631*	0.13896	0.002	0.1637	0.7089
		理工类	0.23893	0.13642	0.080	−0.0287	0.5065
		艺术类	0.08312	0.19094	0.663	−0.2914	0.4576
		其他	0.29322*	0.14772	0.047	0.0035	0.5830
知识传播	体育类	文史类	0.33316*	0.14502	0.022	0.0487	0.6176
		理工类	0.20616	0.14236	0.148	−0.0731	0.4854
		艺术类	0.08884	0.19925	0.656	−0.3020	0.4797
		其他	0.25641	0.15415	0.096	−0.0460	0.5588
知识吸收	体育类	文史类	0.37543*	0.14002	0.007	0.1008	0.6501
		理工类	0.23726	0.13745	0.085	−0.0324	0.5069
		艺术类	0.16609	0.19239	0.388	−0.2113	0.5435
		其他	0.26951	0.14884	0.070	−0.0225	0.5615

* $p<0.05$

表 4-16　家庭所在地对各研究变量的影响（独立样本 T 检验）

变量名称	家庭所在地	平均值	标准差	莱文方差等同性检验 F	莱文方差等同性检验 Sig.	平均值等同性 T 检验 T	平均值等同性 T 检验 Sig.（2-tailed）
平台利用	城镇	4.1040	0.78708	3.057	0.081	2.482	0.013
	乡村	3.9975	0.84846				
主导效用	城镇	4.0726	0.85873	0.375	0.540	2.066	0.039
	乡村	3.9802	0.85596				
条件性	城镇	4.0160	0.84264	5.676	0.017	1.922	0.055
	乡村	3.9287	0.90541				
可行性	城镇	4.1247	0.79917	1.141	0.286	2.216	0.027
	乡村	4.0304	0.82717				
激励性	城镇	4.0560	0.84615	0.025	0.874	1.646	0.100
	乡村	3.9832	0.84938				
反馈评价	城镇	3.9895	0.83476	0.461	0.497	1.597	0.110
	乡村	3.9194	0.84399				
价值指引	城镇	4.0746	0.85232	0.448	0.503	1.701	0.089
	乡村	3.9992	0.84824				
内驱力	城镇	3.8566	0.79379	0.529	0.467	1.269	0.205
	乡村	3.8038	0.80035				
领导力	城镇	3.8242	0.84727	0.485	0.486	1.965	0.050
	乡村	3.7366	0.86035				
行动力	城镇	3.7987	0.82595	1.096	0.295	1.470	0.142
	乡村	3.7345	0.84570				
知识传播	城镇	3.8647	0.86491	0.297	0.586	1.941	0.052
	乡村	3.7767	0.87267				
知识吸收	城镇	3.8658	0.83878	0.094	0.759	1.853	0.064
	乡村	3.7846	0.84112				

从表 4-16 可以看出，家庭所在地与平台利用、主导效用、可行性存在显著性差异，而对条件性、激励性、反馈评价、价值指引、内驱力、领导

第四章 正式样本研究与论述

力、行动力、知识传播、知识吸收的影响均不存在显著性差异。

由数据(平均值)可知,城镇学生在教育资源(平台利用、主导效用)与可行性方面高于乡村学生。这是因为中国的乡村和城镇存在一定的差距,学生日常接触到的各类新鲜资讯的便捷度也不一样。由此可以推断,从小接触新生事物的城镇学生,受到家庭所在地环境等因素的影响,对于平台利用的认可接受水平高于乡村学生。而且对于协同教育的可行性认可度与体验度更高。因此,假设 1g 得到部分支持的验证。

8. 班干部经历对各研究变量的影响分析

由于本研究中,担任班干部经历的情况仅分是和否两类,因此,采用两个独立样本的 T 检验来分析班干部经历情况对学生各研究变量的影响。

表 4-17 班干部经历的情况对各研究变量的影响(独立样本 T 检验)

变量名称	班干部经历	平均值	标准差	莱文方差等同性检验 F	莱文方差等同性检验 Sig.	平均值等同性 T 检验 T	平均值等同性 T 检验 Sig. (2-tailed)
平台利用	是	4.0973	0.79398	7.897	0.005	2.690	0.007
	否	3.9819	0.85335				
主导效用	是	4.0643	0.83825	1.711	0.191	2.129	0.033
	否	3.9695	0.87859				
条件性	是	3.9980	0.85891	6.105	0.014	1.478	0.140
	否	3.9303	0.90182				
可行性	是	4.1254	0.79583	1.133	0.287	2.756	0.006
	否	4.0089	0.83540				
激励性	是	4.0553	0.82857	1.182	0.277	1.989	0.047
	否	3.9678	0.86931				
反馈评价	是	3.9941	0.82838	2.228	0.136	2.192	0.029
	否	3.8986	0.85195				
价值指引	是	4.0821	0.83279	0.599	0.439	2.455	0.014
	否	3.9739	0.86782				
内驱力	是	3.8476	0.77790	5.141	0.024	1.079	0.281
	否	3.8027	0.82000				
领导力	是	3.8143	0.83179	4.247	0.039	1.920	0.055
	否	3.7288	0.88068				

续表

变量名称	班干部经历	平均值	标准差	莱文方差等同性检验 F	莱文方差等同性检验 Sig.	平均值等同性 T 检验 T	平均值等同性 T 检验 Sig.（2-tailed）
行动力	是	3.8092	0.81664	3.957	0.047	2.323	0.020
	否	3.7080	0.85851				
知识传播	是	3.8751	0.86009	1.241	0.265	2.885	0.004
	否	3.7451	0.87707				
知识吸收	是	3.8874	0.83216	0.695	0.404	3.357	0.001
	否	3.7414	0.84456				

从表4-17可以看出，班干部经历与平台利用、主导效用、可行性、激励性、反馈评价、价值指引、行动力、知识传播、知识吸收存在显著性差异，而对条件性、内驱力、领导力的影响均不存在显著性差异。

由数据（平均值）可知，有班干部经历的学生在处理问题的时候，会考虑全体成员的想法与利益，能够较好地处理师生之间、学生之间等关系。这对他们自身的各方面都有锻炼与提升，为以后进入社会能够奠定一个较好的基础。与此同时，即使没有担任过班干部的学生，并不影响他们创新创业内驱力与领导力的发展，这些人也能够在条件合适的情况下，抓住机遇，拓展自身能力。因此，假设1h得到部分支持的验证。

（二）人口统计变量对各研究变量影响的结果汇总分析

通过以上分析可知，人口统计学中的各个变量中除独生子女情况外，其余变量均对协同模型、知识转移、创新创业能力的各个变量有部分显著影响。

表4-18　人口统计学变量对各研究变量的方差检验结果汇总

变量名称	1	2	3	4	5	6	7	8
平台利用	0.007	0.008	0.000	0.044	——	0.014	0.013	0.007
主导效用	——	——	0.002			0.004	0.039	0.033
条件性		0.012	0.039			0.046		

续表

变量名称	1	2	3	4	5	6	7	8
可行性	0.003	——	0.000	——	——	0.000	0.027	0.006
激励性	——	——	0.005	——	——	0.015	——	0.047
反馈评价	——	——	0.029	——	——	0.028	——	0.029
价值指引	——	——	0.001	——	——	0.001	——	0.014
内驱力	0.000	——	——	——	——	0.004	——	——
领导力	0.000	——	——	——	——	0.004	——	——
行动力	0.000	——	0.040	——	——	0.000	——	0.020
知识传播	0.000	——	——	——	——	0.033	——	0.004
知识吸收	0.000	——	——	——	——	0.012	——	0.001

注：表中——表示本项人口统计变量对本研究变量的影响没有达到显著性水平；$p<0.05$，表明该人口统计学变量对研究变量的影响未达到显著性水平。$*p<0.05$，$**p<0.01$，$***p<0.001$。

1=性别,2=年龄,3=教育背景,4=学籍,5=独生子女情况,6=专业,7=家庭所在地,8=班干部经历(以下各表同)。

由表4-18可以看出,本研究的假设H1、假设H1a、假设H1b、假设H1c、假设H1d、假设H1g、假设H1h均得到了部分支撑。假设H1e得到不支持的结果。假设H1f得到全部支持的结果。

第三节 变量之间相关性与偏相关分析

一、变量之间相关性分析

对研究变量之间的关系进行相关分析是对后面它们因果关系分析的重要基础。本小节使用皮尔逊(Pearson)相关分析法来检验高校协同教育、创新创业能力、知识转移的相关情况。

可见,相关分析是回归分析的前提和基础,可以对假设进行初步检验。相关系数用于描述置于同等地位(即不存在因果关系划分)的两个变量之间的关联程度,相关系数越高说明变量之间的相关程度越高。[379]

（郑倩，2016）

（一）高校协同育人与创新创业能力之间的相关分析

表 4-19 协同育人与创新创业能力的相关（N=1493）

	X	Y	X1	X2	X3	Y1	Y2	Y3
X	1							
Y	0.708**	1						
X1	0.974**	0.669**	1					
X2	0.989**	0.691**	0.949**	1				
X3	0.969**	0.724**	0.908**	0.942**	1			
Y1	0.733**	0.958**	0.694**	0.717**	0.743**	1		
Y2	0.664**	0.978**	0.625**	0.645**	0.682**	0.905**	1	
Y3	0.666**	0.972**	0.628**	0.648**	0.682**	0.885**	0.941**	1

**. 在 0.01 级别（双尾），相关性显著。

X：协同育人，Y：创新创业能力，X1：教育资源，X2：协同特征，X3：立德树人，Y1：内驱力，Y2：领导力，Y3：行动力（以下各表相同）。

根据统计学一般实际中 >0.4 就表示较强正相关；>0.6 表示强正相关。由表 4-19 可以知道，在协同教育与创新创业能力的相关关系中，协同育人整体与创新创业能力整体，以及协同育人的三个维度与创新创业能力的三个维度结构均呈现典型的正相关关系。假设 H2、H2a、H2b、H2c、H2d、H2e、H2f、H2g、H2h、H2i、H2g 均得到支持。

（二）高校协同育人与知识转移之间的相关分析

表 4-20 协同育人与知识转移的相关（N=1493）

	X	Me	X1	X2	X3	Me1	Me2
X	1						
Me	0.691**	1					
X1	0.974**	0.656**	1				
X2	0.989**	0.678**	0.949**	1			

第四章 正式样本研究与论述

续表

	X	Me	X1	X2	X3	Me1	Me2
X3	0.969**	0.698**	0.908**	0.942**	1		
Me1	0.682**	0.984**	0.649**	0.667**	0.689**	1	
Me2	0.681**	0.988**	0.645**	0.669**	0.687**	0.944**	1

**. 在 0.01 级别（双尾），相关性显著。

X：协同育人，Me：知识转移，X1：教育资源，X2：协同特征，X3：立德树人，Me1：知识传播，Me2：知识吸收（以下各表相同）。

根据统计学一般实际中 >0.4 就表示较强正相关；>0.6 表示强正相关。由表 4-20 可以知道，在协同教育与知识转移的相关关系中，协同育人整体与知识转移整体，以及协同育人的三个维度与知识转移的两个维度结构均呈现典型的正相关关系。假设 H3、H3a、H3b、H3c、H3d、H3e、H3f 均得到支持。

（三）知识转移与创新创业能力之间的相关分析

表 4-21　知识转移与创新创业能力的相关（N=1493）

	Me	Y	Me1	Me2	Y1	Y2	Y3
Me	1						
Y	0.888**	1					
Me1	0.984**	0.875**	1				
Me2	0.988**	0.875**	0.944**	1			
Y1	0.828**	0.958**	0.815**	0.817**	1		
Y2	0.857**	0.978**	0.847**	0.843**	0.905**	1	
Y3	0.896**	0.972**	0.883**	0.884**	0.885**	0.941**	1

根据统计学一般实际中 >0.4 就表示较强正相关；>0.6 表示强正相关。由表 4-21 可以知道，在知识转移与创新创业能力的相关关系中，知识转移整体与创新创业能力整体，以及知识转移的两个维度与创新创业能力的三个维度结构均呈现典型的正相关关系。假设 H4、H4a、H4b、H4c、H4d、H4e、H4f 均得到支持。

二、变量之间偏相关分析

本研究中,知识转移作为协同育人各维度与创新创业能力之间的中介变量。对于中介变量的验证,主要可以采用相关和偏相关分析。[380 381] 具体过程可以分为四步:第一步,自变量与中介变量相关。第二步,自变量与因变量相关。第三步,中介变量与因变量相关。第四步,当考虑中介变量的作用时,自变量对因变量的影响减弱或直到没有。

(一)知识传播的中介效应检验分析

1. 协同育人(自变量)与知识传播(中介变量)的相关检验

自变量与中介变量相关关系的分析采用各潜变量间的 Pearson 相关系数的方法。

表 4-22　协同育人与知识传播的相关分析(N=1493)

	教育资源	协同特征	立德树人	知识传播
教育资源	1			
协同特征	0.949**	1		
立德树人	0.908**	0.942**	1	
知识传播	0.649**	0.667**	0.689**	1

**. 在 0.01 级别(双尾),相关性显著。

由表 4-22 可知,协同育人与知识传播显著相关。

2. 协同育人(自变量)与创新创业能力(因变量)的相关检验

表 4-23　协同育人与创新创业能力的相关分析(N=1493)

	教育资源	协同特征	立德树人	内驱力	领导力	行动力
教育资源	1					

续表

	教育资源	协同特征	立德树人	内驱力	领导力	行动力
协同特征	0.949**	1				
立德树人	0.908**	0.942**	1			
内驱力	0.694**	0.717**	0.743**	1		
领导力	0.625**	0.645**	0.682**	0.905**	1	
行动力	0.628**	0.648**	0.682**	0.885**	0.941**	1

**. 在 0.01 级别（双尾），相关性显著。

由表4-23可知，自变量与因变量显著相关。

3. 知识传播（中介变量）与创新创业能力（因变量）的相关检验

表4-24　知识传播与创新创业能力的相关分析（N=1493）

	知识传播	创新创业内驱力	创新创业领导力	创新创业行动力
知识传播	1			
创新创业内驱力	0.815**	1		
创新创业领导力	0.847**	0.905**	1	
创新创业行动力	0.883**	0.885**	0.941**	1

**. 在 0.01 级别（双尾），相关性显著。

由表4-24可知，知识传播（中介变量）与创新创业能力三个维度（因变量）显著相关。

4. 知识传播（中介变量）作为控制变量后协同育人（自变量）与创新创业能力（因变量）的偏相关分析

为了检验知识传播是否在自变量与因变量间发挥中介效应，本部分将中介变量作为控制变量，通过对比分析控制中介变量前后的自变量与因变量的相关系数来判断知识传播是否在自变量与因变量之间发挥了中介作用。

表 4-25 知识传播(中介变量)作为控制变量前后自变量与因变量相关分析结果
(N=1493)

自变量	因变量	双变量相关系数 (中介变量—知识传播控制前)	偏相关系数 (中介变量—知识传播控制后)
教育资源	内驱力	0.694**	0.375**
协同特征	内驱力	0.717**	0.400**
立德树人	内驱力	0.743**	0.431**
教育资源	领导力	0.625**	0.187**
协同特征	领导力	0.645**	0.203**
立德树人	领导力	0.682**	0.256**
教育资源	行动力	0.628**	0.154**
协同特征	行动力	0.648**	0.167**
立德树人	行动力	0.682**	0.217**

**. 在 0.01 级别(双尾),相关性显著。

从表 4-25 可以看出,在控制了知识传播之后,对自变量与因变量进行偏相关分析,发现中介变量被控制后,自变量与因变量仍然显著相关,但自变量与因变量的相关系数与中介变量被控制之前相比较,明显变小。因此,可以判定知识传播在高校协同育人整体及构成维度与学生创新创业能力整体及构成维度间有中介作用,H5a 得到支持。

(二)知识吸收的中介效应检验分析

1. 协同育人(自变量)与知识吸收(中介变量)的相关检验

表 4-26 协同育人(自变量)与知识吸收(中介变量)的相关分析

	教育资源	协同特征	立德树人	知识吸收
教育资源	1			
协同特征	0.949**	1		
立德树人	0.908**	0.942**	1	
知识吸收	0.645**	0.669**	0.687**	1

**. 在 0.01 级别(双尾),相关性显著。

第四章　正式样本研究与论述

由表 4-26 可知,协同育人(自变量)与知识吸收(中介变量)显著相关。

2. 协同育人(自变量)与创新创业能力(因变量)的相关检验

数据分析结果与表 4-23 相同,说明协同育人(自变量)与创新创业能力(因变量)显著相关。

3. 知识吸收(中介变量)与创新创业能力(因变量)的相关检验

表 4-27　知识吸收与创新创业能力的相关分析(N=1493)

	知识吸收	内驱力	领导力	行动力
知识吸收	1			
内驱力	0.817**	1		
领导力	0.843**	0.905**	1	
行动力	0.884**	0.885**	0.941**	1

**. 在 0.01 级别(双尾),相关性显著。

由表 4-27 可知,知识吸收与创新创业能力显著相关。

4. 知识吸收(中介变量)作为控制变量前后协同育人(自变量)与创新创业能力(因变量)的偏相关分析

为了检验知识传播是否在自变量与因变量间发挥中介效应,本部分将中介变量作为控制变量,通过对比分析控制中介变量前后的自变量与因变量的相关系数来判断知识吸收是否在自变量与因变量之间发挥了中介作用。

表 4-28　知识吸收(中介变量)作为控制变量前后自变量与因变量相关分析结果
(N=1493)

自变量	因变量	双变量相关系数 (中介变量—知识吸收控制前)	偏相关系数 (中介变量—知识吸收控制后)
教育资源	内驱力	0.694**	0.397**

续表

自变量	因变量	双变量相关系数（中介变量－知识吸收控制前）	偏相关系数（中介变量－知识吸收控制后）
协同特征	内驱力	0.717**	0.398**
立德树人	内驱力	0.743**	0.433**
教育资源	领导力	0.625**	0.196**
协同特征	领导力	0.645**	0.294**
立德树人	领导力	0.682**	0.263**
教育资源	行动力	0.628**	0.161**
协同特征	行动力	0.648**	0.163**
立德树人	行动力	0.682**	0.222**

**. 在0.01级别（双尾），相关性显著。

从表4-28可以看出，在控制了知识吸收之后，对自变量与因变量进行偏相关分析，发现中介变量被控制后，自变量与因变量仍然显著相关，但自变量与因变量的相关系数与中介变量被控制之前相比较，明显变小。因此，可以判定知识吸收在高校协同育人整体及构成维度与学生创新创业能力整体及构成维度间有中介作用，H5b得到支持。假设5b：知识吸收有中介作用得到支持。

（三）知识转移整体的中介效应检验分析

1. 协同育人（自变量）与知识转移（中介变量）的相关检验

表4-29　协同育人（自变量）与知识转移（中介变量）的相关分析

	协同育人	知识转移
协同育人	1	0.691**
知识转移	0.691**	1

**. 在0.01级别（双尾），相关性显著。

由表4-29可知,协同育人(自变量)与知识转移(中介变量)显著相关。

2. 协同育人(自变量)与创新创业能力(因变量)的相关检验

数据分析结果与表4-23相同,说明协同育人(自变量)与创新创业能力(因变量)显著相关。

3. 知识转移(中介变量)与创新创业能力(因变量)的相关检验

表4-30　知识转移(中介变量)与创新创业能力(因变量)的相关分析

	知识转移	创新创业能力
知识转移	1	0.888**
创新创业能力	0.888**	1

**. 在0.01级别(双尾),相关性显著。

由表4-30可知,知识转移(中介变量)与创新创业能力(因变量)显著相关。

4. 知识转移(中介变量)作为控制变量后协同育人(自变量)与创新创业能力(因变量)的偏相关分析

为了检验知识转移是否在自变量与因变量间发挥中介效应,本部分将中介变量作为控制变量,通过对比分析控制中介变量前后的自变量与因变量的相关系数来判断知识转移是否在自变量与因变量之间发挥了中介作用。

表4-31　知识转移(中介变量)作为控制变量前后自变量与因变量相关分析结果
(N=1493)

自变量	因变量	双变量相关系数 (中介变量—知识转移控制前)	偏相关系数 (中介变量—知识转移控制后)
协同育人	创新创业能力	0.708**	0.284**

**. 在0.01级别(双尾),相关性显著。

从表4-31可以看出,在控制了知识转移之后,对自变量与因变量进行偏相关分析,发现中介变量被控制后,自变量与因变量仍然显著相关,但自变量与因变量的相关系数与中介变量被控制之前相比较,明显变小。因此,可以判定知识转移在高校协同育人整体与学生创新创业能力整体之间有中介作用,H5得到支持。

三、多元回归分析

相关分析可以说明各因素之间是否存在关系以及关系的紧密程度,但是本身并不能说明因果关系,而回归分析则可进一步指明关系的方向,表明各因素之间是否存在因果关系。通过上一部分的相关分析,已经表明本研究理论构思中所涉及的几个变量及其子维度之间均存在显著的相关关系。

在本部分的研究分析中,将采用多元回归的方法,进一步分析高校协同育人、知识转移、创新创业能力之间的关系。

依据建立的初始模型,本节将采用多元回归分析(multiple regression)法中的"强迫进入法(enter)"来检验高校协同育人模型、知识转移、创新创业能力的因果关系。

本研究要进行两个多元回归分析:第一个多元回归因变量是创新创业能力,自变量是协同育人。第二个多元回归因变量是创新创业能力,自变量为协同育人与知识转移。根据之前的方差分析结果,人口统计学变量(除学生的独生子女情况外)对协同育人、知识转移、创新创业能力均有一定程度的显著影响,故在每个多元回归分析中,将人口统计学变量作为第一组预测变量,采用分层回归模型(Hierarical Regression Modeling, HRM)的方法,来判断知识转移的中介作用。

从学生接受协同教育的程度和学生对创新创业能力的测评可以得出,高校协同育人可以有效促进学生创新创业能力的发展。为了进一步探究协同育人的三个维度(教育资源、协同特征、立德树人)对创新创业能力影响程度差异。本研究将学生对协同育人的反馈感受与学生的创新创业能力建立回归模型。

模型的逻辑在于:学生是协同教育最直接的参与者和受益者,对协同教育的感受能够直接反映高校协同育人的质量情况,反馈成果导向为目标的思政课程与课程思政的育人效用。当学生对协同教育感受较好,说明此种类型的教育质量越好,对学生产生的影响越大,越有利于学生创新精神创业能力的发展。基于此标准,本书研究学生对协同教育与创新创业能力建立回归模型,再根据回归系数来分析协同教育对学生发展影响力的大小。

(一)协同育人对创新创业能力的回归分析

表4-32 协同育人对创新创业能力的回归分析(N=1493)

变量	Y								
	M1				M2				
	标准化的回归系数			共线性统计		标准化的回归系数			共线性统计	
控制变量	β	T	Sig.	Tolerance	VIF	β	T	Sig.	Tolerance	VIF
1	−0.141	−4.743	0.000	0.749	1.335	−0.135	−6.580	0.000	0.749	1.335
2	−0.002	−0.069	0.945	0.964	1.037	0.010	0.567	0.571	0.964	1.037
3	−0.003	−0.082	0.935	0.676	1.478	0.049	2.251	0.025	0.674	1.483
4	−0.004	−0.157	0.875	0.943	1.060	0.021	1.127	0.260	0.942	1.062
5	0.007	0.224	0.823	0.735	1.361	0.039	1.895	0.058	0.734	1.363
6	−0.052	−2.000	0.046	0.972	1.028	−0.024	−1.314	0.189	0.971	1.030
7	−0.048	−1.833	0.067	0.970	1.031	−0.014	−0.799	0.425	0.968	1.033
自变量									
X						0.721	40.370	0.000	0.984	1.017
R^2	0.024					0.535				
$\triangle R^2$	0.019					0.532				
F	5.106					1629.701				

注:*p<0.05,**p<0.01,***p<0.001。

1=性别,2=年龄,3=学历,4=学籍,5=专业,6=家庭所在地,7=班干部经历,X=协同育人,Y=创新创业能力。

模型 M1 以创新创业能力为因变量,作控制变量对创新创业能力的回归。模型 M2 在模型 M1 的基础上引入自变量协同育人,作协同育人对创新创业能力的回归。

由表 4-32 可知,回归模型的 VIF 均小于 10,容忍度均大于 0.1,表明变量之间不存在共线性问题。模型 M2 的 R^2 比模型 M1 增加 0.511（p<0.001）,表明模型 M2 的预测效果优于模型 M1,且协同育人对创新创业能力有显著的正向影响（β=0.721,p<0.001）,即协同育人与创新创业能力之间存在显著的正相关关系,假设 H2 得到验证。

表 4-33 教育资源对创新创业内驱力的回归分析（N=1493）

变量	\multicolumn{9}{c}{Y1}
	\multicolumn{4}{c}{M3}		\multicolumn{4}{c}{M4}
	标准化的回归系数			共线性统计		标准化的回归系数			共线性统计
控制变量	β	T	Sig.	Tolerance	VIF	β	T	Sig.	Tolerance	VIF
1	-0.138	-4.653	0.000	0.749	1.335	-0.142	-6.765	0.000	0.749	1.335
2	0.000	-0.017	0.987	0.964	1.037	0.010	0.562	0.574	0.964	1.037
3	-0.015	-0.478	0.633	0.676	1.478	0.031	1.381	0.167	0.675	1.483
4	-0.005	-0.197	0.844	0.943	1.060	0.024	1.266	0.206	0.941	1.062
5	-0.006	-0.211	0.833	0.735	1.361	0.024	1.120	0.263	0.734	1.363
6	-0.043	-1.649	0.099	0.972	1.028	-0.010	-0.556	0.578	0.970	1.031
7	-0.026	-1.003	0.316	0.970	1.031	0.009	0.464	0.642	0.968	1.033
\multicolumn{11}{c}{自变量}
X1						0.708	38.640	0.000	0.982	1.018
R^2	\multicolumn{5}{c}{0.018}	\multicolumn{5}{c}{0.511}
△R^2	\multicolumn{5}{c}{0.014}	\multicolumn{5}{c}{0.508}
F	\multicolumn{5}{c}{3.989}	\multicolumn{5}{c}{1493.011}

注:*p<0.05,**p<0.01,***p<0.001。

1=性别,2=年龄,3=学历,4=学籍,5=专业,6=家庭所在地,7=班干部经历,X1=教育资源。

模型 M3 以创新创业内驱力为因变量,作控制变量对创新创业内驱力的回归。模型 M4 在模型 M3 的基础上引入自变量教育资源,作教育资源对创新创业内驱力的回归。

由表 4-33 可知,回归模型的 VIF 均小于 10,容忍度均大于 0.1,表明变量之间不存在共线性问题。模型 M4 的 R^2 比模型 M3 增加 0.494($p<0.001$),表明模型 M4 的预测效果优于模型 M3,且教育资源对创新创业内驱力有显著的正向影响($\beta=0.708$,$p<0.001$),即教育资源与创新创业内驱力之间存在显著的正相关关系,假设 H2a 得到验证。

表 4-34 协同特征对创新创业内驱力的回归分析(N=1493)

变量	\multicolumn{5}{c	}{Y1}				
	M3					M5			
	标准化的回归系数			共线性统计		标准化的回归系数			共线性统计	
控制变量	β	T	Sig.	Tolerance	VIF	β	T	Sig.	Tolerance	VIF
1	-0.138	-4.653	0.000	0.749	1.335	-0.135	-6.643	0.000	0.749	1.335
2	0.000	-0.017	0.987	0.964	1.037	0.010	0.557	0.578	0.964	1.037
3	-0.015	-0.478	0.633	0.676	1.478	0.044	2.043	0.041	0.673	1.485
4	-0.005	-0.197	0.844	0.943	1.060	0.019	1.029	0.304	0.942	1.062
5	-0.006	-0.211	0.833	0.735	1.361	0.021	1.021	0.307	0.734	1.362
6	-0.043	-1.649	0.099	0.972	1.028	-0.015	-0.845	0.398	0.971	1.030
7	-0.026	-1.003	0.316	0.970	1.031	0.005	0.262	0.794	0.968	1.033
自变量										
X2						0.730	41.198	0.000	0.983	1.017
R^2	\multicolumn{5}{c	}{0.018}					\multicolumn{5}{c	}{0.542}				
△R^2	\multicolumn{5}{c	}{0.014}					\multicolumn{5}{c	}{0.540}				
F	\multicolumn{5}{c	}{3.989}					\multicolumn{5}{c	}{1697.239}				

注:*$p<0.05$,**$p<0.01$,***$p<0.001$。

1= 性别,2= 年龄,3= 学历,4= 学籍,5= 专业,6= 家庭所在地,7= 班干部经历,X2= 协同特征。

模型 M3 以创新创业内驱力为因变量,作控制变量对创新创业内驱力的回归。模型 M5 在模型 M3 的基础上引入自变量协同特征,作协同特征对创新创业内驱力的回归。

由表 4-34 可知,回归模型的 VIF 均小于 10,容忍度均大于 0.1,表明变量之间不存在共线性问题。模型 M5 的 R^2 比模型 M3 增加 0.524（p<0.001）,表明模型 M5 的预测效果优于模型 M3,且教育特征对创新创业内驱力有显著的正向影响（β=0.730,p<0.001）,即协同特征与创新创业内驱力之间存在显著的正相关关系,假设 H2b 得到验证。

表 4-35 立德树人对创新创业内驱力的回归分析（N=1493）

变量	Y1								
	M3					M6			
	标准化的回归系数			共线性统计		标准化的回归系数			共线性统计
控制变量	β	T	Sig.	Tolerance	VIF	β	T	Sig.	Tolerance	VIF
1	-0.138	-4.653	0.000	0.749	1.335	-0.118	-6.010	0.000	0.749	1.336
2	0.000	-0.017	0.987	0.964	1.037	0.015	0.868	0.385	0.964	1.038
3	-0.015	-0.478	0.633	0.676	1.478	0.029	1.425	0.154	0.675	1.482
4	-0.005	-0.197	0.844	0.943	1.060	0.015	0.850	0.395	0.942	1.061
5	-0.006	-0.211	0.833	0.735	1.361	0.036	1.797	0.073	0.733	1.364
6	-0.043	-1.649	0.099	0.972	1.028	-0.020	-1.173	0.241	0.971	1.029
7	-0.026	-1.003	0.316	0.970	1.031	0.008	0.460	0.645	0.968	1.033
自变量										
X3						0.751	44.054	0.000	0.986	1.014
R^2	0.018					0.575				
△R^2	0.014					0.572				
F	3.989					1940.717				

注:*p<0.05,**p<0.01,***p<0.001。

1=性别,2=年龄,3=学历,4=学籍,5=专业,6=家庭所在地,7=班干部经历,X3=立德树人。

第四章　正式样本研究与论述

模型 M3 以创新创业内驱力为因变量,作控制变量对创新创业内驱力的回归。模型 M6 在模型 M3 的基础上引入自变量立德树人,作立德树人对创新创业内驱力的回归。

由表 4-35 可知,回归模型的 VIF 均小于 10,容忍度均大于 0.1,表明变量之间不存在共线性问题。模型 M6 的 R^2 比模型 M3 增加 0.557（p<0.001）,表明模型 M6 的预测效果优于模型 M3,且立德树人对创新创业内驱力有显著的正向影响（β=0.751,p<0.001）,即立德树人与创新创业内驱力之间存在显著的正相关关系,假设 H2c 得到验证。

表 4-36　教育资源对创新创业领导力的回归分析（N=1493）

变量	\multicolumn{5}{c	}{Y2}					
	\multicolumn{5}{c	}{M7}	\multicolumn{5}{c	}{M8}
	标准化的回归系数			共线性统计		标准化的回归系数			共线性统计	
控制变量	β	T	Sig.	Tolerance	VIF	β	T	Sig.	Tolerance	VIF
1	−0.135	−4.543	0.000	0.749	1.335	−0.138	−6.053	0.000	0.749	1.335
2	0.002	0.068	0.946	0.964	1.037	0.012	0.574	0.566	0.964	1.037
3	0.003	0.108	0.914	0.676	1.478	0.044	1.846	0.065	0.675	1.483
4	−0.001	−0.051	0.959	0.943	1.060	0.025	1.215	0.225	0.941	1.062
5	0.007	0.224	0.823	0.735	1.361	0.034	1.467	0.143	0.734	1.363
6	−0.061	−2.340	0.019	0.972	1.028	−0.031	−1.567	0.117	0.970	1.031
7	−0.049	−1.901	0.058	0.970	1.031	−0.018	−0.908	0.364	0.968	1.033
\multicolumn{11}{c	}{自变量}
X1						0.638	32.033	0.000	0.982	1.018
R^2	\multicolumn{5}{c	}{0.023}	\multicolumn{5}{c	}{0.423}
△R^2	\multicolumn{5}{c	}{0.019}	\multicolumn{5}{c	}{0.420}
F	\multicolumn{5}{c	}{5.093}	\multicolumn{5}{c	}{1026.141}

注：*p<0.05,**p<0.01,***p<0.001。

1=性别,2=年龄,3=学历,4=学籍,5=专业,6=家庭所在地,7=班干部经历,X1=教育资源。

模型 M7 以创新创业领导力为因变量,作控制变量对创新创业领导力的回归。模型 M8 在模型 M7 的基础上引入自变量教育资源,作教育资源对创新创业领导力的回归。

由表 4-36 可知,回归模型的 VIF 均小于 10,容忍度均大于 0.1,表明变量之间不存在共线性问题。模型 M8 的 R^2 比模型 M7 增加 0.400 (p<0.001)表明模型 M8 的预测效果优于模型 M7,且教育资源对创新创业领导力有显著的正向影响(β =0.638, p<0.001),即教育资源与创新创业领导力之间存在显著的正相关关系,假设 H2d 得到验证。

表 4-37 协同特征对创新创业领导力的回归分析(N=1493)

变量	Y2								
	M7				M9			
	标准化的回归系数			共线性统计		标准化的回归系数			共线性统计	
控制变量	β	T	Sig.	Tolerance	VIF	β	T	Sig.	Tolerance	VIF
1	−0.135	−4.543	0.000	0.749	1.335	−0.132	−5.909	0.000	0.749	1.335
2	0.002	0.068	0.946	0.964	1.037	0.011	0.568	0.570	0.964	1.037
3	0.003	0.108	0.914	0.676	1.478	0.056	2.396	0.017	0.673	1.485
4	−0.001	−0.051	0.959	0.943	1.060	0.020	1.014	0.311	0.942	1.062
5	0.007	0.224	0.823	0.735	1.361	0.031	1.390	0.165	0.734	1.362
6	−0.061	−2.340	0.019	0.972	1.028	−0.036	−1.825	0.068	0.971	1.030
7	−0.049	−1.901	0.058	0.970	1.031	−0.022	−1.107	0.268	0.968	1.033
自变量									
X2						0.658	33.842	0.000	0.983	1.017
R^2	0.023					0.449				
△R^2	0.019					0.446				
F	5.093					1145.268				

注:*p<0.05,**p<0.01,***p<0.001。
1= 性别,2= 年龄,3= 学历,4= 学籍,5= 专业,6= 家庭所在地,7= 班干部经历,X2= 协同特征。

第四章 正式样本研究与论述

模型 M7 以创新创业领导力为因变量,作控制变量对创新创业领导力的回归。模型 M9 在模型 M7 的基础上引入自变量协同特征,作协同特征对创新创业领导力的回归。

由表 4-37 可知,回归模型的 VIF 均小于 10,容忍度均大于 0.1,表明变量之间不存在共线性问题。模型 M9 的 R^2 比模型 M7 增加 0.426（p<0.001）,表明模型 M9 的预测效果优于模型 M7,且协同特征对创新创业领导力有显著的正向影响（β=0.658,p<0.001）,即协同特征与创新创业领导力之间存在显著的正相关关系,假设 H2e 得到验证。

表 4-38 立德树人对创新创业领导力的回归分析（N=1493）

变量	\multicolumn{5}{c}{Y2}				
	\multicolumn{5}{c}{M7}	\multicolumn{5}{c}{M10}
	\multicolumn{2}{c}{标准化的回归系数}		\multicolumn{2}{c}{共线性统计}		\multicolumn{2}{c}{标准化的回归系数}		\multicolumn{2}{c}{共线性统计}
控制变量	β	T	Sig.	Tolerance	VIF	β	T	Sig.	Tolerance	VIF
1	−0.135	−4.543	0.000	0.749	1.335	−0.116	−5.414	0.000	0.749	1.336
2	0.002	0.068	0.946	0.964	1.037	0.016	0.846	0.398	0.964	1.038
3	0.003	0.108	0.914	0.676	1.478	0.044	1.959	0.050	0.675	1.482
4	−0.001	−0.051	0.959	0.943	1.060	0.017	0.897	0.370	0.942	1.061
5	0.007	0.224	0.823	0.735	1.361	0.045	2.091	0.037	0.733	1.364
6	−0.061	−2.340	0.019	0.972	1.028	−0.040	−2.127	0.034	0.971	1.029
7	−0.049	−1.901	0.058	0.970	1.031	−0.018	−0.967	0.334	0.968	1.033
\multicolumn{11}{c}{自变量}
X3						0.690	37.058	0.000	0.986	1.014
R^2	\multicolumn{5}{c}{0.023}					\multicolumn{5}{c}{0.493}
△R^2	\multicolumn{5}{c}{0.019}					\multicolumn{5}{c}{0.490}
F	\multicolumn{5}{c}{5.093}					\multicolumn{5}{c}{1373.303}

注:*p<0.05,**p<0.01,***p<0.001。

1=性别,2=年龄,3=学历,4=学籍,5=专业,6=家庭所在地,7=班干部经历,X3=立德树人。

模型 M7 以创新创业领导力为因变量,作控制变量对创新创业领导力的回归。模型 M10 在模型 M7 的基础上引入自变量立德树人,作立德树人对创新创业领导力的回归。

由表 4-38 可知,回归模型的 VIF 均小于 10,容忍度均大于 0.1,表明变量之间不存在共线性问题。模型 M10 的 R^2 比模型 M7 增加 0.470($p<.001$),表明模型 M10 的预测效果优于模型 M7,且立德树人对创新创业领导力有显著的正向影响($\beta=0.690$,$p<0.001$),即立德树人与创新创业领导力之间存在显著的正相关关系,假设 H2f 得到验证。

表 4-39 教育资源对创新创业行动力的回归分析(N=1493)

变量	\multicolumn{5}{c	}{Y3}				
	\multicolumn{5}{c	}{M11}	\multicolumn{5}{c	}{M12}
	\multicolumn{2}{c	}{标准化的回归系数}		\multicolumn{2}{c	}{共线性统计}	\multicolumn{2}{c	}{标准化的回归系数}		\multicolumn{2}{c	}{共线性统计}
控制变量	β	T	Sig.	Tolerance	VIF	β	T	Sig.	Tolerance	VIF
1	−0.136	−4.594	0.000	0.749	1.335	−0.139	−6.150	0.000	0.749	1.335
2	−0.006	−0.245	0.806	0.964	1.037	0.003	0.170	0.865	0.964	1.037
3	0.004	0.122	0.903	0.676	1.478	0.045	1.885	0.060	0.675	1.483
4	−0.005	−0.205	0.837	0.943	1.060	0.021	1.028	0.304	0.941	1.062
5	0.018	0.618	0.536	0.735	1.361	0.046	1.997	0.046	0.734	1.363
6	−0.048	−1.829	0.068	0.972	1.028	−0.018	−0.897	0.370	0.970	1.031
7	−0.062	−2.397	0.017	0.970	1.031	−0.031	−1.548	0.122	0.968	1.033
\multicolumn{11}{c	}{自变量}
X1						0.641	32.411	0.000	0.982	1.018
R^2	\multicolumn{5}{c	}{0.026}	\multicolumn{5}{c	}{0.430}
△R^2	\multicolumn{5}{c	}{0.021}	\multicolumn{5}{c	}{0.426}
F	\multicolumn{5}{c	}{5.591}	\multicolumn{5}{c	}{1050.460}

注:*$p<0.05$,**$p<0.01$,***$p<0.001$。

1=性别,2=年龄,3=学历,4=学籍,5=专业,6=家庭所在地,7=班干部经历,X1=教育资源。

模型 M11 以创新创业行动力为因变量,作控制变量对创新创业行动力的回归。模型 M12 在模型 M11 的基础上引入自变量教育资源,作教育资源对创新创业行动力的回归。

由表 4-39 可知,回归模型的 VIF 均小于 10,容忍度均大于 0.1,表明变量之间不存在共线性问题。模型 M12 的 R^2 比模型 M11 增加 0.404（p<0.001）,表明模型 M12 的预测效果优于模型 M11,且教育资源对创新创业行动力有显著的正向影响（β=0.641, p<0.001）,即教育资源与创新创业行动力之间存在显著的正相关关系,假设 H2g 得到验证。

表 4-40　协同特征对创新创业行动力的回归分析（N=1493）

变量	Y3								
	M11					M13			
	标准化的回归系数			共线性统计		标准化的回归系数			共线性统计
控制变量	β	T	Sig.	Tolerance	VIF	β	T	Sig.	Tolerance	VIF
1	−0.136	−4.594	0.000	0.749	1.335	−0.133	−6.002	0.000	0.749	1.335
2	−0.006	−0.245	0.806	0.964	1.037	0.003	0.154	0.877	0.964	1.037
3	0.004	0.122	0.903	0.676	1.478	0.057	2.437	0.015	0.673	1.485
4	−0.005	−0.205	0.837	0.943	1.060	0.016	0.819	0.413	0.942	1.062
5	0.018	0.618	0.536	0.735	1.361	0.043	1.929	0.054	0.734	1.362
6	−0.048	−1.829	0.068	0.972	1.028	−0.022	−1.143	0.253	0.971	1.030
7	−0.062	−2.397	0.017	0.970	1.031	−0.034	−1.766	0.078	0.968	1.033
自变量										
X2						0.661	34.186	0.000	0.983	1.017
R^2	0.026					0.455				
△R^2	0.021					0.452				
F	5.591					1168.687				

注:*p<0.05, **p<0.01, ***p<0.001。

1= 性别,2= 年龄,3= 学历,4= 学籍,5= 专业,6= 家庭所在地,7= 班干部经历,X2= 协同特征。

模型 M11 以创新创业行动力为因变量，作控制变量对创新创业行动力的回归。模型 M13 在模型 M11 的基础上引入自变量协同特征，作协同特征对创新创业行动力的回归。

由表 4-40 可知，回归模型的 VIF 均小于 10，容忍度均大于 0.1，表明变量之间不存在共线性问题。模型 M13 的 R^2 比模型 M11 增加 0.429（p<0.001），表明模型 M13 的预测效果优于模型 M11，且协同特征对创新创业行动力有显著的正向影响（β=0.661，p<0.001），即协同特征与创新创业行动力之间存在显著的正相关关系，假设 H2h 得到验证。

表 4-41 立德树人对创新创业行动力的回归分析（N=1493）

变量	Y3									
	M11					M14				
	标准化的回归系数			共线性统计		标准化的回归系数			共线性统计	
控制变量	β	T	Sig.	Tolerance	VIF	β	T	Sig.	Tolerance	VIF
1	−0.136	−4.594	0.000	0.749	1.335	−0.117	−5.494	0.000	0.749	1.336
2	−0.006	−0.245	0.806	0.964	1.037	0.008	0.414	0.679	0.964	1.038
3	0.004	0.122	0.903	0.676	1.478	0.045	1.986	0.047	0.675	1.482
4	−0.005	−0.205	0.837	0.943	1.060	0.013	0.686	0.493	0.942	1.061
5	0.018	0.618	0.536	0.735	1.361	0.057	2.647	0.008	0.733	1.364
6	−0.048	−1.829	0.068	0.972	1.028	−0.027	−1.418	0.156	0.971	1.029
7	−0.062	−2.397	0.017	0.970	1.031	−0.031	−1.654	0.098	0.968	1.033
自变量										
X3						0.691	37.220	0.000	0.986	1.014
R^2	0.026					0.496				
△R^2	0.021					0.493				
F	5.591					1385.359				

注：*p<0.05，**p<0.01，***p<0.001。

1=性别，2=年龄，3=学历，4=学籍，5=专业，6=家庭所在地，7=班干部经历，X3=立德树人。

模型 M11 以创新创业行动力为因变量，作控制变量对创新创业行动力的回归。模型 M14 在模型 M11 的基础上引入自变量立德树人，作立德树人对创新创业行动力的回归。

由表 4-41 可知，回归模型的 VIF 均小于 10，容忍度均大于 0.1，表明变量之间不存在共线性问题。模型 M14 的 R^2 比模型 M11 增加 0.470（$p<0.001$），表明模型 M14 的预测效果优于模型 M11，且立德树人对创新创业行动力有显著的正向影响（$\beta=0.691$，$p<0.001$），即立德树人与创新创业行动力之间存在显著的正相关关系，假设 H2i 得到验证。

（二）协同育人对知识转移的回归分析

表 4-42　协同育人对知识转移的回归分析（N=1493）

变量	\multicolumn{8}{c}{Me}							
	\multicolumn{4}{c}{M15}				\multicolumn{4}{c}{M16}			
	标准化的回归系数			共线性统计		标准化的回归系数			共线性统计	
控制变量	β	T	Sig.	Tolerance	VIF	β	T	Sig.	Tolerance	VIF
1	−0.131	−4.412	0.000	0.749	1.335	−0.125	−5.929	0.000	0.749	1.335
2	0.008	0.317	0.751	0.964	1.037	0.020	1.075	0.283	0.964	1.037
3	−0.014	−0.454	0.650	0.676	1.478	0.035	1.597	0.111	0.674	1.483
4	−0.016	−0.617	0.537	0.943	1.060	0.008	0.409	0.682	0.942	1.062
5	0.011	0.375	0.708	0.735	1.361	0.043	2.008	0.045	0.734	1.363
6	−0.054	−2.080	0.038	0.972	1.028	−0.026	−1.432	0.152	0.971	1.030
7	−0.080	−3.092	0.002	0.970	1.031	−0.048	−2.593	0.010	0.968	1.033
\multicolumn{11}{c}{自变量}										
X						0.700	38.068	0.000	0.984	1.017
R^2	\multicolumn{5}{c}{0.025}					\multicolumn{5}{c}{0.506}				
△R^2	\multicolumn{5}{c}{0.020}					\multicolumn{5}{c}{0.504}				
F	\multicolumn{5}{c}{5.345}					\multicolumn{5}{c}{1449.149}				

注：*$p<0.05$，**$p<0.01$，***$p<0.001$。

1= 性别，2= 年龄，3= 学历，4= 学籍，5= 专业，6= 家庭所在地，7= 班干部经历，X= 协同育人。

模型 M15 以知识转移为因变量，作控制变量对知识转移的回归。模型 M16 在模型 M15 的基础上引入自变量协同育人，作协同育人对知识转移的回归。

由表 4-42 可知，回归模型的 VIF 均小于 10，容忍度均大于 0.1，表明变量之间不存在共线性问题。模型 M16 的 R^2 比模型 M15 增加 0.481（$p<0.001$），表明模型 M16 的预测效果优于模型 M15，且协同育人对知识转移有显著的正向影响（$\beta=0.700$，$p<0.001$），即协同育人与知识转移之间存在显著的正相关关系，假设 H3 得到验证。

表 4-43 教育资源对知识传播的回归分析（N=1493）

变量	\multicolumn{4}{c}{Me1}					
	\multicolumn{4}{c}{M17}		\multicolumn{4}{c}{M18}	
	标准化的回归系数			共线性统计		标准化的回归系数			共线性统计	
控制变量	β	T	Sig.	Tolerance	VIF	β	T	Sig.	Tolerance	VIF
1	−0.134	−4.513	0.000	0.749	1.335	−0.137	−6.162	0.000	0.749	1.335
2	0.012	0.466	0.642	0.964	1.037	0.022	1.132	0.258	0.964	1.037
3	−0.019	−.595	0.552	0.676	1.478	0.024	1.012	0.312	0.675	1.483
4	−0.012	−.465	0.642	0.943	1.060	0.015	0.736	0.462	0.941	1.062
5	0.006	0.209	0.835	0.735	1.361	0.034	1.521	0.129	0.734	1.363
6	−0.055	−2.126	0.034	0.972	1.028	−0.025	−1.271	0.204	0.970	1.031
7	−0.072	−2.764	0.006	0.970	1.031	−0.040	−2.025	0.043	0.968	1.033
\multicolumn{11}{c}{自变量}
X1						0.658	33.864	0.000	0.982	1.018
R^2	\multicolumn{5}{c}{0.023}	\multicolumn{5}{c}{0.449}
△R^2	\multicolumn{5}{c}{0.019}	\multicolumn{5}{c}{0.446}
F	\multicolumn{5}{c}{5.069}	\multicolumn{5}{c}{1146.761}

注：*$p<0.05$，**$p<0.01$，***$p<0.001$。

1=性别，2=年龄，3=学历，4=学籍，5=专业，6=家庭所在地，7=班干部经历，X1=教育资源。

模型 M17 以知识传播为因变量,作控制变量对知识传播的回归。模型 M18 在模型 M17 的基础上引入自变量教育资源,作教育资源对知识传播的回归。

由表 4-43 可知,回归模型的 VIF 均小于 10,容忍度均大于 0.1,表明变量之间不存在共线性问题。模型 M18 的 R^2 比模型 M17 增加 0.426（p<0.001）,表明模型 M18 的预测效果优于模型 M17,且教育资源对知识传播有显著的正向影响（$\beta=0.658$, p<0.001）,即教育资源与知识传播之间存在显著的正相关关系,假设 H3a 得到验证。

表 4-44 协同特征对知识传播的回归分析（N=1493）

变量	\multicolumn{8}{c}{Me1}
	\multicolumn{4}{c}{M17}	\multicolumn{4}{c}{M19}
	\multicolumn{2}{c}{标准化的回归系数}	\multicolumn{2}{c}{共线性统计}	\multicolumn{2}{c}{标准化的回归系数}	\multicolumn{2}{c}{共线性统计}
控制变量	β	T	Sig.	Tolerance	VIF	β	T	Sig.	Tolerance	VIF
1	−0.134	−4.513	0.000	0.749	1.335	−0.131	−6.000	0.000	0.749	1.335
2	0.012	0.466	0.642	0.964	1.037	0.022	1.136	0.256	0.964	1.037
3	−0.019	−0.595	0.552	0.676	1.478	0.036	1.561	0.119	0.673	1.485
4	−0.012	−.465	0.642	0.943	1.060	0.010	0.506	0.613	0.942	1.062
5	0.006	0.209	0.835	0.735	1.361	0.032	1.433	0.152	0.734	1.362
6	−0.055	−2.126	0.034	0.972	1.028	−0.029	−1.539	0.124	0.971	1.030
7	−0.072	−2.764	0.006	0.970	1.031	−0.043	−2.266	0.024	0.968	1.033
自变量										
X2						0.676	35.604	0.000	0.983	1.017
R^2	\multicolumn{5}{c}{0.023}	\multicolumn{5}{c}{0.473}
△R^2	\multicolumn{5}{c}{0.019}	\multicolumn{5}{c}{0.470}
F	\multicolumn{5}{c}{5.069}	\multicolumn{5}{c}{1267.649}

注:*p<0.05,**p<0.01,***p<0.001。

1= 性别,2= 年龄,3= 学历,4= 学籍,5= 专业,6= 家庭所在地,7= 班干部经历,X2= 协同特征。

模型 M17 以知识传播为因变量,作控制变量对知识传播的回归。模型 M19 在模型 M17 的基础上引入自变量协同特征,作协同特征对知识传播的回归。

由表 4-44 可知,回归模型的 VIF 均小于 10,容忍度均大于 0.1,表明变量之间不存在共线性问题。模型 M19 的 R^2 比模型 M17 增加 0.450 ($p<0.001$),表明模型 M19 的预测效果优于模型 M17,且协同特征对知识传播有显著的正向影响($\beta=0.676$, $p<0.001$),即协同特征与知识传播之间存在显著的正相关关系,假设 H3b 得到验证。

表 4-45 立德树人对知识传播的回归分析(N=1493)

变量	\multicolumn{9}{c}{Me1}
	\multicolumn{4}{c|}{M17}	\multicolumn{5}{c}{M20}
	\multicolumn{2}{c|}{标准化的回归系数}	\multicolumn{2}{c|}{共线性统计}	\multicolumn{3}{c|}{标准化的回归系数}	\multicolumn{2}{c}{共线性统计}
控制变量	β	T	Sig.	Tolerance	VIF	β	T	Sig.	Tolerance	VIF
1	−0.134	−4.513	0.000	0.749	1.335	−0.115	−5.398	0.000	0.749	1.336
2	0.012	0.466	0.642	0.964	1.037	0.026	1.410	0.159	0.964	1.038
3	−0.019	−0.595	0.552	0.676	1.478	0.022	1.001	0.317	0.675	1.482
4	−0.012	−0.465	0.642	0.943	1.060	0.006	0.331	0.741	0.942	1.061
5	0.006	0.209	0.835	0.735	1.361	0.045	2.093	0.037	0.733	1.364
6	−0.055	−2.126	0.034	0.972	1.028	−0.034	−1.834	0.067	0.971	1.029
7	−0.072	−2.764	0.006	0.970	1.031	−0.040	−2.166	0.030	0.968	1.033
\multicolumn{11}{c}{自变量}
X3						0.694	37.501	0.000	0.986	1.014
R^2	\multicolumn{5}{c|}{0.023}	\multicolumn{5}{c}{0.499}
△R^2	\multicolumn{5}{c|}{0.019}	\multicolumn{5}{c}{0.496}
F	\multicolumn{5}{c|}{5.069}	\multicolumn{5}{c}{1406.302}

注:*$p<0.05$,**$p<0.01$,***$p<0.001$。
1=性别,2=年龄,3=学历,4=学籍,5=专业,6=家庭所在地,7=班干部经历,X3=立德树人。

模型 M17 以知识传播为因变量,作控制变量对知识传播的回归。模型 M20 在模型 M17 的基础上引入自变量立德树人,作立德树人对知识传播的回归。

由表 4-45 可知,回归模型的 VIF 均小于 10,容忍度均大于 0.1,表明变量之间不存在共线性问题。模型 M20 的 R^2 比模型 M17 增加 0.426($p<0.001$),表明模型 M20 的预测效果优于模型 M17,且立德树人对知识传播有显著的正向影响($\beta=0.694$, $p<0.001$),即立德树人与知识传播之间存在显著的正相关关系,假设 H3c 得到验证。

表 4-46 教育资源对知识吸收的回归分析(N=1493)

变量	\multicolumn{4}{c	}{Me2}						
	\multicolumn{5}{c	}{M21}	\multicolumn{5}{c	}{M22}
	标准化的回归系数		共线性统计			标准化的回归系数		共线性统计		
控制变量	β	T	Sig.	Tolerance	VIF	β	T	Sig.	Tolerance	VIF
1	-0.125	-4.206	0.000	0.749	1.335	-0.128	-5.731	0.000	0.749	1.335
2	0.005	0.180	0.857	0.964	1.037	0.015	0.747	0.455	0.964	1.037
3	-0.010	-0.320	0.749	0.676	1.478	0.032	1.364	0.173	0.675	1.483
4	-0.019	-0.733	0.464	0.943	1.060	0.007	0.371	0.710	0.941	1.062
5	0.015	0.508	0.612	0.735	1.361	0.043	1.904	0.057	0.734	1.363
6	-0.052	-1.984	0.047	0.972	1.028	-0.021	-1.086	0.278	0.970	1.031
7	-0.086	-3.291	0.001	0.970	1.031	-0.054	-2.724	0.007	0.968	1.033
\multicolumn{11}{c	}{自变量}
X1						0.655	33.563	0.000	0.982	1.018
R^2	\multicolumn{5}{c	}{0.025}	\multicolumn{5}{c	}{0.446}
△R^2	\multicolumn{5}{c	}{0.020}	\multicolumn{5}{c	}{0.443}
F	\multicolumn{5}{c	}{5.349}	\multicolumn{5}{c	}{1126.476}

注:*$p<0.05$,**$p<0.01$,***$p<0.001$。
1=性别,2=年龄,3=学历,4=学籍,5=专业,6=家庭所在地,7=班干部经历,X2=教育资源。

模型 M21 以知识吸收为因变量,作控制变量对知识吸收的回归。模型 M22 在模型 M21 的基础上引入自变量教育资源,作教育资源对知识吸收的回归。

由表 4-46 可知,回归模型的 VIF 均小于 10,容忍度均大于 0.1,表明变量之间不存在共线性问题。模型 M22 的 R^2 比模型 M21 增加 0.421（p<0.001）,表明模型 M22 的预测效果优于模型 M21,且教育资源对知识吸收有显著的正向影响（β=0.655, p<0.001）,即教育资源与知识吸收之间存在显著的正相关关系,假设 H3d 得到验证。

表 4-47 协同特征对知识吸收的回归分析（N=1493）

变量	\multicolumn{8}{c}{Me2}
	\multicolumn{4}{c}{M21}	\multicolumn{4}{c}{M23}
	\multicolumn{2}{c}{标准化的回归系数}	\multicolumn{2}{c}{共线性统计}	\multicolumn{2}{c}{标准化的回归系数}	\multicolumn{2}{c}{共线性统计}
控制变量	β	T	Sig.	Tolerance	VIF	β	T	Sig.	Tolerance	VIF
1	-0.125	-4.206	0.000	0.749	1.335	-0.121	-5.595	0.000	0.749	1.335
2	0.005	0.180	0.857	0.964	1.037	0.014	0.751	0.453	0.964	1.037
3	-0.010	-0.320	0.749	0.676	1.478	0.045	1.946	0.052	0.673	1.485
4	-0.019	-0.733	0.464	0.943	1.060	0.003	0.145	0.885	0.942	1.062
5	0.015	0.508	0.612	0.735	1.361	0.040	1.847	0.065	0.734	1.362
6	-0.052	-1.984	0.047	0.972	1.028	-0.026	-1.344	0.179	0.971	1.030
7	-0.086	-3.291	0.001	0.970	1.031	-0.057	-2.986	0.003	0.968	1.033
\multicolumn{11}{c}{自变量}
X2						0.678	35.789	0.000	0.983	1.017
R^2	\multicolumn{5}{c}{0.025}	\multicolumn{5}{c}{0.476}
△R^2	\multicolumn{5}{c}{0.020}	\multicolumn{5}{c}{0.474}
F	\multicolumn{5}{c}{5.349}	\multicolumn{5}{c}{1280.872}

注:*p<0.05, **p<0.01, ***p<0.001。
1=性别,2=年龄,3=学历,4=学籍,5=专业,6=家庭所在地,7=班干部经历,X2=协同特征。

第四章 正式样本研究与论述

模型 M21 以知识吸收为因变量,作控制变量对知识吸收的回归。模型 M23 在模型 M21 的基础上引入自变量协同特征,作协同特征对知识吸收的回归。

由表 4-47 可知,回归模型的 VIF 均小于 10,容忍度均大于 0.1,表明变量之间不存在共线性问题。模型 M23 的 R^2 比模型 M21 增加 0.451（p<0.001）,表明模型 M23 的预测效果优于模型 M21,且协同特征对知识吸收有显著的正向影响（$\beta=0.678$, p<0.001）,即协同特征与知识吸收之间存在显著的正相关关系,假设 H3e 得到验证。

表 4-48　立德树人对知识吸收的回归分析（N=1493）

变量	\multicolumn{4}{c}{M21}	\multicolumn{4}{c}{M24}
	\multicolumn{2}{c}{标准化的回归系数}	\multicolumn{2}{c}{共线性统计}	\multicolumn{2}{c}{标准化的回归系数}	\multicolumn{2}{c}{共线性统计}
控制变量	β	T	Sig.	Tolerance	VIF	β	T	Sig.	Tolerance	VIF
1	−0.125	−4.206	0.000	0.749	1.335	−0.106	−4.960	0.000	0.749	1.336
2	0.005	0.180	0.857	0.964	1.037	0.019	1.008	0.314	0.964	1.038
3	−0.010	−0.320	0.749	0.676	1.478	0.031	1.377	0.169	0.675	1.482
4	−0.019	−0.733	0.464	0.943	1.060	−0.001	−0.046	0.964	0.942	1.061
5	0.015	0.508	0.612	0.735	1.361	0.054	2.498	0.013	0.733	1.364
6	−0.052	−1.984	0.047	0.972	1.028	−0.031	−1.634	0.102	0.971	1.029
7	−0.086	−3.291	0.001	0.970	1.031	−0.054	−2.898	0.004	0.968	1.033
自变量										
X3						0.692	37.307	0.000	0.986	1.014
R^2	\multicolumn{5}{c}{0.025}	\multicolumn{5}{c}{0.497}
△R^2	\multicolumn{5}{c}{0.020}	\multicolumn{5}{c}{0.494}
F	\multicolumn{5}{c}{5.349}	\multicolumn{5}{c}{1391.838}

注: *p<0.05, **p<0.01, ***p<0.001。

1= 性别, 2= 年龄, 3= 学历, 4= 学籍, 5= 专业, 6= 家庭所在地, 7= 班干部经历, X3= 立德树人。

模型 M21 以知识吸收为因变量,作控制变量对知识吸收的回归。模型 M24 在模型 M21 的基础上引入自变量立德树人,作立德树人对知识吸收的回归。

由表 4-48 可知,回归模型的 VIF 均小于 10,容忍度均大于 0.1,表明变量之间不存在共线性问题。模型 M24 的 R^2 比模型 M21 增加 0.472（p<0.001）,表明模型 M24 的预测效果优于模型 M21,且立德树人对知识吸收有显著的正向影响（β=0.692, p<0.001）,即立德树人与知识吸收之间存在显著的正相关关系,假设 H3f 得到验证。

（三）知识转移对创新创业能力的回归分析

表 4-49　知识转移对创新创业能力的回归分析（N=1493）

变量	\multicolumn{9}{c	}{Y}
	\multicolumn{4}{c	}{M1}	\multicolumn{5}{c	}{M25}
	标准化的回归系数		共线性统计			标准化的回归系数		共线性统计	
控制变量	β	T	Sig.	Tolerance	VIF	β	T	Sig.	Tolerance	VIF
1	-0.141	-4.743	0.000	0.749	1.335	-0.025	-1.786	0.074	0.739	1.352
2	-0.002	-0.069	0.945	0.964	1.037	-0.009	-.755	0.451	0.964	1.037
3	-0.003	-0.082	0.935	0.676	1.478	0.010	0.690	0.490	0.676	1.479
4	-0.004	-0.157	0.875	0.943	1.060	0.010	0.841	0.401	0.943	1.061
5	0.007	0.224	0.823	0.735	1.361	-0.003	-0.233	0.816	0.735	1.361
6	-0.052	-2.000	0.046	0.972	1.028	-0.004	-0.338	0.735	0.969	1.031
7	-0.048	-1.833	0.067	0.970	1.031	0.024	1.946	0.052	0.964	1.037
\multicolumn{11}{c	}{自变量}
Me						0.886	73.565	0.000	0.975	1.025
R^2	\multicolumn{5}{c	}{0.024}	\multicolumn{5}{c	}{0.790}
△R^2	\multicolumn{5}{c	}{0.019}	\multicolumn{5}{c	}{0.789}
F	\multicolumn{5}{c	}{5.106}	\multicolumn{5}{c	}{5411.830}

注：*p<0.05,**p<0.01,***p<0.001。

1=性别,2=年龄,3=学历,4=学籍,5=专业,6=家庭所在地,7=班干部经历,Me=知识转移。

第四章 正式样本研究与论述

模型 M1 以创新创业能力为因变量,作控制变量对创新创业能力的回归。模型 M25 在模型 M1 的基础上引入自变量知识转移,作知识转移对创新创业能力的回归。

由表 4-49 可知,回归模型的 VIF 均小于 10,容忍度均大于 0.1,表明变量之间不存在共线性问题。模型 M25 的 R^2 比模型 M1 增加 0.766（p<0.001），表明模型 M25 的预测效果优于模型 M1,且知识转移对创新创业能力有显著的正向影响（β=0.886, p<0.001）,即知识转移与创新创业能力之间存在显著的正相关关系,假设 H4 得到验证。

表 4-50 知识传播对创新创业内驱力的回归分析（N=1493）

变量	Y1									
	M3					M26				
	标准化的回归系数			共线性统计		标准化的回归系数			共线性统计	
控制变量	β	T	Sig.	Tolerance	VIF	β	T	Sig.	Tolerance	VIF
1	−0.138	−4.653	0.000	0.749	1.335	−0.029	−1.678	0.094	0.739	1.353
2	0.000	−0.017	0.987	0.964	1.037	−0.010	−.678	0.498	0.964	1.037
3	−0.015	−0.478	0.633	0.676	1.478	0.000	0.010	0.992	0.676	1.479
4	−0.005	−0.197	0.844	0.943	1.060	0.005	0.309	0.757	0.943	1.061
5	−0.006	−0.211	0.833	0.735	1.361	−0.011	−0.653	0.514	0.735	1.361
6	−0.043	−1.649	0.099	0.972	1.028	0.002	0.136	0.892	0.969	1.032
7	−0.026	−1.003	0.316	0.970	1.031	0.032	2.128	0.033	0.965	1.036
自变量										
Me1						0.815	53.732	0.000	0.977	1.024
R^2	0.018					0.667				
△R^2	0.014					0.665				
F	3.989					2887.107				

注：*p<0.05，**p<0.01，***p<0.001。

1=性别,2=年龄,3=学历,4=学籍,5=专业,6=家庭所在地,7=班干部经历,Me1=知识传播。

模型 M3 以创新创业内驱力为因变量,作控制变量对创新创业内驱力的回归。模型 M26 在模型 M3 的基础上引入自变量知识传播,作知识传播对创新创业内驱力的回归。

由表 4-50 可知,回归模型的 VIF 均小于 10,容忍度均大于 0.1,表明变量之间不存在共线性问题。模型 M26 的 R^2 比模型 M3 增加 0.649（p<0.001),表明模型 M26 的预测效果优于模型 M3,且知识传播对创新创业内驱力有显著的正向影响($\beta=0.815$, p<0.001),即知识传播与创新创业内驱力之间存在显著的正相关关系,假设 H4a 得到验证。

表 4-51 知识吸收对创新创业内驱力的回归分析（N=1493）

变量	Y1									
	M3					M27				
	标准化的回归系数			共线性统计		标准化的回归系数			共线性统计	
控制变量	β	T	Sig.	Tolerance	VIF	β	T	Sig.	Tolerance	VIF
1	-0.138	-4.653	0.000	0.749	1.335	-0.036	-2.099	0.036	0.740	1.351
2	0.000	-0.017	0.987	0.964	1.037	-0.004	-0.283	0.777	0.964	1.037
3	-0.015	-0.478	0.633	0.676	1.478	-0.007	-0.375	0.708	0.676	1.478
4	-0.005	-0.197	0.844	0.943	1.060	0.011	0.691	0.490	0.943	1.061
5	-0.006	-0.211	0.833	0.735	1.361	-0.019	-1.078	0.281	0.735	1.361
6	-0.043	-1.649	0.099	0.972	1.028	-0.001	-0.053	0.957	0.970	1.031
7	-0.026	-1.003	0.316	0.970	1.031	0.044	2.892	0.004	0.963	1.038
自变量										
Me2						0.818	54.251	0.000	0.975	1.025
R^2	0.018					0.671				
△R^2	0.014					0.669				
F	3.989					2943.127				

注:*p<0.05, **p<0.01, ***p<0.001。

1=性别,2=年龄,3=学历,4=学籍,5=专业,6=家庭所在地,7=班干部经历,8=知识吸收。

模型 M3 以创新创业内驱力为因变量,作控制变量对创新创业内驱力的回归。模型 M27 在模型 M3 的基础上引入自变量知识吸收,作知识吸收对创新创业内驱力的回归。

由表 4-51 可知,回归模型的 VIF 均小于 10,容忍度均大于 0.1,表明变量之间不存在共线性问题。模型 M27 的 R^2 比模型 M3 增加 0.653 (p<0.001),表明模型 M27 的预测效果优于模型 M33,且知识吸收对创新创业内驱力有显著的正向影响($\beta=0.818$, p<0.001),即知识吸收与创新创业内驱力之间存在显著的正相关关系,假设 H4b 得到验证。

表 4-52 知识传播对创新创业领导力的回归分析(N=1493)

变量	Y2									
	M7					M28				
	标准化的回归系数			共线性统计		标准化的回归系数			共线性统计	
控制变量	β	T	Sig.	Tolerance	VIF	β	T	Sig.	Tolerance	VIF
1	-0.135	-4.543	0.000	0.749	1.335	-0.022	-1.361	0.174	0.739	1.353
2	0.002	0.068	0.946	0.964	1.037	-0.008	-.604	0.546	0.964	1.037
3	0.003	0.108	0.914	0.676	1.478	0.019	1.136	0.256	0.676	1.479
4	-0.001	-0.051	0.959	0.943	1.060	0.009	0.635	0.526	0.943	1.061
5	0.007	0.224	0.823	0.735	1.361	0.001	0.090	0.929	0.735	1.361
6	-0.061	-2.340	0.019	0.972	1.028	-0.014	-1.016	0.310	0.969	1.032
7	-0.049	-1.901	0.058	0.970	1.031	0.011	0.800	0.424	0.965	1.036
自变量										
Me1						0.843	60.491	0.000	0.977	1.024
R^2	0.023					0.718				
△R^2	0.019					0.717				
F	5.093					3659.197				

注:*p<0.05,**p<0.01,***p<0.001。

1=性别,2=年龄,3=学历,4=学籍,5=专业,6=家庭所在地,7=班干部经历,Me1=知识传播。

模型 M7 以创新创业领导力为因变量,作控制变量对创新创业领导力的回归。模型 M28 在模型 M7 的基础上引入自变量知识传播,作知识传播对创新创业领导力的回归。

由表 4-52 可知,回归模型的 VIF 均小于 10,容忍度均大于 0.1,表明变量之间不存在共线性问题。模型 M28 的 R^2 比模型 M7 增加 0.695 (p<0.001),表明模型 M28 的预测效果优于模型 M7,且知识传播对创新创业领导力有显著的正向影响(β =0.843,p<0.001),即知识传播与创新创业领导力之间存在显著的正相关关系,假设 H4c 得到验证。

表 4-53 知识吸收对创新创业领导力的回归分析(N=1493)

变量	Y2									
	M7					M29				
	标准化的回归系数			共线性统计		标准化的回归系数			共线性统计	
控制变量	β	T	Sig.	Tolerance	VIF	β	T	Sig.	Tolerance	VIF
1	−0.135	−4.543	0.000	0.749	1.335	−0.030	−1.848	0.065	0.740	1.351
2	0.002	0.068	0.946	0.964	1.037	−0.002	−0.154	0.878	0.964	1.037
3	0.003	0.108	0.914	0.676	1.478	0.012	0.696	0.486	0.676	1.478
4	−0.001	−0.051	0.959	0.943	1.060	0.015	1.043	0.297	0.943	1.061
5	0.007	0.224	0.823	0.735	1.361	−0.006	−0.374	0.709	0.735	1.361
6	−0.061	−2.340	0.019	0.972	1.028	−0.017	−1.239	0.215	0.970	1.031
7	−0.049	−1.901	0.058	0.970	1.031	0.023	1.593	0.111	0.963	1.038
自变量										
Me2						0.841	59.792	0.000	0.975	1.025
R^2	0.023					0.714				
△ R^2	0.019					0.712				
F	5.093					3575.054				

注:*p<0.05,**p<0.01,***p<0.001。

1= 性别,2= 年龄,3= 学历,4= 学籍,5= 专业,6= 家庭所在地,7= 班干部经历,Me2= 知识吸收。

第四章 正式样本研究与论述

模型 M7 以创新创业领导力为因变量,作控制变量对创新创业领导力的回归。模型 M29 在模型 M7 的基础上引入自变量知识吸收,作知识吸收对创新创业领导力的回归。

由表 4-53 可知,回归模型的 VIF 均小于 10,容忍度均大于 0.1,表明变量之间不存在共线性问题。模型 M29 的 R^2 比模型 M7 增加 0.591 ($p<0.001$),表明模型 M29 的预测效果优于模型 M7,且知识吸收对创新创业领导力有显著的正向影响($\beta=0.841$, $p<0.001$),即知识吸收与创新创业领导力之间存在显著的正相关关系,假设 H4d 得到验证。

表 4-54 知识传播对创新创业行动力的回归分析(N=1493)

变量	\multicolumn{4}{c	}{Y3}					
	\multicolumn{4}{c	}{M11}		\multicolumn{4}{c	}{M30}	
	标准化的回归系数			共线性统计		标准化的回归系数			共线性统计	
控制变量	β	T	Sig.	Tolerance	VIF	β	T	Sig.	Tolerance	VIF
1	−0.136	−4.594	0.000	0.749	1.335	−0.018	−1.298	0.194	0.739	1.353
2	−0.006	−0.245	0.806	0.964	1.037	−0.017	−1.383	0.167	0.964	1.037
3	0.004	0.122	0.903	0.676	1.478	0.020	1.363	0.173	0.676	1.479
4	−0.005	−0.205	0.837	0.943	1.060	0.005	0.430	0.667	0.943	1.061
5	0.018	0.618	0.536	0.735	1.361	0.013	0.916	0.360	0.735	1.361
6	−0.048	−1.829	0.068	0.972	1.028	0.001	0.092	0.927	0.969	1.032
7	−0.062	−2.397	0.017	0.970	1.031	0.001	0.079	0.937	0.965	1.036
自变量										
8						0.880	71.593	0.000	0.977	1.024
R^2	\multicolumn{5}{c	}{0.026}	\multicolumn{5}{c	}{0.781}
△R^2	\multicolumn{5}{c	}{0.021}	\multicolumn{5}{c	}{0.780}
F	\multicolumn{5}{c	}{5.591}	\multicolumn{5}{c	}{5125.563}

注:*$p<0.05$,**$p<0.01$,***$p<0.001$。

1=性别,2=年龄,3=学历,4=学籍,5=专业,6=家庭所在地,7=班干部经历,8=知识传播。

模型 M11 以创新创业行动力为因变量,作控制变量对创新创业行动力的回归。模型 M30 在模型 M11 的基础上引入自变量知识传播,作知识传播对创新创业行动力的回归。

由表 4-54 可知,回归模型的 VIF 均小于 10,容忍度均大于 0.1,表明变量之间不存在共线性问题。模型 M30 的 R^2 比模型 M11 增加 0.755（p<0.001）,表明模型 M30 的预测效果优于模型 M11,且知识传播对创新创业行动力有显著的正向影响（β=0.880,p<0.001）,即知识传播与创新创业行动力之间存在显著的正相关关系,假设 H4e 得到验证。

表 4-55　知识吸收对创新创业行动力的回归分析（N=1493）

变量	Y3								
	M11				M31				
	标准化的回归系数			共线性统计		标准化的回归系数			共线性统计	
控制变量	β	T	Sig.	Tolerance	VIF	β	T	Sig.	Tolerance	VIF
1	−0.136	−4.594	0.000	0.749	1.335	−0.026	−1.865	0.062	0.740	1.351
2	−0.006	−0.245	0.806	0.964	1.037	−0.011	−0.856	0.392	0.964	1.037
3	0.004	0.122	0.903	0.676	1.478	0.013	0.854	0.393	0.676	1.478
4	−0.005	−0.205	0.837	0.943	1.060	0.012	0.932	0.351	0.943	1.061
5	0.018	0.618	0.536	0.735	1.361	0.005	0.362	0.718	0.735	1.361
6	−0.048	−1.829	0.068	0.972	1.028	−0.002	−0.169	0.866	0.970	1.031
7	−0.062	−2.397	0.017	0.970	1.031	0.013	1.064	0.288	0.963	1.038
自变量										
Me2						0.881	71.893	0.000	0.975	1.025
R^2	0.026					0.783				
△R^2	0.021					0.781				
F	5.591					5168.614				

注：*p<0.05,**p<0.01,***p<0.001。

1= 性别,2= 年龄,3= 学历,4= 学籍,5= 专业,6= 家庭所在地,7= 班干部经历,Me2= 知识吸收。

第四章　正式样本研究与论述

模型 M11 以创新创业行动力为因变量,作控制变量对创新创业行动力的回归。模型 M31 在模型 M11 的基础上引入自变量知识吸收,作知识吸收对创新创业行动力的回归。

由表 4-55 可知,回归模型的 VIF 均小于 10,容忍度均大于 0.1,表明变量之间不存在共线性问题。模型 M31 的 R^2 比模型 M11 增加 0.757（p<0.001）,表明模型 M31 的预测效果优于模型 M11,且知识传播对创新创业行动力有显著的正向影响（β=0.881, p<0.001）,即知识吸收与创新创业行动力之间存在显著的正相关关系,假设 H4f 得到验证。

（四）知识转移的中介作用检验

根据 Baron & Kenny（1986）提出的中介效应检验方法。结合本次研究主题,一共需要通过四步进行检验。
（1）协同育人对创新创业能力影响显著。（M2）
（2）协同育人对知识转移影响显著。（M16）
（3）知识转移对创新创业能力影响显著。（M25）
（4）将协同育人、知识转移同时作为自变量代入回归方程解释因变量创新创业能力时,知识转移的效应显著而协同育人的效应消失（完全中介）或者减弱（部分中介）。同理,对知识传播与知识吸收代入检验中介效应。

本文根据以上的中介效应检验方法,已经完成了前三步,对应的模型分别为 M2、M16、M25。接下来检验第四步。模型 M2 以创新创业能力为因变量,同时引入自变量协同育人与知识转移进行回归分析。

表 4-56　知识转移的中介作用回归分析（N=1493）

控制变量	M2	M32	M33	M34
1	-0.135	-0.041	-0.043	-0.050
2	0.010	-0.005	-0.007	-0.001
3	0.049	0.022	0.027	0.021
4	0.021	0.015	0.012	0.017
5	0.039	0.007	0.012	0.006

续表

控制变量	M2	M32	M33	M34
6	−0.024	−0.004	−0.004	−0.006
7	−0.014	0.021	0.014	0.024
自变量				
X	0.721	0.198	0.227	0.227
Me		0.746		
Me1			0.715	
Me2				0.716
R^2	0.535	0.809	0.794	0.795
△R^2	0.532	0.808	0.793	0.793
F	1629.701	3058.549	2774.887	2784.458
Tolerance	0.674	0.492	0.507	0.508
VIF	1.483	2.026	1.971	1.970

注：*$p<0.05$，**$p<0.01$，***$p<0.001$。

1=性别，2=年龄，3=学历，4=学籍，5=专业，6=家庭所在地，7=班干部经历，X=协同育人，Me=知识转移，Me1=知识传播，Me2=知识吸收。

由表 4-56 可知，回归模型的 VIF 均小于 10，容差均大于 0.1，说明变量之间不存在共线性问题。在中介模型检验中，M32 在 M2 的基础之上，引入中介变量知识转移，M32 比 M2 的 R^2 增加了 0.274，知识转移（β=0.746，p<0.001）在协同育人（β=0.198，p<0.001）和创新创业能力之间起着部分中介的作用。知识转移对协同育人模型与创新创业能力起着显著性的正向影响，假设 H5 得到验证。

同理，M33 在 M2 的基础之上，引入中介变量知识传播，M33 比 M2 的 R^2 增加了 0.259，知识传播（β=0.715，p<0.001）在协同育人（β=0.227，p<0.01）和创新创业能力之间起着部分中介的作用。知识传播对协同育人模型与创新创业能力有显著的正向影响，假设 H5a 得到验证。此外，M34 在 M2 的基础之上，引入中介变量知识吸收，M34 比 M2 的 R^2 增加了 0.260，知识吸收（β=0.716，p<0.001）在协同育人（β=0.227，p<0.001）和创新创业能力之间起着部分中介的作用。知识

第四章 正式样本研究与论述

吸收对协同育人模型与创新创业能力有显著的正向影响,假设 H5b 得到验证。

四、研究发现

研究框架在一开始就已经建立好。在查阅文献、收集数据并进行分析之后,根据自变量与因变量之间的假设验证以及划分维度之间的关系进行进一步分析。

表 4-57 假设检验结果验证情况汇总表

假设	项目内容	结论
H1	高校协同育人、知识转移与创新创业能力会因不同的人口学变量而有显著差异	部分支持
H1a	性别对协同育人、知识转移和创新创业能力有显著性的差异	部分支持
H1b	年龄对协同育人、知识转移和创新创业能力有显著性的差异	部分支持
H1c	学历对协同育人、知识转移和创新创业能力有显著性的差异	部分支持
H1d	学籍(地域)对协同育人、知识转移和创新创业能力有显著性的差异	部分支持
H1e	独生子女情况对协同育人、知识转移和创新创业能力有显著性的差异	不支持
H1f	专业对协同育人、知识转移和创新创业能力有显著性的差异	支持
H1g	家庭所在地对协同育人、知识转移和创新创业能力有显著性的差异	部分支持
H1h	班干部经历对协同育人、知识转移和创新创业能力有显著性的差异	部分支持
H2	高质量发展视域下的思想政治教育与创新创业教育的协同育人模式在影响学生的创新创业能力存在正向交互作用	支持
H2a	协同育人的教育资源维度显著正向影响学生创新创业的内驱力	支持
H2b	协同育人的协同特征维度显著正向影响学生创新创业的内驱力	支持
H2c	协同育人的立德树人维度显著正向影响学生创新创业的内驱力	支持
H2d	协同育人的教育资源维度显著正向影响学生创新创业的领导力	支持
H2e	协同育人的协同特征维度显著正向影响学生创新创业的领导力	支持

续表

假设	项目内容	结论
H2f	协同育人的立德树人维度显著正向影响学生创新创业的领导力	支持
H2g	协同育人的教育资源维度显著正向影响学生创新创业的行动力	支持
H2h	协同育人的协同特征维度显著正向影响学生创新创业的行动力	支持
H2i	协同育人的立德树人维度显著正向影响学生创新创业的行动力	支持
H3	协同育人与知识转移呈正相关关系	支持
H3a	协同育人的教育资源维度正向显著影响知识传播	支持
H3b	协同育人的协同特征维度正向显著影响知识传播	支持
H3c	协同育人的立德树人维度正向显著影响知识传播	支持
H3d	协同育人的教育资源维度正向显著影响知识吸收	支持
H3e	协同育人的协同特征维度正向显著影响知识吸收	支持
H3f	协同育人的立德树人维度正向显著影响知识吸收	支持
H4	知识转移与创新创业能力呈正相关关系	支持
H4a	知识传播正向显著影响大学生的创新创业的内驱力	支持
H4b	知识吸收正向显著影响大学生的创新创业的内驱力	支持
H4c	知识传播正向显著影响大学生的创新创业的领导力	支持
H4d	知识吸收正向显著影响大学生的创新创业的领导力	支持
H4e	知识传播正向显著影响大学生的创新创业的行动力	支持
H4f	知识吸收正向显著影响大学生的创新创业的行动力	支持
H5	知识转移在思想政治教育与创新创业教育的协同教育对大学生的创新创业能力中存在中介效应	支持
H5a	知识传播在协同育人三维度与创新创业能力三维度间起中介作用	支持
H5b	知识传吸收在协同育人三维度与创新创业能力三维度间起中介作用	支持

第四章 正式样本研究与论述

【本章小结】

本章是本研究的重点部分,首先介绍了大样本数据的收集方式、方法。然后利用 SPSS 等软件对研究假设进行了检验。具体的检验方法包括独立样本的 T 检验、单因素方差分析、相关分析、偏相关分析、回归分析等。最后对假设检验的结果进行了总结和归纳。

第三篇
未来发展以及建议

　　以高校学生为研究对象,通过定性与定量相结合的混合研究方法,在遵循学术道德与育人规律的基础上,进行了精准的理论推演与归纳汇总。构建了协同育人、知识转移、创新创业能力之间的关系模型,通过实证分析检验它们之间的关系假设,同时验证了协同育人、知识转移、创新创业能力在人口统计学变量上的差异结果。

　　本篇分为三个主要的部分。第五章对研究假设的检验结果进行综合分析。第六章在对研究结果进行汇总的基础上,总结有效性并提出相对应的问题解决建议,期冀能对高校协同育人、知识转移、学生创新创业能力方面起到良好的效用。第七章主要是总结研究中的不足,并提出高校协同育人的未来发展方向。

第五章 研究总结与论述

首先,通过前面部分的文献综述和概念模型的构建,本研究提出在高质量发展视域下高校开展立德树人工作,进行协同育人和知识转移对学生创新创业能力的影响效用研究,建立了以高校协同育人—知识转移—创新创业能力之间的关系机制为主脉络的理论研究分析模型。

其次,结合具体的研究情境与范围选择,将高校协同育人确定为立德树人、教育资源、协同特征三个子维度,将知识转移分为知识传播、知识转移两个子维度,将学生的创新创业能力确定为内驱力、领导力、行动力三个维度。通过相关分析、回归分析等分析方法对理论模型进行了假设检验。

再次,在人口学变量中,是否是独生子女的情况并不影响对三个主要变量的接受与认可程度。由此推断,学生能够认识到自身面对的压力与挑战,承认知识学习与创新的重要性。除独生子女外其他的人口控制变量分析显示,均对主要变量有不同程度的影响。因此,通过夯实学理基础,形成整体性与具体性相统一的体系构建;通过整合多种有效资源,达到沉浸式与立体化相融合的育人模式更新;通过成果导向的育人要求,协同教育应用于高校育人过程中,同样需要秉持因材施教、尊重学生主体的原则,实现主阵地与主渠道的协同效用。

最后,根据数据实证分析结果,表明协同育人、知识转移各维度对学生的创新创业能力的三个子维度均具有重要的积极的正向影响效用。

围绕本次研究的主题,通过对高校师生半结构性访谈与实证研究,可以更加直观地呈现出协同育人、知识转移、创新创业能力三者之间的关系建构。协同育人模型的学术研究与实际应用经过一段时期的发展,尽管取得了不少成果,以马克思主义唯物辩证法的角度来看,这个模型在实际中进一步的运用还存在一些有待完善的地方。

第五章　研究总结与论述

一、重理论教学,轻实践教学

实践教学的部分提升,不只是简单的时间长度的增加和空间范围的扩大,更重要的是对于日常教学中涉及实践训练部分的内在本质提升。

对教师而言,理论与实践的协调,对于不同的教育和背景不同的学生,有着差异化的实习实训要求。"教师3号、14号"文件中提到"创新意识、创业能力的培养若只停留在纸上谈兵阶段,会导致教学容易空泛、机械、形式化,难以形成统一的整体,使协同育人功效打折"。"教师6号、16号、17号"均提出"实施情况一般,理论知识讲授没问题,但是实际应用较少。现阶段教育中的理论教育比例往往高于实践训练"。"教师10号"提到"思政课程偏理论多一些,创业创新课程偏实践多一些。"此外,"教师12号"提到"由于教师时间和精力有限,学生参与科研活动通常是作为实验课程安排的,很少有大量连续时间可以让学生深入钻研;教师对学生实践的过程指导也是比较欠缺。""教师9号、13号、15号、20号"均提到"由于部分学生参与实践积极性不高",教师的积极性也会受到影响。

对学生而言,高校协同教育过程中,尽管关注到实践能力的重要性,但开展的理论与实践协调方面存在不足。具体表现为:二者的转化与衔接不顺畅,获取系统连续的锻炼机会阶段分布不均。"学生2号"提到"要以实践为主",只有自己体验过的才能称之为"经验",只是听说那就永远都是"故事"。"学生3号"提到"老师通过讲述自己的经历或者典型案例,拉近我们与创业的距离。但是实践活动方面有待完善"。"学生4号"提到"理论知识很扎实,实践方面有待加强"。"学生11号"提到"光有理论知识而无实践能力,缺乏经验"。

二、重教育普遍性,轻教育差异性

即使在同一所院校、同一个专业、同一个班级的学生,在学生个体化上也存在着差异。学生的学龄、家庭环境、个性等特征,都会对协同教育的开展产生影响。协同教育在进行中,仍主要以广普式的形式进行,忽视对教育对象进行精准化教育。

由于缺乏精准的督促与管理,加之大学生自身的身心结构特点与生活环境因素的影响,他们缺乏独立自主的解决问题能力,形成对他人的依赖性过强。"学生1号"文件提到"习惯在教师的监督与安排下进行学习,而且对于线上授课表示不如教师面授的效果"。"学生8号"提到"不仅缺少实践经验,而且缺少自己的想法;面临风险时,总想着依靠别人的帮助。即使想要尝试,也害怕没有成功的机会"。

因受到班级容量、教师配比等因素的影响,仍以课堂为单位进行授课的方式居多,但每个受教育者都是一个独立实践能力和思考能力的个体,所以比较容易忽略学生自身的发展需求。彻底落实有针对性地教育,还需要多方面的协调配合。"教师2号"提到"因为青少年时期的性格特征与价值观的不稳定性,纯说教性质的教育难以被受教育者认同并接受"。"教师18号"提到"部分学生由于家庭环境、思想认知、自身能力等因素并不适合创业"。

三、重知识传授,轻素养提升

知识作为个人素质养成的其中一个重要组成部分,有着不可替代的重要性。但是素养的其他方面的培养也有着各自的效用。知识和素养之间不能简单地评价对比。尤其是素养难以用考试测量,也难以用文字、数字进行标记。协同教育并不等同于两类教育的理论知识叠加,更看重的是蕴含的显性与隐性因素对学生素养的培育与有效引导。

尽管高校能够及时地传播知识理论信息,但是学生在掌握政策信息方面还存在逻辑思考能力欠佳的问题。体现为零散化、片面化、形式化的接收与分析能力。"学生5号"提到"政策能够及时传达给学生,但是自己对这个解读并不透彻,对于大学生就业来说有一定的影响。""学生12号"提到"自己主动了解的知识准确性低,及时性差"。"学生7号"提到"对专业的创业知识掌握不充分,不及时"。

传统的教育往往关注知识的获取与运用。作为未来的建设者面对的压力,不仅仅是个人知识储备的竞争,在很大程度是体能的抗衡。"教师1号"提到"除了要有扎实的理论知识之外,一个好的创业者也一定要具有良好的社交能力和健康的身体,这样才能保证创业之路平坦而顺畅。"此外,压力如果能够成功地转化,将会给人带来前进的意愿和动力。可是,处于身心发展期的大学生而言,面对压力与矛盾的时候,抗压力较差。"学生6号"提到"缺乏受挫能力,不敢勇于面对困难,容易轻易放弃"。"学生9号"提到"抗压能力不足,解压方式局限"。"学生13号"提到"难以承受与处理各类压力"。

四、重目标设定,轻要素整合

为建设创新型国家培养可用人才,是协同模型建构的初衷。但是在实际教育过程中,在某一特定阶段存在组成要素彼此协调、融合发展不足等现象。

通过半结构化访谈,在部分高校协同育人对于两种教育的内容融合还不够密切,有时会出现偏重其中一方面的问题。"教师19号"文件提到"个别管理者对思政教育对创新创业的影响作用重视不够。此外,创新创业教育过于依赖思想政治教育,没有依据创新创业的内容进行教学内容的设计"。"教师10号"提到"思政课程和创业创新课程都完成得不错,但是个人认为两者之间在内容方面仍缺少沟通和协作,协同效果有待提升"。

从事专门的协同育人工作的师资力量较为欠缺。在秉持立德树人理念指导下,两类教育的教师相互融合,共同承担教学任务,开展育人工作。"教师4号"提出"几乎没有专门从事专门教育的教师,需要提高师资力量的培养。首先需要教师能够拥有协同育人的能力"。"教师6号"提出"协同的教学偶尔会有空洞的现象,因为大多数教师没有实战经验。""教师8号"提出"协同育人中,教师协同素养的完善与保障是难点之一。""教师11号"提出"计划投入的协同教育的精力和工作量目前无法量化测评"。"教师5号"指出"一些高校中并没有真正具备协同育人能力的教师队伍"。

在专业背景与创新创业能力的关系实证研究来看,由于专业发展的差异化,造成学生对于创新创业的重视程度不一致,而且结果转化方面,得到成果理想转化难度较大。"教师7号"提到"艺术类,计算机类、机械类专业等有充足的竞赛与实践实操,会比较容易出成绩。外语系因在一定程度内缺乏新意,创新实践力较弱"。"教师9号"提出"两种教育协同育人最大的难点是经济社会,特别是科学技术日新月异快速变化,使得教育协同与学生未来需要间会存在种种差异,教学与未来需求间的联系紧密度和时效性难以把握"。

第六章 未来发展建议与研究方向

第一节 协同育人发展建议

从"虚、实""思、练""内、外""测、评"几个辩证逻辑方面,对高校、教师、学生三个教育的参与主体提出可行性的建议,有针对性地解决上述研究分析中出现的问题。

一、对高校育人效用的建议

高校常常通过群体效应、系统化的模式影响受教育者。紧紧围绕创新型人才的成果导向作为培养目标,以守正为根本,以创新为关键,不断推动完善教育中各个环节的协调、融合、互助,实现可持续发展。

(一)提升教育资源的育人效用

坚持以制度资源与国家性质相匹配为教育改革方向,坚持历史文化资源和社会发展相结合为精神意蕴传承,坚持物质设施与软实力资源相协调为教学发展保障。教育者需要不断更新教育理念,以敏锐的观察力挖掘、融合有益有效的教育资源,重视融合传统与现代优秀资源,发挥各类资源中蕴涵的育人价值。

一方面,在资源融合发展利用的基础上,既要深化理论底蕴,又要不断增强协同教育的生动性与趣味性,提升此教育的魅力。做好顶层设计,统筹安排,定期邀请专家、学者、成功的企业家、媒体、"网络大V"等从多个层面参与到育人这一任务当中,多方位提升主体参与度。另一方面,无论线上还是线下教学均以求真务实的态度深入调查研究,围绕学生最关心的主题和最迷茫的问题,进行理论的宣传解读,运用课堂的互动交流与实践的体验感受,引导辩证逻辑思维的养成,激发他们内在的创新意识,培养抗压能力。此外,在教材资源方面,需要尊重学生的主体性,重视教材的实用性,采用能够适应不断变化发展的时代性强、传承性优的系列配套教材。

(二)保障优秀文化弘扬与传承

高校为培养社会发展的未来建设者,不仅需要考虑文化精髓传承的因素,还需要立足客观实际的教育对象与教育环境,进行具有可操作性的规划。从现实与未来相结合的角度去解读国内外优秀文化,将优秀文化中蕴含的求实、拼搏、严谨、坚毅、超越等精神元素逐步融入协同教育氛围当中,形成文化育人的健康正向环境。

为了增强协同教育的真实性和实效性,全国各地高校充分利用所在地区的文化特色,积极开展全方位、多类型、多渠道的实践教学活动。协同教育要根据地域文化特色,组织学生参加创业大赛、创业培训,并定期进行企业参观学习与实习实训,使学生从中感受企业创立与成长的艰辛,在实践中感受企业氛围与其文化制度,促进学生在实践体验中逐步明确今后的发展目标。此外,定期组织参观博物馆、科技馆、革命英雄纪念馆等,让学生感受中国特有的历史文化底蕴,认识到创新对国家的重要性。通过传统文化节日,影响学生的文化认同与历史责任,注意避免"泛节日化"[382]现象出现,达到有效激发学生的爱国热情与创新意愿的教育目标。主动邀请社会层面有影响力的道德模范与党员先锋等先进群体的代表,为学生提供榜样示范的影响力量。

重视地域文化融入教育过程,积极利用日常与专业两种类型,进行创新型人才能力的提升。在分析山西高校创新创业教育模式与晋商精神的关系的基础上,开发、构建了一份量表(见附录五),主要用于衡量中国高校创新创业的日常教育和专业教育。共有446名大学生参与了这项调查,研究表明创新创业教育模式对促进晋商精神传承具有积极作用。一方面,日常的创新创业教育与专业教育在内容上有着密切的联系。另一方面，日常创新创业教育与晋商精神的相关性高于专业创新创业教育与晋商精神的相关性。因此，可以得出结论，在日常的创新创业教育中，更容易实现对晋商精神的传承和影响。[383]

（三）加大产学研创新融合力度

为了克服传统教学中存在的弊端、提高大学的人才培养质量、适应区域经济的转型发展，探寻各主体之间良性循环发展模式，我们应积极创建产学研联盟、校企联合，校社（区）深度合作。全方位提升产教融合的创新水平，构建不断完善的共享平台，实现与社会、企业的紧密结合。在融合的过程中，形成协同创新的合力，促使培养出的人才更具时代性。

负责学生指导的教师或工作人员，要提前收集整理思想政治教育与创新创业教育协同的成功案例，讲授给学生群体。学校各部门与企业通力协作，共同致力于合格人才的培养目标。L学院不仅要求思政教育融入教学各个环节，同时要求思政教育服务专业需要。学院设有思想政治理论教学研究部，该部以提升育人质量为目标、满足学生成长需求为基点，定期根据学情的需要开展专题研究和集体备课。招生就业工作部面向全院学生开设就业创业指导课。校企合作部为学生提供近70个校外实训基地用于专业的技能实践。学院不仅定期召开毕业生就业创业工作推进会，还在每年上半年举办"启业之星"大学生创新创业大赛，积极举办院级技能大赛，组织学生参加国家级、省部级技能大赛，提高学生的创新创业能力和技能水平。

（四）健全师生评价反馈机制

以协同育人综合改革试点为契机，以推动人才培养理念和培养方式变革为着眼点，从学校、职能部门、学院三个层级，统一思想认识，构建长效机制，扎实有序地推进，努力培养有担当民族复兴大任的时代新人。成立协同育人综合改革工作推进领导小组、工作小组、育人小组等团队，建立联席会议制度和工作简报制度，构建党委统一领导、部门分工负责、全员协同参与的责任体系。

将立德树人的目标融入考核评价机制当中，将学生管理、奖惩细则、申诉处理等方面逐步与高校的教育相结合。完善心理健康引导，重视评价机制、反馈机制、鼓励机制的建设与发展,重视对教师和学生双向的道德、品行考核。划分校院两级职责,聚焦"协同育人"建设重要领域和薄弱环节,完善监督和评价机制,以高站位、高标准、高水平推进学生教育工作。

教学模式上要采用启发式、探究式等多元化教学手段,实施小班化、研讨式教学,融入项目制、案例分析等实战训练,强化跨学科交叉融合,提升学生的创新意识与实践能力。评价机制上要打破单一的分数评价体系,引入多元化的评价标准,如创新成果、团队协作能力、社会影响力等,形成对创新人才的全面、客观、科学的评价机制,激发其内在创新动力。

二、对教职工育人效用的建议

发挥教师在立德树人中的主导作用。提升意识形态安全性教育,树立统筹协同的发展理念。[384]自觉增强道德自律意识,克己修为,增强教书育人的责任感与使命感,以教师自身的思想道德力量感染学生,以务实求真的学术研究态度督促学生,以严谨进步的言行规范学生。

(一)牢记立德树人的育人使命

尊重教育对象的主体地位,避免单纯机械式的理论灌输。结合立德树人教育理念对学生进行思想引导,积极开展各类型的教育模式,让学生在理论与实践的结合中,体会到收获的喜悦;以对比分析的方式,让学生真实地感受到国家与个人之间紧密的关系,从而能促使学生激励自己,有担当,敢作为。

从思想认识方面,增强对思想政治教育重要性认可程度。将思想政治教育贯穿日常的教学、学术的研究、实践的开展等教育教学全过程,实现全员育人、全程育人、全方位育人。既要管好常规课堂教育,也要管好课外教学;既要在网上做好思政工作,也要进一步完善线下教学。将思想政治工作融入日常,嵌入教学,形成时时事事以科学理论为指导的育人态度。提升思想政治教育的科学性、互动性、实效性、发展性、创新性。在协同过程中,以思想政治教育理论为创新创业教育的方向指导与理论逻辑起点,引领和培育社会主流价值,让青年学子在多元文化碰撞的现实下始终坚定社会主义理想信念,提高认识和改造客观世界、主观世界的能力水平,深刻体会到个人与中华民族复兴共命运的责任与担当。

(二)慎独自律提升综合素养

协同育人要求授课教师对两类教学有一定的知识底蕴与实践经历。只有熟知并了解,才能将两者贯穿融合。首先,要对协同育人有深度的理解和认同,具有积极进取的求知探索意愿。其次,教师要自觉加强教书育人中的政治自觉,主动加强理论学习,扎实理论知识底蕴,自觉抵制各种腐朽思想的侵扰。最后,重视自我反思。一方面,在学术科研方面,以先进的理论为指导,以现实的矛盾问题为解决方向。另一方面,在教书育人方面,在给予学生知识、技能的同时,关注学生的思想动态情况与心理变化。

主动参加多种提升自身水平的培训,吸收优秀的经验,改进教学方式方法。邀请创业成功的毕业生或者社会人士进校园与学生分享创业经验教训。为学生提供创业资源、创业渠道、创业试练场,做到边学边运用,边运用边总结,边总结边提高,要让学生有参照,才能有方向,有所收获。通过谦虚谨慎的职业自觉,提高教师对两种教育协同的认识水平和教学能力。

(三)积极探索教学改革与发展

立足中国,放眼世界,根据人才培养需求的转变与革新,关注知识转移的传播方式,改变单一的教学模式为复合型个性化精准式的育人模式。将理论知识教育与实际动手能力结合,协调理论知识与现实生活矛盾。在保证理论教学任务完成的基础上,增加实习实践与参与体验时间。一方面,为了提升学生的德行,要有意识地在授课育人的过程中,既重视思政课程的专业性指导,又要在其中融入创新创业相关内容,为学生答疑解惑,明晰未来的发展目标,进一步增强学生的创新创业意识。另一方面,教学改革要转变以往传统的灌输式课堂教学方式,在教师主导作用下,加强学生群体的主体地位,积极培养学生独立思考能力与自主解决问题和分析问题能力,提高学生的独立性。此外,在数字和信息化的时代,既要有自己的新型教学模式,又要注重形成协作的教学团

第六章　未来发展建议与研究方向

队,在团队中不断探索与发展自我。

作为思政课专任教师,坚持以"内心情感—理论知识—理想信念—技能掌握—能力素养"为教学起点的成果导向,构建一套"鉴定判断—管理调控—引导激励—实践转化—评价反馈"的"五位一体"教学模式(图 6-1)。

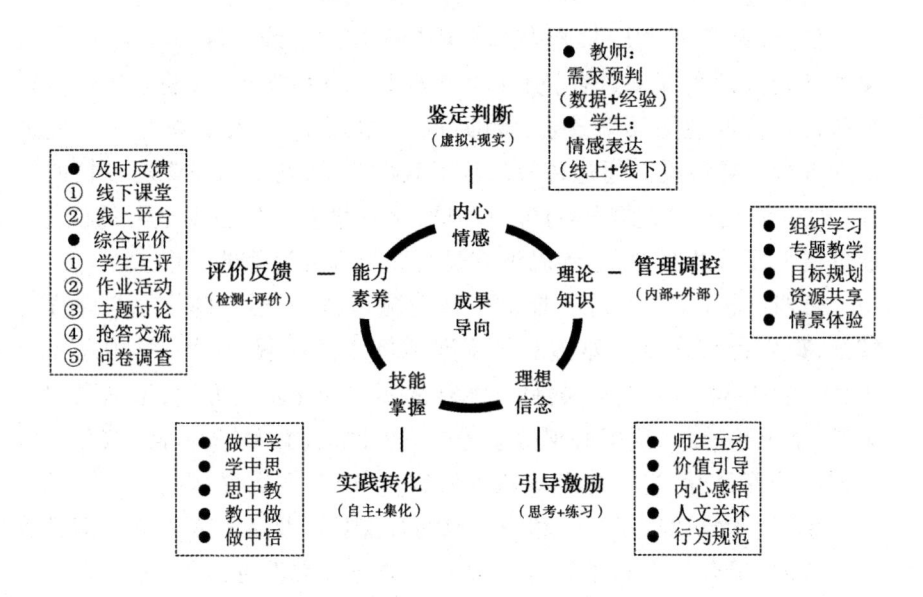

图 6-1　"五位一体"教学模式

资料来源:研究人员根据各种信息进行自主设计开发。

第一,通过学生内心情感的表达与展示,教师将对授课对象开展有针对性的鉴定判断。为了准确掌握学生的内心情感,一方面将凭借教师多年教学经验,进行分析;另一方面,采用线上线下的交流互动,利用预设问卷,研究不同人口变量因素的学生情况,涉及性别、年级、地域、家庭等因素,将有针对性地整合地域文化、民生问题、环境发展等项目资源并将其运用至思政课程的教学中,发挥"新文科"建设的实际效用。

第二,在通过掌握学生不同的理论知识需求侧重点的基础上,教师将结合学生需求进行课程的管理调控。通过相关课题的研究契机,引导教师团队开展相应的教研改革工作。首先,组织学习将会依据不同专业学生理论知识差异性,按照"自主学习+教师主导"进行。其次,专题教

· 229 ·

学将按照学生专业与未来就业需求情况,通过掌握语言节奏与富有情感融入的教学导入开始,增加学生自主思考的意愿与热情。再次,目标规划中教师会依据学生理论掌握程度,设定线上线下混合的随堂测验与问题抢答,达到巩固知识的目标。最后在资源选择上,会通过传统课堂的案例与启发,并结合预设好的线上专题资源库,围绕专题,让学生结合自己兴趣进行探究,达到理论知识的拓展、情境感知能力的提升。

第三,为培养学生的理想信念,积极利用线上线下混合式课程,将人文关怀融入师生互动过程,引导规范学生的言行举止,激励学生表达思想认识。根据现场教学效果,教师可以因材施教,利用榜样精神对理想信念进行引导激励。通过传统的线下教学互动,达到激发学习热情的目标;通过创设有情境氛围的学习环境,达到培养学生主动学习的能力;通过线上环节的互动,达到思维方式引导与言行规范的成效。

第四,通过学生实际技能的掌握情况,教师依据专题化思政课程的特征,设定课程内部丰富多彩的实践项目,实施"做中学—学中思—思中教—教中做—做中悟"的良性循环的实践转化。一方面,采取微型辩论赛、微视频展示、读书心得分享等课堂实践活动。另一方面,按照授课计划与培养目标,进行主题式校外实践,利用红色教育基地、青马工程、三下乡等平台开展。此外,利用经典的音视频以及 AR、VR 等充满科技感的资源,提升线上教学资源的教育活动与日常教育活动、课堂教育教学、社会实践的有效结合。

第五,根据培养学生能力素养的要求,通过课程过程性评价方式的改革,进行动态、全面、客观、真实地评价反馈。教师通过采取多元化的评价方式。一方面,关于及时反馈,教师既可以利用课堂交流与线上问卷相结合的方式,每月形成一份学生对于课程教学的反馈建议,教师在此基础上进行整改。另一方面,通过动态综合的评价,达到学生能力素养评价的真实客观体现。在过程性考核中,除了常规的到课率、作业完成情况等,还主要采取小组团队互助式的学生自评,达到学生自主学习能力的提升;利用学习通平台,以问题式探讨方式,达到全体学生参与的程度。此外,在教学初期,教师将考核要求告知学生,细化责任分工;在教学中期,查缺补漏,对未及时完成任务的学生,利用线上线下的方式给予提醒反馈;在教学末期,教师根据学生的综合表现,进行过程性评价,并将最终平时成绩的结果与学生进行核实。

总之,通过"五位一体"的线上线下混合式专题化思政课教学模式。

第六章　未来发展建议与研究方向

教师能够明确本专题"教授了什么—解决了什么—遗留了什么—需要怎么办"。学生能够明确反思自己通过专题化学习反思"掌握了什么认知观念—具备了什么主观情感—拥有了什么思维模式—展现出什么行为表现"。

（四）借助利用数字互联网传播媒体

图 6-2　学生对使用互联网新兴媒介的态度认知

资料来源：学习通—主题讨论词云汇总（习近平新时代中国特色社会主义思想概论课学生反馈）。

根据图 6-2，围绕创新型人才的成果导向，高校教师在教学改革创新的过程中，通过依托网络，利用大数据技术，进行有效的线上线下互动式的知识转移。运用新媒介传播理论知识，在合法性与保证学生个人信息安全的前提下，利用网络大数据全方位收集信息数据，进行概率统计与特征分析。

以人文关怀为教育背景，大数据为依托框架，可持续的理论知识为主要内容。针对不同的学习主体，进行教学内容的扩容与缩减，凸显重难点，化繁为简，由浅入深，坚持既有普遍性的指导原则，又能够进行精细化的教育指导。根据互联网的互动交流性，掌握学生的兴趣点与关注点。在日常的教学中，善于整合、利用网络载体。通过慕课、微信、快手、抖音、哔哩哔哩等短视频平台与官方渠道传播正能量，以正确的方式引导学生的未来规划。

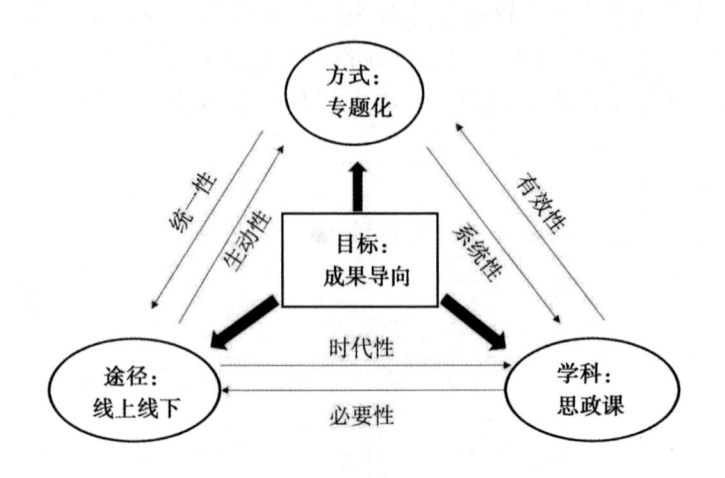

图 6-3 "一目标三结合"教学理念结构图

资料来源：研究人员根据各种信息进行设计开发。

根据图 6-3，围绕成果导向这一目标，专任教师对于思政课教学理念的转变，有着切实可行的现实支撑。第一，通过"线上线下"+"专题化"的结合，达到思政课程生动性与统一性的协调。第二，通过"线上线下"+"思政课"的融合，体现思政课的育人必要性与顺应社会发展时代性的统一。通过阐释混合式专题化思政课教育的现实境遇，彰显思政课教育与数字科技深度融合创新的紧迫性，明确"一目标三结合"教学理念的可行性。第三，通过"专题化"+"思政课"的改革，实现思政课育人的系统性与有效性的结合。另一方面，通过转变传统的教师说教式"我要你学"的思政课教学理念，立足学生主动地思考式"我要学"思政课新型教学理念。

三、对学生个人发展的建议

个人生活的环境、交流的对象等都会给自身的成长带来影响。为了顺利地适应今后可能面临的多重挑战，在求学期间，学生要有意识地处理周围的人与物、人与人、人与自身的关系，善于观察和总结，提升环境适应性与沟通交流能力。

第六章　未来发展建议与研究方向

（一）营造健康向上的家庭氛围

家庭成员之间相处,要形成和谐、有序、乐观、阳光的家庭氛围,给学生足够关心,为他的成长提供来自家人的支持与鼓励,建立亲密的亲情关系,注重陪伴与家庭教育的质量。将勤俭持家、吃苦耐劳等良好的家风、家规传承给子女,以身作则,为其今后的发展养成良好的生活方式与处事能力。

优秀的人才,获得的知识技能不仅仅局限于学校,更多的是受到家庭环境日积月累的影响。遇到棘手的问题时,家长应配合做好引导工作。日常生活中,有意识地培养孩子的独立思考能力。

（二）朋辈团体给予细微关怀引导

周围人的言行举止会在潜移默化中影响个人的发展。朋辈之间更易于沟通交流,在集体活动的参与过程当中,能够更有效地把握需求,关怀和引导青年学生的思辨能力,形成良好的氛围。学生也需要不断调整自身需求,根据自己的能力,设定目标,主动承担团队中的责任。

通过校学生会、学生社团联合会、大学生艺术团、礼仪队、机器人队等学生团体,组织开展讲座、竞赛等多种形式来影响学生的能力。以T大学为例,团委将"挑战杯"全国大学生课外学术科技作品竞赛作为青年学生创新创业教育及能力培养的重要载体。赛前的积极动员,指导教师的悉心指导,激发大学生参赛热情与主动性,搭建高水平的技能切磋舞台,呈现科技创新成果的转化效能,为提升新质生产力,服务高质量发展,培育创新型人才。

（三）激发个人内心深处的积极主动性

自身价值能够更顺利地实现,需要自觉进步的主动性。从一点一滴做起,积累竞争的资本。创新创业能力提升,要做到四勤：脑勤、眼勤、手勤、腿勤。

一是要有创新意识。认识创新对于国家、社会、个人的重要性,同时,要善于捕捉创新的新动向,从而明确个人创新的方向和领域。二是要有创新基础。也就是要扎实学好在校时期所有相关课程,尽可能为创新打下坚实的基础。要具有足够的知识储备量以及对传统行业的深入了解,才能从意识形态中发掘感知新生事物。三是要把创新与创业紧密联系在一起。创新可以为创业提供领域、理论和技能等。创业在任何时候都应适时创新,才能避免落入滞后的窠臼,才能站立在经济和社会需求与发展的前沿。四是重视自身体质体能素养。良好的身体素质,是今后拼搏的最根本保证。参加体育类社团、体育比赛,既能够提升团队协作能力,又能够提升自身的组织规划能力。

第二节 研究贡献

一、明确创新创业能力的标准

为了适应不断发展变化的国内外现实环境,研究发现作为新时代的创新人才主体的大学生,其创新创业能力应具备以下几个硬性标准。

第一个标准:有正确的价值观,具备科学理性的爱国情怀。既有健全的人格,又具有良好的个人思想政治素养。

第二个标准:有独立的思维能力,能深入思考,有好奇心,不盲从,不浮躁,有敢于创新突破的精神和自我管理、管控风险的能力。

第三个标准:有创业相关知识和基本素养以及解决问题的能力。通过系统和专业的学习,使自身在认知和素养上能够适应目前社会的需求,重视团队合作,善于整合利用身边的各类资源。

第四个标准:具备进行创业创新活动的各项综合能力表现。有较好的观察力、思维敏捷能力、记忆能力、动手能力、沟通能力、合作能力等等。完美体现认知能力和实践能力的同时,又能够将自身创造力、智慧和品格有机结合。

第五个标准:具备一定的人文综合素养与实践操作技能,同时重视身心智能的协调发展。依靠自身所掌握的知识、经验和技能,以突破传统的创新思维方式解决问题,从而产生新的有价值的思想、方法和技能。

总之,创新创业能力是一种复合型的素质能力,能够良好地解决学习、生活中所遇到的各类问题。

二、学术理论方面的关系界定与厘清

思想政治教育与创新创业教育是新时代高等教育深化改革、创新发展的重要组成部分,两者是相互支撑、相互促进的辩证统一关系。教育对象的个体差异性决定了二者协同教育工作的层次性、多样性、精准性、灵活性、复杂性、长期性。因此,为了提高创新创业能力,高校开展协同教育需要体现科学的指导理论,细化的工作理念,动态的教育监管,卓越的教育目标。

满足我国高质量发展,厘清高校立德树人视域下的思想政治教育与创新创业教育关系,对于协同教育的完善化发展有着积极的理论指导意义。两种学科有必要协同发展,思政教育是培养一个什么样的人,创业创新课程是培养这个人的能力,两者并不矛盾,反而相辅相成。如果将一个人比喻成一架即将踏上旅程的飞机,思政课程解决的是往哪飞的指向性问题,创业创新课程解决的是飞多久的动力源问题。

一方面,思想政治教育具有较高的理论凝练水平与现实指导价值意义,但在应用层面的践行能力略显薄弱。一旦与创新创业教育相结合,能够弥补这些不足,将更多的实践机遇与资源融合在一起,为学生提供更广阔的发展与选择空间。另一方面,中国特色社会主义理论知识引导并融入创新创业教育,提高理论的应用性,进一步提高高校教育的针对性、有效性。

此外,协同课程体系的建立需要在两类教育中进行探讨。深入挖掘内容,不断扩大平台,弥补各自不足,融合教育目标。通过两种教育的协调发展,致力于扩大学生实践活动的参与性和满意度。也就是说,协同教育最终目的是通过价值观的引领,进一步净化、引导学生的思想理念与社会行为。

因此,思想政治教育是人才培养的校准器与指南针,创新创业教育是学生能力激发的助推器与助燃剂。二者的辩证统一,有机融合与协同作用的厘清,能有效提升学生创新创业能力,有助于正向引导大学生克服消极择业的情绪、消除迷茫就业的思想;有助于树立正确的职业生涯规划观念,激发大学生创新创业斗志,提升勇于创新创业的勇气;有助于树立正确、科学的择业观、就业观和创业观,提高大学生群体的核心竞争力；有助于解决在创新创业过程中遇到的思想困惑、心理迷茫等问题，及时给予正确的价值引领，能够更顺利地实现个人理想。

三、协同教育模型的有效性

通过本次研究，论证了协同育人模型对学生的创新创业能力具有较好的影响效用。从"一体两翼"模式下的协同育人实证来看，效用发挥最大的是育人模型的可行性，为这两种教育的继续深度协同提供了保障。与此同时，因为协同效用，创新创业能力得到有效提升。此外，新时代大学生需要不断地发挥自身主动性，形成教育参与者之间的良性互动，形成教育理念与教育成果的有效转化。

我国高校思想政治教育在教育手段、教学方法、教育艺术上积累了丰富的经验，形成了较为成熟的教育体系，开拓了理论教育与实践教育相结合的新局面，为创新创业教育的有效开展提供了有益的探索。在中国创新创业教育作为新兴高速发展学科，采取开放式的教学方法，在进行理论教育的同时更加注重实践教育，注重培养学生理论与实践相结合的能力，这种教学方法也为思想政治教育课程改革提供了启发。因此，二者协同，更能发挥有针对性的育人效用。

（一）价值观的引导颇受重视

保障发展方向的持续性、科学性。协同育人中涵盖的思想政治理论有助于培养学生创新创业的思维，增强学生创新创业的敏感度，及时发挥思想引导以及成果转化作用。让学生形成不断奋斗的意识，鼓励学生在创业中不断克服各方面的困难，提升学生未来在创业以及就业中的竞争力。在高校普遍开设思想政治理论课是由社会主义大学的性质决定的。思想政治理论课是思想政治教育的主渠道，是发挥传播党的指导思想和执政理念，帮助大学生树立科学世界观、人生观和价值观的重要途径。

（二）资源的整合运用效用提升

资源整合与平台利用的融合性、多元化。协同教育不断扩大的平台

第六章　未来发展建议与研究方向

载体与资源整理范围,可以增强学生的实践能力,提升育人的针对性和时效性。协同模型可以有效地提升资源利用的最大效用,增强新兴媒介对校园内外教学的融入度,为教育的持续性、及时性、灵活性提供了保障。

（三）教师的主导效用得到发挥

高校教师参与意愿强烈,执行效率高。无论是作为辅导员,还是高校教师,本身就是指导中国大学生成长的骨干力量。同时,指导学生就业、创业也是辅导员的工作职责之一。这些人有着良好的思想政治素养与创新创业教育的一般基础,有利于培养良好思想政治素养的创新创业人才。教师主导效用积极发挥,能够有效带动并鼓励学生在服务社会的过程中,不断实现自身的奋斗价值。

（四）协同成果得到学生的认可

学生对高校协同育人模式中立德树人的评价程度较好。认可范围既包括校园的建设,也包括对本校具有的文化氛围的肯定。更主要的是对教师在思想价值的引导表现得较为满意。但在硬件设施配套的层面,部分学校还需要一些财力、物力等层面的投入。正如"学生5号"、"学生15号"文件均提到"思想政治理论对学生开展是必不可少的,它关系着以后大学生进行创新创业活动时的自主能力和把控能力,从而在进行创业时在复杂与激烈的市场竞争中不会迷失方向,丧失目标"。"学生10号"、"学生14号"文件均提到"高校教师能够耐心地指导自己,传授相应的知识理论给自己。会定期开展一对一交流,理解遇到的困惑,并能够提供一些建议和办法"。"学生16号"文件学生说道"通过课程或社团的形式组织社会实践活动,使自己更好地学以致用,关心国家和社会的发展"。

四、地域文化在高校思政育人中的价值

本研究中的地域文化主要是指山西地域文化。因为地域文化具有丰富的教育价值,所以要更新教育观念,挖掘精神文化应用价值,树立多元文化教育观念。教育管理重心下移,使地域文化教育价值落到实处。[385]此外,凭借科学技术手段,不断推陈出新,提升内在品质,促使地域特色文化更加符合学生的多种需求,进一步提升中华优秀传统文化的自信力、影响力、践行力。

地域文化渗透到协同教育中,不仅能够进一步激发广大学生的创业热情,促使他们形成良好的双创意识和民族自豪感,同时也有利于地域优秀传统文化的传承与发展。各大院校立足于地域文化对立德树人的积极影响作用,努力提高地域文化渗透的影响力,大力弘扬地域优秀传统文化,构建科学高效的文化培育体系,利用培养院校特有的校园文化精神,为区域文化的创新性发展提供有利条件。习近平总书记在运城博物馆考察时强调:"博物馆有很多宝贵文物甚至'国宝',它们实证了我国百万年的人类史、一万年的文化史、五千多年的文明史,要深入实施中华文明探源工程,把中国文明历史研究引向深入。"[386]以博物馆的育人价值为依据,并以其现状与问题为导向,提出发挥地域文化独特氛围下的高校思政课与博物馆协同实践育人模式的优势,为系统探索博物馆社会效益与经济效益的协调发展和规模推进两者融合创新提供学术理论指导与实际教学参考。

针对高校思政课与博物馆协同实践育人的问题现状,高校思政课与博物馆开展实践育人有引导价值、时代价值、传播价值、创新价值四个方面。[387]将思想政治理论实践与博物馆紧密结合,为国家培养合格的社会主义建设的创新型人才奠定意识引导、思维培养、践行感悟,将高校思政课与博物馆协同实践育人理念的主线贯穿于实践教学中,让学生将思政理论自主转化为解决实际问题的有效工具,提升学生的创新意识、创新思维、创新精神等创新素养。

第三节 未来研究方向

一、研究中存在的不足

虽然在研究中取得了一定的成果,但是研究是一个不断发展的动态式的过程,还存在一些不足。

（一）数据的滞后性

进行研究以来，一直在不断关注最新的研究成果，但鉴于研究期限具有特定性，数据更新无法保证最新的理论学术观点在书中有所体现。

（二）样本的局限性

样本的选取为中国山西省的高校，这个模型的动态发展与普遍指导性还需要选取别的省份的高校作对比分析、研究探讨。

二、未来研究方向

首先，紧跟时代发展趋势，紧密跟踪国内外有价值理论与案例，继续发现可以紧密结合的理论作为指导。

其次，在今后的工作中，有目标地收集整理思想政治教育与创新创业教育协同的成功案例，为协同教育提供更为有力的现实材料支撑。

最后，可以继续将协同育人模型中的子维度作进一步的检验和分析研究，进一步培养创新型人才，加强和优化协同育人。

【本章小结】

本章是本研究的结论部分。根据研究结论主要围绕高校、教师、学生个人三个角度提出了影响学生创新创业能力的建议和对策。同时，本章也指出了本研究的贡献价值、不足之处和未来有待深入的部分，为未来的研究指明了方向。

附 录

附录一

半结构式访谈提纲

致参与本次访谈的受访对象

尊敬的专家/同学：

您好！非常高兴能够认识您！我是一名思想政治理论课教师。在从事教学、管理工作的过程中,我发现创新创业教育与思想政治教育的协同教育模式对于培养当代大学生的创新创业能力有很多契合点与侧重点。围绕创新型人才的成果导向为目标,利用有利条件,开展教学改革创新,应对育人困境,创新开展协同模式在不同教育中,有效提升创新创业能力的现状是我一直不断思考的主要问题。

本次研究的目标是通过此次调研,研究思想政治教育与创新创业教育之间的协同育人对于提升大学生创新创业能力的现状,结合中国建设创新型国家的发展要求,最终提出可行性建议。

为便于后期资料整理分析,在整个访谈过程中,我会严格遵守《中华人民共和国统计法》的规定,不向任何人泄漏关于您的访谈记录,研究报告以及著作文献中也会使用编码代号来代替您的姓名。

祝您工作学习顺利,生活愉快!

附　录

1. 访谈背景

学生的创新创业能力可以为学生未来发展提供优势,同时在高校教育过程中也出现层出不穷的挑战。为了深入了解思想政治教育与创新创业教育两者的协同对当代大学生的影响,要进一步加强二者协同教育的针对性,创新高校育人模式。因此,设计了这一访谈。希望您的亲身经历与感受、见解能对这次的研究提供可行的意见与建议,衷心感谢您对本次研究的无私帮助和支持。

2. 访谈对象

高校教职工(教师、辅导员、行政管理人员)、高校学生。

3. 访谈方式

当面采访／电话采访／微信、QQ 视频等访谈方式。

4. 访谈提纲

4.1 高校教职工访谈提纲

高校教职工访谈提纲

序号	性别	年龄	工作年限	职务	职称	受访日期	采访方式
T+No.							

（1）您认为培养什么样创新创业能力的大学生可以满足今后的社会发展?
（2）您认为思想政治教育与学生的创新创业能力有什么样的关系?
（3）您认为创新创业教育与学生的创新创业能力有什么样的关系?
（4）您认为在培养创新创业能力的育人过程中,有必要对思想政治教育与创新创业教育两种学科协同吗?

（5）如果进行协同，您认为思想政治教育在协同育人中的定位是什么？

（6）如果进行协同，您认为创新创业教育在协同育人中的定位是什么？

（7）您所在的工作单位这两种教育之间的协同育人的实施情况如何？

（8）在日常工作中，您是否愿意参与到协同育人工作中？如果愿意，您将投入多少时间和精力参与协同育人？

（9）结合您工作的实践经验，您认为两种教育协同育人最大的难点是什么？

（10）对于进一步培养创新创业能力人才，加强和优化协同育人，您有什么特别的建议？

（11）您认为学生的满意度在协同育人时影响学生能力的哪些方面？对于创新创业能力方面又有什么样的作用？

谢谢您的积极参与，再次衷心感谢您的大力支持，祝您工作顺利！

4.2 高校学生访谈提纲

高校学生访谈提纲

序号	性别	年龄	专业	年级	受访日期	采访方式
S+No.						

（1）您认为思想政治教育对您创新创业能力的提升有什么样的影响？

（2）您认为学校开展多种形式的创新创业教育对您创新创业能力在今后的发展有什么影响？

（3）您认为学校开展的思想政治教育和创新创业教育二者之间有什么具体的关系？具体表现有哪些？

（4）您对学校开展的提升自身创新能力、创业精神的教育的满意度如何？具体有哪些满意的地方？具有哪些不满意的地方？

（5）您觉得如果将思想政治教育与创新创业教育协同在一起育人的话，您希望以什么样的方式途径来影响您？

（6）您认为自己在提升自己的创新创业能力的过程中，遇到哪些困难？

（7）对于高校影响自己创新创业能力的方面，您有什么特别的建议？

谢谢您的积极参与，再次衷心感谢您的大力支持，祝您学业有成！

附　录

附录二

半结构访谈汇总

高校教师

序号	性别	年龄	工作年限	职务	职称	受访日期	采访方式
T01	女	33	8	辅导员	讲师	2023/6/14	电话采访
T02	女	32	8	行政人员	讲师	2023/6/9	电话采访
T03	女	38	13	行政人员	讲师	2023/6/15	电话采访
T04	男	37	11	大学教师	讲师	2023/6/16	电话采访
T05	女	41	15	大学教师	副教授	2023/6/17	电话采访
T06	女	33	8	行政人员	讲师	2023/7/25	电话采访
T07	女	40	15	辅导员	讲师	2023/7/25	电话采访
T08	女	53	30	行政人员	副教授	2023/7/29	面对面访谈
T09	女	54	27	大学教师	教授	2023/8/2	面对面访谈
T10	女	38	12	大学教师	副教授	2023/9/30	电话采访
T11	女	34	8	辅导员	讲师	2023/9/21	电话采访
T12	男	33	7	辅导员	讲师	2023/7/16	电话采访
T13	女	44	20	行政人员	副教授	2023/7/27	面对面访谈
T14	男	57	31	大学教师	教授	2023/7/23	电话采访
T15	女	53	26	行政人员	副教授	2023/7/24	电话采访
T16	男	38	15	大学教师	讲师	2023/7/25	电话采访
T17	女	35	9	辅导员	讲师	2023/7/25	电话采访
T18	女	35	9	辅导员	讲师	2023/7/26	电话采访
T19	男	41	13	大学教师	副教授	2023/7/28	电话采访
T20	男	43	15	行政人员	副教授	2023/7/30	电话采访

大学生

序号	性别	年龄	专业	年级	受访日期	采访方式
S01	男	24	理工类	大四	2023/5/14	电话采访
S02	女	22	文史类	大四	2024/5/14	电话采访
S03	男	23	文史类	大四	2023/5/6	电话采访
S04	男	22	文史类	大四	2023/5/20	电话采访
S05	女	24	文史类	大四	2023/5/20	电话采访
S06	女	19	理工类	大一	2023/11/12	面对面访谈
S07	男	19	理工类	大一	2023/11/15	面对面访谈
S08	女	18	理工类	大一	2023/11/13	面对面访谈
S09	女	20	理工类	大一	2023/11/20	面对面访谈
S10	男	20	理工类	大一	2023/11/17	面对面访谈
S11	男	19	理工类	大一	2023/11/08	面对面访谈
S12	男	19	理工类	大一	2023/11/18	面对面访谈
S13	男	19	理工类	大一	2023/11/19	面对面访谈
S14	女	20	艺术类	大二	2023/11/22	面对面访谈
S15	女	20	艺术类	大二	2023/11/22	面对面访谈
S16	女	21	体育类	大三	2023/11/23	面对面访谈
S17	男	21	体育类	大三	2023/11/23	面对面访谈

附 录

附录三

调查问卷

亲爱的同学：
您好！很高兴通过问卷与您相识。

我正在进行关于协同教育对创新型人才能力的效用研究的调查研究。非常感谢您能在百忙之中抽时间填完这份问卷。设计这项调查问卷目的是真实准确地知悉我国高校教育中大学生创新创业能力的现状以及协同育人模式对大学生创新创业能力养成的意见与建议，进而为今后高校在培养大学生创新创业能力方面有所改进与提高。希望您能按照要求在相应的位置填写符合您实际情况的答案，我们承诺问卷结果只用于科学研究，您的信息只用于学术调查使用。

再次谢谢您的配合和帮助！

1. 人口学控制变量

1.1 您的性别：男□ 女□

1.2 您的年龄：18岁以下□ 18-25□ 26-30□ 31-40□

1.3 目前学历：本科□ 专科□ 硕士□

1.4 您是否是山西籍学生：是□ 否□

1.5 您是否是独生子女：是□ 否□

1.6 您的专业类别是：文史类□ 理工类□ 体育类□ 艺术类□ 其他类□

1.7 您的家庭所在地：城镇□ 乡村□

1.8 您是否担任过学生干部：是□ 否□

2. 协同育人（自变量）量表

2.1 教育资源量表

教育资源量表

编码	测量题目	1	2	3	4	5
A1	校园环境潜移默化影响学生的德行					
A2	学生知识与技能的获得需要特定的环境					
A3	互联网环境对学生而言既是机遇又是挑战					
A4	国家政策环境稳定,有助于学生未来职业发展					
A5	金融机构资金的支持,可以推动学生开展各类型创业实践活动					
A6	集体主义价值观可以更好地促进学生自身发展					
A7	地域文化蕴含的人文精神,对区域内的个体和集体会产生一定的影响					
A8	优秀文化有助于引导规范学生发展					
A9	晋商精神有教育作用,是当代企业取得成功的经验借鉴					
A10	中国革命精神文化能够影响学生的德行					
A11	教师经常关注和关心学生的思想动态和政治素质					
A12	教师能够引导学生关注有关国内外政治经济形势					
A13	教师经常鼓励学生参加党课学习积极向党组织靠拢					
A14	教师注重培养学生严谨认真的治学态度和求真务实的科学精神					
A15	教师经常关注学生对学术道德规范的认知和行为状况					
A16	教师能够以身作则在学术道德规范方面为学生起到示范作用					

附　录

2.2 协同特征量表

协同特征量表

编码	测量题目	1	2	3	4	5
A17	教育通过理论内容影响学生					
A18	教育通过校园文化影响学生					
A19	教育通过实践活动影响学生					
A20	教育通过互联网络影响学生					
A21	教育通过人际交往影响学生					
A22	教育内容要以世界的角度培养学生的政治意识和创新意识					
A23	不同的教育内容可以彼此互补融合，相互贯通					
A24	教育内容随着时代的发展逐年丰富					
A25	道德教育的内容包含职业道德相关内容					
A26	教育注重培养学生的品德和能力					
A27	教育突出"以学生为中心"的原则					
A28	教育要促进学生全面发展					
A29	学生的发展和社会的需求是同步的					
A30	尊重学生，因材施教					
A31	灵活多变的教育模式，能够更好地培养学生					
A32	教师经常鼓励学生学习跨学科知识					
A33	教师经常鼓励学生敢于质疑并提出自己的观点和想法					
A34	教师重视学生对研究方法和实验工具的掌握情况					
A35	理论教育与实践教育能够相容，共同培养学生					
A36	教师能够鼓励和支持学生参加各类专业实践活动或竞赛					
A37	教师注重引导学生在实践中思考问题和发现问题					

2.3 立德树人量表

立德树人量表

编码	测量题目	1	2	3	4	5
A38	学校教育指引我的思想认知发展方向					
A39	学校教育让我明确今后发展目标					
A40	学校教育激发学生提升自己的动力					
A41	所学专业发展前景令人满意					
A42	学校各部门的服务便利快捷					
A43	教师态度亲切,与学生能和谐相处					
A44	学校有良好的教学软硬件设施					
A45	教师有充足的知识和技能解决学生的问题					
A46	教师经常鼓励学生将个人发展与国家和社会需要相结合					
A47	教师经常支持和鼓励学生参与各类社会实践和志愿服务活动					
A48	教师经常向学生分享与社会责任有关的时事新闻或案例					
A49	教师经常与学生沟通交流并主动关心其成长发展情况					
A50	教师经常在鼓励学生要团结互助协作					
A51	教师经常鼓励学生参加人文讲座或阅读人文方面的书籍					

3. 创新创业能力(因变量)量表

3.1 内驱力量表

内驱力量表

编码	测量题目	1	2	3	4	5
B1	我做事脚踏实地					
B2	我做事非常认真					
B3	我比较能吃苦					
B4	我总是相信自己的选择					

续表

编码	测量题目	1	2	3	4	5
B5	我对自己做的事很有把握					
B6	我很想通过创业来实现自我价值					
B7	我对创新创业活动很感兴趣					
B8	我愿意为创新创业投入全部精力					
B9	我对自己很了解					
B10	我清楚自己的优缺点					
B11	我能客观地评价自己					
B12	我能控制好自己的情绪					
B13	我很少意气用事					
B14	我能较好地控制或调节自己的负面情绪					
B15	我认为答应的事情一定要办到					
B16	我认为承担责任是一件很神圣的事情					

3.2 领导力量表

领导力量表

编码	测量题目	1	2	3	4	5
B17	我善于激励团队成员攻坚克难					
B18	我能够处理好团队成员之间的矛盾冲突					
B19	我相信我能做好领导者并且有协调组织内部团队的能力					
B20	我喜欢与人交流					
B21	我能很快与人熟悉起来					
B22	我善于结交新朋友					
B23	如果创业,我有能力管理好资金					
B24	如果我创业,我相信自己可以有效应对风险					
B25	我具备将产品或服务推向市场的能力					
B26	我有较好的危机处理能力					

续表

编码	测量题目	1	2	3	4	5
B27	当出现危机时,我能沉着应对					
B28	我善于将危机转化为机会					
B29	我善于理解别人的感受					
B30	共同完成任务时,我往往能够考虑他人意见					
B31	我善于与人合作					

3.3 行动力量表

行动力量表

编码	测量题目	1	2	3	4	5
B32	我有充足的职业发展相关的社会资源					
B33	我擅长利用身边的各种资源					
B34	我很注重积累和拓展个人或组织发展所需的各种资源					
B35	我想象力丰富					
B36	我往往能提出一些新点子、好创意					
B37	我常常对周围事物充满好奇心					
B38	我能够积极主动地去做该做的事					
B39	我能解决好学习、工作或生活中遇到的难题					
B40	我能利用所学到的知识灵活运用于各种实践中					
B41	我能掌握一门外语,具有较强的运用能力					
B42	我能掌握计算机的基本知识,熟练掌握常用统计软件应用和办公自动化的基本技能					
B43	我能具备基本政治思想知识,掌握科学的世界观和方法论					
B44	我具有一定的人文艺术修养、审美观和鉴赏力					
B45	我能掌握创业方面的基本理论					
B46	我能掌握创业实践技能知识					
B47	我熟悉创业相关的法律或政策					

4. 知识转移(中介变量)量表

知识转移(中介变量)量表

编码	测量题目	1	2	3	4	5
C1	我经常与同学、朋友和老师有效沟通来解决问题					
C2	我经常对别人提出建设性意见、思路和建议					
C3	我总能对工作问题和建议进行演绎、归纳和总结					
C4	我总能用新知识、新技术与新方法解决工作问题					
C5	我经常与朋友、同学分享学习知识、技能、经验与体会					
C6	我总能发现不足及时完善自身知识、技能和方法					
C7	我总能快速掌握工作的新观念、新知识和新方法					
C8	我总能快速适应组织文化、组织氛围和组织制度					
C9	我总能有效吸收别人的信息、技能、经验和体会					
C10	我对组织发生的各种事情能够及时掌握有效处理					
C11	借鉴别人的经验有助于我减少和处理工作中的失误					

注：评分等级参照以下标准：

特别赞同=5，赞同=4，不赞同也不反对=3，不同意=2，特别不赞同=1。

附录四

专家效度评审表

敬爱的学者：

本问卷是围绕"协同教育对创新型人才能力的效用"进行研究的工具。

问卷包括两个主要部分：第一部分：人口学信息。第二部分：变量测量信息。

该问卷需要您作为专家进行检查，以建立内容效度。

我很高兴能得到您对本问卷中使用的项目的评论和建议。

谢谢您的合作与贡献！

介绍：

1. 本问卷分为两大部分。第一部分为人口学信息变量部分。第二部分主要由三个变量部分组成的变量信息测量部分。此次 IOC 评分主要针对第二部分的三个变量测量信息展开。请根据您对项目目标一致性的评价，在空白处标注（√）。

2. 项目目标一致表单中有三个选项，–1、0 和 1。

"1"表示与主题相匹配。

"0"表示您不确定它是否适合。

"–1"表示该项目不适合本次问卷的主题。

3. 如有任何语词、不适分类、表达上的误解或其他评论和建议，请在"建议""评论"和"修正"的空白处填写。我会尽我最大的努力去完善这个问卷，让它更符合科学研究。非常感谢您的合作。

目标 I：协同育人

思想政治教育与创新创业教育的协同育人在"一体两翼"育人模式的基础上，将协同育人分别采用教育资源维度、协同特征维度、立德树

附 录

人维度作为本研究的继续深入分析的项目。"一体"是指立德树人维度。"两翼"分别是指教育资源维度和协同特征维度。将思想政治教育与创新创业教育协同育人的影响因素归纳为三个主维度,七个子维度。教育资源层面包括平台利用(A1-A10)、主导效用(A11-A16)两类维度。协同特征包括条件性(A17-A21)、可行性(A22-A31)、激励性(A32-A37)三类。立德树人层面包括反馈评价(A38-A45)、价值指引(A46-A51)两类维度。

编码	专家1赋分值	专家二赋分值	专家三赋分值	总分	IOC
A1					
A2					
A3					
A4					
A5					
A6					
A7					
A8					
A9					
A10					
A11					
A12					
A13					
A14					
A15					
A16					
A17					
A18					
A19					
A20					
A21					
A22					

续表

编码	专家1赋分值	专家二赋分值	专家三赋分值	总分	IOC
A23					
A24					
A25					
A26					
A27					
A28					
A29					
A30					
A31					
A32					
A33					
A34					
A35					
A36					
A37					
A38					
A39					
A40					
A41					
A42					
A43					
A44					
A45					
A46					
A47					
A48					
A49					
A50					
A51					

附 录

对该变量的建议、审查和纠正：

目标Ⅱ：大学生创新创业能力

最终将大学生创新创业能力影响因素归纳为3个维度14个子维度。将大学生创新创业能力作为评价目标。将它的一级指标划分为三层。创新创业内驱力层面包括职业素养（B1-B5）、创业兴趣（B6-B8）、自我认知（B9-B11）、情绪控制（B12-B14）、道德品格（B15-B16）五类维度。创新创业领导力层面包括团队管理（B17-B19）、沟通交往（B20-B22）、风险管理（B23-B28）、协作共情（B29-B31）四类维度。创新创业行动力层面包括资源整合（B32-B34）、创新能力（B35-40）、技能运用（B41-B42）、人文技能（B43-B44）、掌握知识（B45-B47）五类维度。

编码	专家1赋分值	专家二赋分值	专家三赋分值	总分	IOC
B1					
B2					
B3					
B4					
B5					
B6					
B7					
B8					
B9					
B10					
B11					
B12					
B13					
B14					
B15					
B16					
B17					
B18					
B19					

续表

编码	专家1赋分值	专家二赋分值	专家三赋分值	总分	IOC
B20					
B21					
B22					
B23					
B24					
B25					
B26					
B27					
B28					
B29					
B30					
B31					
B32					
B33					
B34					
B35					
B36					
B37					
B38					
B39					
B40					
B41					
B42					
B43					
B44					
B45					
B46					
B47					

附　录

对该变量的建议、审查和纠正：

目标 III：知识转移

将知识转移作为评价目标。将具体指标划分为知识传播（C1-C5）与知识吸收（C6-C11）两个维度。

编码	专家1赋分值	专家二赋分值	专家三赋分值	总分	IOC
C1					
C2					
C3					
C4					
C5					
C6					
C7					
C8					
C9					
C10					
C11					

对该变量的建议、审查和纠正：

附录五

影响大学生创新创业能力的创新创业日常教育与创新创业专业教育量表

维度	编码	内容
创新创业日常教育	IEDE1	地方高校创新创业教学设施完善
	IEDE2	地方高校有多种类型的创新创业基地或园区
	IEDE3	地方高校创新创业活动形式丰富
	IEDE4	地方高校及时发布各级政府创业信息
	IEDE5	地方高校的政策和经费保障体系较为完善
	IEDE6	外聘创新创业专家和教师具有较强的创新能力
	IEDE7	在创新创业教育之外,专业课和选修课也会涉及创新创业知识
创新创业专业教育	IEPE1	课堂网络的使用为学生获取各种新鲜信息提供了方便
	IEPE2	在课程教学中,教师在网络平台上展示的创新创业内容更具吸引力
	IEPE3	课堂教学环境与时代环境密切相关
	IEPE4	学校的课堂氛围和校园环境的建设可以培养学生的大众创新意识、思维和精神
	IEPE5	创新创业专业教育的实践教学环节能够培养学生的实践技能
	IEPE6	教师会经常利用网络平台发布相关的创新创业内容
	IEPE7	在创新创业实践教学中,教师非常关注学生创新思维的培养

参考文献

[1] 杨尚昆. 高质量发展的理论源起和发展脉络 [EB/OL]. 2023-04-23/2023-07-07, https://mzrb.meizhou.cn/html/2023-04/23/content_329288.htm.

[2] 管培俊. 建设高质量教育体系：方向与路径——在2021亚洲教育论坛上的报告 [EB/OL]2021-09-18/2023-11-13, https://www.cahe.edu.cn/site/content/14484.html.

[3] 工信部：130多种关键基础材料32%在中国为空白, 52%靠进口, [EB/OL].2018-07-25/2021-10-16, https://www.sohu.com/a/243218160_760454.

[4] 管培俊. 振兴中西部高等教育 助力高质量发展 [J]. 中国高教研究, 2021（12）：1-5.

[5] 郭克莎. 以高质量发展推进中国式现代化 [EB/OL］2023-06-13/ 2023-08-06, http://theory.people.com.cn/n1/2023/0613/c40531-40012081.html.

[6] 国家发展和改革委员会编著. 深学笃行习近平经济思想 谱写高质量发展新篇章 [M]. 北京：中国市场出版社, 中国计划出版社, 2023.

[7] 外交部, 共建"一带一路"：构建人类命运共同体的重大实践, [EB/OL].2023-10-10/2023-11-10, http://new.fmprc.gov.cn/zyxw/202310/t20231010_11158751.shtml.

[8] 海外侨界热议中国两会：中国发展目标"有质有量"[EB/OL].2023-03-07/2023-05-04, https://www.gqb.gov.cn/news/2023/0307/56471.shtml.

[9] 中国质量（成都）大会举办——国际人士点赞中国高质量发展 [EB/OL].2023-09-02/2023-10-11, http://world.people.com.cn/

n1/2023/0902/c157278-40069243.html.

[10] 伊格纳西奥·马丁内斯. 高质量发展成为读懂中国的关键词（国际论坛·读懂中国·读懂中国共产党）[EB/OL].2023-07-28/2023-07-29. http：//cpc.people.com.cn/n1/2023/0728/c64387-40045504.html.

[11] 报告显示：中国在五大领域高质量发展成绩显著[EB/OL].2024-04-01/2024-04-02，http：//world.people.com.cn/n1/2024/0401/c1002-40207234.html.

[12] 王伟光，开创高质量发展新局面，[EB/OL].2023-05-15/2023-5-17，http：//theory.people.com.cn/n1/2023/0515/c40531-32685932.html，

[13] 杨长福,杨苗苗. 高质量发展与共同富裕及其辩证关系研究[J].重庆大学学报(社会科学版)2023,29（05）：278-290.

[14] 人民日报整版阐述：深刻理解和把握中国式现代化的本质要求，实现高质量发展[EB/OL].2023-07-14/2023-07-18. https：//news.cctv.com/2023/07/14/ARTIc7NwkuBSgIIA3sAdESNn230714.shtml

[15] 习近平：把思想政治工作贯穿教育教学全过程[EB/OL]2016-12-08/2022-08-10，http：//jhsjk.people.cn/article/28935836.

[16] 坚持中国特色社会主义教育发展道路 培养德智体美劳全面发展的社会主义建设者和接班人[EB/OL]2018-09-11/2023-10-10，http：//epaper.hljnews.cn/hljrb/20180911/379595.html.

[17] 第52次《中国互联网络发展状况统计报告》[EB/OL].2023-08-28/2023-11-11，https：//www.cnnic.net.cn/n4/2023/0828/c88-10829.html

[18] 工业实力持续增强 转型升级成效明显——党的十八大以来经济社会发展成就系列报告之三，[EB/OL],2022-09-15/2024-11-11，https：//www.stats.gov.cn/sj/sjjd/202302/t20230202_1896673.html.

[19] 马抗美,袁芳. 改革开放以来人才个体创新能力的生成逻辑及培育路径[J].北京教育学院学报，2019,33（03）：59-65.

[20] 徐军海. 创新驱动视角下江苏科技人才发展趋向和路径研究[J].江苏社会科学，2021（03）：223-231.

[21] 孙殿超,刘毅. 粤港澳大湾区科技创新人才空间分布特征及影响因素分析[J].地理科学进展，2022,41（09）：1716-1730.

[22] 廉依婷."区校协同"视域下高职院校高层次人才引进政策机

制的优化研究[J].中国职业技术教育,2021(31):22-27,58.

[23] 丁晶.从东部到中西部:高校人才逆向流动溯因与献策[J].高教探索,2022(05):37-42,62.

[24] 张熠,倪集慧.科技创新人才评价指标体系构建[J].统计与决策,2022,38(16):172-175.

[25] 全国劳动模范和先进工作者表彰大会隆重举行 习近平发表重要讲话[EB/OL].2020-11-24/2023-07-19,http://jhsjk.people.cn/article/31942952.

[26] 周洪宇.加快建设教育强国、科技强国、人才强国[EB/OL].2023-03-13/2023-07-08,http://www.qstheory.cn/dukan/hqwg/2023-03/13/c_1129429341.htm.

[27] 陈先哲.面向中国式现代化全面提高人才自主培养质量[J].人民教育,2022(21):41-43.

[28] 郑毅.做好理论学习与实践运用的"结合"文章[EB/OL].2023-10-09/2023-11-01,http://theory.people.com.cn/n1/2023/1009/c40531-40091231.html.

[29] 关于进一步加强和改进大学生思想政治教育的意见[EB/OL].2004-10-15/2022-11-09,http://www.moe.gov.cn/jyb_xwfb/gzdt_gzdt/moe_1485/tnull_3939.html.

[30] 骆郁廷.当代大学生思想政治教育[M].北京:中国人民大学出版社,2010.

[31] 邱伟光,张耀灿.思想政治教育学原理[M].北京:高等教育出版社,2001.

[32] 陈秉公.思想政治教育学原理[M].辽宁:辽宁人民出版社,2001.

[33] 习近平在亚洲文明对话大会开幕式上的主旨演讲.[EB/OL].2019-05-15/2022-10-19,http://cpc.people.com.cn/n1/2019/0515/c64094-31086573.html.

[34] 胥文政.国外大学生思想政治教育的现状及评析[J].山东省团校学报,2023,02:19-21.

[35] 沈壮海.思想政治教育的文化视野[M].北京:人民出版社,2005.

[36] 爱国主义教育法表决通过 自明年元旦起施行[EB/OL].2023-

10-25/2023-10-29, http: //edu.people.com.cn/n1/2023/1025/c1006-40103135.html.

[37] 汪功平,吴学兵.新时代爱国主义教育的时代价值、核心内涵与实践路径[J].长春理工大学学报(社会科学版),2021,34（01）,20-25.

[38] 李燕,赵士发.关于当代中国爱国主义教育问题的哲学反思[J].武汉科技大学学报(社会科学版),2016,18（06）,637-642.

[39] 李红冠.经济全球化背景下大学生爱国主义教育的内涵[J].人民论坛,2013,29,172-173.

[40] 康秀华.大学生爱国主义教育应处理好的几个关系问题[J].辽宁教育研究·2005,（10）：83-84.

[41] Podlasy, I.P.（2017）. Pedagogy. Moscow：Yurayt.

[42] Gałkowski, S.（2020）. How Is Moral Education Possible? Antinomies of the Kantian Philosophy of Education. Studia Historii Filozofii, Vol.11, 123–138. Retrieved from http：//dx.doi.org/10.12775/szhf.2020.016.

[43] 骆郁廷,张莉.思想教育、政治教育、道德教育的性质与特点辨析[J].武汉大学学报(社会科学版),2022,55（04）：440-447.

[44] 柳翠钦,王茹.加强创新创业教育提高劳动者的素质[J].职业技术教育(教科版),2001,22（13）：48-50.

[45] 刘坤,李继怀.创新创业教育本质内涵的演变及其深化策略[J].黑龙江高教研究,2016,（1）：117-120.

[46] 王占仁.创新创业教育的核心要义与周边关系论析[J].国家教育行政学院学报,2018,（1）：21-26.

[47] 陈艳霞.澳大利亚高校创新创业教育特色研究——以莫纳什大学为例[D].厦门：厦门大学,2019.

[48] 艾华,郭雅茹,孟妍,田润平.创新创业教育的思政教育内涵建设研究[J].中医教育,2019,38（01）：43-45.

[49] Lee, J., & , Kim, D., & Sung, S.（2019）. The Effect of Entrepreneurship on Start-Up Open Innovation：Innovative Behavior of University Students. Journal of Open Innovation：Technology, Market and Complexity. Vol.5, 1–13. Retrieved from https：//doi.org/10.3390/joitmc5040103.

[50] Kirby, D.（2007）. Handbook of Research in Entrepreneurship

Education, Volume 1. A General Perspective. Changing the entrepreneurship education paradigm. UK：Edward Elgar Publishing Limited Glensanda House.

[51] 陈艳霞. 澳大利亚高校创新创业教育特色研究——以莫纳什大学为例[D]. 厦门：厦门大学，2019.

[52] 刘学军,徐建玲,付坤. 高校创新教育的困境、成因及对策[J]. 现代教育管理，2017，10：74-78.

[53] 郑清春. 高校创新教育的内涵、问题及路径选择[J]. 黑龙江高教研究，2017,（09）：159-161.

[54] 蒋琴雅. 创业教育——高校思想政治教育的新视角[J]. 南京工程学院学报(社会科学版)，2007，07（04），46-49.

[55] 陈艳霞. 澳大利亚高校创新创业教育特色研究——以莫纳什大学为例[D]. 厦门：厦门大学，2019.

[56] Hjorth, D., & Johannisson, B.（2007）. Handbook of Research in Entrepreneurship Education, Volume 1. A General Perspective. Learning as an entrepreneurial process. UK：Edward Elgar Publishing Limited Glensanda House.

[57] Zaring, O., & Gifford, E., & McKelvey, M.（2019）. Strategic choices in the design of entrepreneurship education：an explorative study of Swedish higher education institutions, Studies in Higher Education, Vol. 46, 343-358. Retrieved from https：//doi.org/10.1080/03075079.2019.1637841.

[58] Mealman, C. A., & Lawrence, R. L.（2002）. Reflective Synergy：A Research Model for Collaborative Inquiry. Paper presented at the Annual Meeting of the Adult Education Research Conference, Retrieved from http：//www.ncsu.edu/ced/acce/aerc/start.pdf.

[59] 杜栋. 协同、协同管理与协同管理系统[J]. 现代管理科学，2008（02）：92-94.

[60] Veeraraghavan, V.（2009）. Entrepreneurship and Innovation. Asia-Pacific Business Review, Vol. V, No. 1, 14-20.

[61] Fadaee, A., & Alzahrh, H. O. A.（2014）. International Journal of Economy, Management and Social Sciences. Vol.3, No.12, 1-4.

[62] García-González, A., & Ramírez-Montoya, M. S.（2019）. In Proceedings of the 7th International Conference on Technological Ecosystems for Enhancing Multiculturality. Higher education for social entrepreneurship in the quadruple helix framework: co-construction in open innovation.（TEEM 2019）.University of Leon, Spain. Retrieved from https://doi.org/10.1145/1234567890.

[63] 郭志达,华菊翠.面向创新创业能力培养的地方高校实践教学改革研究[J].高等农业教育,2015,293:56-60.

[64] 王洪才.创新创业能力的科学内涵及其意义[J].教育发展研究,2022,42（01）:53-59.

[65] 王洪才.论创新创业人才的人格特质、核心素质与关键能力[J].2020（12）:44-51.

[66] Amis, J., Slack, T., & Hinings, C. R.（2004）. The pace, sequence, and linearity of radical change. Academy of Management Journal, Vol.47, 15–39.

[67] Kell, H.J., Lubinski, D., Benbow, C.P., & Steiger, J.H.（2013）. Creativity and Technical Innovation: Spatial Ability's Unique Role. Psychological Science. 1831-1836. Retrieved from: https://www.researchgate.net/publication/248705584

[68] 袁凤英、王秀红、董敏.创新创业能力训练[M].北京:中国书籍出版社,2014.

[69] Lu, J. G., Eastwick, P. W., Maddux, W. W., Hafenbrack, A.C., Wang, D.J., & Galinsky, A. D.（2017）. Going Out of the Box: Close Intercultural Friendships and Romantic Relationships Spark Creativity, Workplace Innovation, and Entrepreneurship. Journal of Applied Psychology. Supplemental materials. Vol. 102, No. 7, 1091-1108. Retrieved from: http://dx.doi.org/10.1037/apl0000212.supp

[70] 周岩.中国融入全球价值链的空间差异与协调发展研究[D].南京:东南大学,2021.

[71] 刘江宁.当代大学生信仰问题研究[D].济南:山东大学,2012.

[72] 刘昌亚.加快推进教育现代化开启建设教育强国新征程——《中国教育现代化2035》解读[J].教育研究,2019（11）:4-16.

[73] Ogbolu, A N., & Sukidjo.（2020）. The nexus between

financial literacy and entrepreneurship ability among university students in emerging markets. Journal of Physics：Conference Series. Retrieved from doi：10.1088/1742-6596/1446/1/012073.

[74] 李娜.新时代大学生创新创业能力结构与现状分析[D].长春：东北师范大学,2019.

[75] 徐剑,巫蓉,徐源.大学生创业技能的灰色模糊综合评价[J].价值工程,2017,36（35）：180-182.

[76] 唐靖,姜彦福.创业能力的概念发展及实证检验[J].经济管理,2008,09：16-18.

[77] Scott, J.M., Penaluna, A. and Thompson, J.L.（2016）'A critical perspective on learning outcomes and the effectiveness of experiential approaches in entrepreneurship education：do we innovate or implement?', Education +Training, Vol. 58, Issue 1. 82-93.

[78] Elmuti, Khoury, G., & Omran, O.（2012）Does ertrepreneurship euucation have a role in developing entrepreneurial skills and ventures' effectiveness? Journal of Entrepreneurship Education, Vol. 15, 83-98.

[79] Aizuddin, N. M.M. N., Adam, S., & Widarman, B.（2020）. The effectiveness of entrepreneurship training programs towards the bumiputera entrenpreneurial performance in johor. International Journal of Entrepreneurship and Management Practices（IJEMP）, Vol.3, Issue.10, 74-81.Retrieved from： doi： 10.35631/IJEMP.310006.

[80] 沈壮海.思想政治教育有效性研究[M].武汉：武汉大学出版社,2001.

[81] 户田琳.高校创新创业课程学生满意度调查研究[D].长沙：湖南大学,2019.

[82] Agyeiwaah, E., Baiden, F.B., Gamor, E., & Hsu, F.C.（2021）. Determining the attributes that influence students' online learning satisfaction during COVID-19 pandemic. Journal of Hospitality, Leisure, Sport & Tourism Education. Available online 24, Retrieved from： https：//doi.org/10.1016/j.jhlste.2021.100364.

[83] Lengetti, E., Cantrell, M. A., Croce, N.D., Diewald, L., Mensinger, J.L., & Shenkman, R.（2021）. Learning environment

and evidence among professionals and students satisfaction (LEAPS), experienced during the COVID-19 pandemic. Teaching and Learning in Nursing, Vol.16, 342–346. Retrieved from: https://doi.org/10.1016/j.teln.2021.07.004.

[84] Teece D. (1977). Technology transfer by multinational firms: the resource cost of transferring technological know——how. The Economic Journal, No.87, 242 – 261.

[85] Albino, V., Garavelli, A.C., & Schiuma, G. (1999). Knowledge transfer and inter-firm relationships in industrial districts: the role of the leader firm. Technovation, Vol.19, 53–63.

[86] Stevanov, M., Krott, M. (2021). Embedding scientific information into forestry praxis: Explaining knowledge transfer in transdisciplinary projects by using German case. Forest Policy and Economics, Vol. 129. Retrieved from: https://doi.org/10.1016/j.forpol.2021.102508.

[87] 许强,郑胜华.母子公司的知识转移关系和管理权分配[J].科技进步与决策,2005(04):98-100.

[88] 郑倩.不确定性规避对科技人才创新绩效的影响研究:基于知识转移的中介作用[D].新疆:石河子大学,2016.

[89] 中共中央、国务院印发《中国教育现代化2035》[EB/OL].2019-02-23/2022-10-24, http://www.moe.gov.cn/jyb_xwfb/s6052/moe_838/201902/t20190223_370857.html.

[90] 顾明远,滕珺.《中国教育现代化2035》与全球可持续发展教育目标实现[J].比较教育研究,2019,352(05):3-9,35.

[91] 温辉,彭正梅,崔西孟.21世纪如何学会生存"比较教育与中国教育现代化"高峰论坛综述[J].外国教育研究,2020,47(05):119-128.

[92] 习近平主持中央政治局第五次集体学习并发表重要讲话[EB/OL].2023-05-29/2023-06-11, https://www.gov.cn/yaowen/liebiao/202305/content_6883632.htm?eqid=abb8fc20000416fe000000046486ae53.

[93] 马化腾.互联网+国家战略行动路线图[M].北京:中信出版社,2015.

参考文献

[94] 冯建军.超越"现代性"的中国教育现代化：人的现代化视角[J].南京社会科学,2019,(09)：133-156.

[95] 孙树彪.高等教育内涵式发展的"立德树人"研究[D].长春：吉林大学,2019.

[96]【百个瞬间说百年】1953,"一化三改""一体两翼".[EB/OL].2021-04-30/2022-08-13.https://www.12371.cn/2021/04/30/ARTI1619744527569439.shtml.

[97] 马克思,恩格斯全集,第23卷[M].北京：人民出版社,1979.

[98] 杨萍.高校"三全育人共同体"的价值追求及其实现路径研究[D].武汉：华中师范大学,2019.

[99] 习近平 在北京大学师生座谈会上的讲话[EB/OL].2018-05-03/2022-09-11.http://edu.people.com.cn/gb/n1/2018/0503/c1053-29962479.html.

[100] 牟蕾,曹宇鹏.精细化管理思想在独立学院学生管理工作中的应用[J].中外企业家,2013(22)：96-97.

[101] 金建龙."精致育人"内涵及其路径选择[J].鞍山师范学院学报,2015,17(03)：87-90.

[102] 张英杰.以精细化管理加强学校内涵建设[J].云南民族大学学报(哲学社会科学版),2011,28(05)：11-14.

[103] 金建龙,宁欣,王楠.新时代背景下高校思想政治教育"精致育人"模式研究[M].北京：经济管理出版社,2018.

[104] 童晓玲.研究新大学创新创业教育体系研究[D].武汉：武汉理工大学,2012.

[105] 艾四林,刘敬东,张玲玲.实践论、矛盾论导读[M].北京：中国民主法制出版社,2017.

[106] 中共中央文献编辑委员会,毛泽东选集(第一卷)[M].北京：人民出版社,1991.

[107] 皇甫科杰."中国教育现代化"的时代背景与学理背景分析[J].中国教育科学,2020,03(02)：126-133.

[108] 李新宇,辛宝海.毛泽东《实践论》《矛盾论》及其当代价值[J].中共桂林市委党校学报,2019,10(03)：9-13.

[109] 任泽中.资源协同视域下大学生创业能力影响因素与发展机制研究[D].镇江：江苏大学,2016.

[110] 王起友,张东洁,贾立平.协同理论视角下的大学生思想政治教育创新研究[J].学校党建与思想教育,2013(23):13-14.

[111] (德)赫尔曼·哈肯(著),凌复华(译).协同学-大自然构成的秘密[M].上海:上海译文出版社,2013.

[112] Craig A, M., & Randee Lipson, L. (2002). Reflective Synergy: A Research Model for Collaborative Inquiry. The Annual Meeting of the Adult Education Research Conference(43rd), Raleigh, NC.

[113] 崔晓丹.大学生思想政治教育主渠道与主阵地协同研究[D].北京:北京科技大学,2020.

[114] 习近平:在北京大学师生座谈会上的讲话.[EB/OL].2018-05-03/2022-10-23,http://edu.people.com.cn/gb/n1/2018/0503/c1053-29962479.html.

[115] Teece, D J. (1977). Technology transfer by multinational firms: The resource cost of transferring technological know-how. The Economic Journal, Vol.87, 242-261.

[116] Albino, V., Garavelli, A. C., & Schiuma, G. (1999). Knowledge transfer and inter-firm relationships in industrial districts: the role of the leader firm. Technovation 19, 53-63.

[117] Szulanski, G. (1996). Exploring internal stickiness: impediments to the transfer of best practice within the firm. Strategic Management Journal, Vol. 17 (Winter Special Issue), 27-43.

[118] 刘追,郑倩,孔令英.不确定性规避与员工创新绩效———知识转移的中介作用[J].软科学,2016,30(10):113-117.

[119] 程为民.当代大学生中华优秀传统文化认同研究[D].武汉:武汉大学,2017.

[120] Cardozo R N. An experimental study of customer effort, expectation, and satisfactio [J].Journal of marketing research,1965,2(3):244-249.

[121] 朱荣妍.高等农业院校教育服务学生满意度测评研究[D].沈阳:沈阳农业大学,2018.

[122] Fernández-Garcíaa, D., Moreno-Latorreb, E., Giménez-Espertc, M.C., & Prado-Gascʹ, V. (2021). Satisfaction with the clinical practice among nursing students using regression models

and qualitative comparative analysis. Nurse Education Today（100）, 104861, 1-7. https：//doi.org/10.1016/j.nedt.2021.104861.

[123] Kokkinos, C. M., Tsouloupas, C. N., & Voulgaridou, I.（2022）. The effects of perceived psychological, educational, and financial impact of COVID-19 pandemic on Greek university students' satisfaction with life through Mental Health. Journal of Affective Disorders（300）, 289–295. https：//doi.org/10.1016/j.jad.2021.12.114.

[124] Yekefallah, L., Namdar, P., Panahi, R., & Dehghankar, L.（2021）. Factors related to students' satisfaction with holding e-learning during the Covid-19 pandemic based on the dimensions of e-learning. Heliyon 7, 1-6. https：//doi.org/10.1016/j.heliyon.2021.e07628.

[125] Muñoz-Carril, P. C., Hernández-Sellés, N., Fuentes-Abeledo, E.J., & González-Sanmamed, M.（2021）. Factors influencing students' perceived impact of learning and satisfaction in Computer Supported Collaborative Learning. Computers&Education174, 1-13. https：//doi.org/10.1016/j.compedu.2021.104310.

[126] 胡剑锋,程样国.基于OBE的民办本科高校大学生创新创业能力评价[J].社会科学家,2016（12）：123-127.

[127] 游奎一,赵方方,王威燕,刘平乐.在新工科背景下化工专业实践教学环节中实施本科生导师制人才培养模式研究[J].教育现代化,2018,5（52）：14-16.

[128] 席酉民,刘鹏.组织管理与系统工程研究回顾与展望[J].系统科学与数学,2019,39（10）：1514-1520.

[129] 潘章,陈静,张聚涛"新工科"背景下地方高校工科专业人才培养模式的构建——以唐山学院为例[J].新课程研究(中旬刊),2018,（12）：82-84

[130] 张雪.新工科专业人才工程实践能力培养的影响因素研究[D].阜新市：辽宁工程技术大学,2021.

[131] 王贵成,夏玉颜,蔡锦超.成果导向教育模式及其借鉴[J].当代教育论坛,2009（12）：17-19.

[132] 刘宏达,彭嘉琪.思想政治教育大数据定量分析方法的内涵、特征及实施策略[J].学校党建与思想教育,2020,（03）：22-26.

[133] 李志义.成果导向的教学设计[J].中国大学教学,2015(03)：

32-39.

[134] 李光梅.成果导向教育理论及其应用[J].教育评论,2007（01）:51-54.

[135] 王金旭,朱正伟,李茂国.成果导向:从认证理念到教学模式[J].中国大学教学,2017（06）:77-82.

[136] 顾佩华,胡文龙,林鹏,包能胜,陆小华,熊光晶,陈严.基于"学习产出"（OBE）的工程教育模式——汕头大学的实践与探索[J].高等工程教育研究,2014（01）:27-37.

[137] 王颖,黎家成.高校思政课混合式教学优化路径探析[J].学校党建与思想教育,2023（08）:49-51.

[138] 苗桂先.思政课专题式教学的实践探索[J].中学政治参考,2020（05）:63-64.

[139] 孙巍.新时代高校思政课专题式教学的基本遵循及实施策略[J].学校党建与思想教育,2020（10）:45-48.

[140] 陈征,高书杰.构建"翻转课堂"的线上线下混合式教学方法——以思想政治理论课为例[J].现代商贸工业,2019（19）:168-169.

[141] 韩淼.基于慕课和雨课堂的高校思政课混合式教学——以"毛泽东思想和中国特色社会主义理论体系概论"慕课为例[J].现代教育技术,2018（07）:65-70.

[142] 东秀萍,张淑东.思想政治理论课混合式教学模式的研究与实践[J].长春理工大学学报(社会科学版),2017（01）:148-152.

[143] 杨志超.高校思想政治理论课混合式教学模式的建构路径探析[J].思想教育研究,2016（06）:69-73.

[144] 何永强.OBE理念下制造类高职生工匠精神培育模式探索[J].高等工程教育研究,2024（01）:170-175.

[145] 李逢庆,韩晓玲.混合式教学质量评价体系的构建与实践[J].中国电化教育,2017（11）:108-113.

[146] 骆郁廷.当代大学生思想政治教育[M].北京:中国人民出版社,2010.

[147] 马克思,恩格斯.《马克思恩格斯文集》第一卷[M].北京:人民出版社,2009.

[148] 王雪.中外学校思想政治教育内容与方法比较研究[D].长春:吉林农业大学,2014.

[149] 胡玉宁.党史教育融入高校思想政治理论课的内容、方法与路径研究[J].北京教育(德育),2021(04):66-70.

[150] 李辉,孙飞争.论思想政治教育新媒体环境的本质[J].思想教育研究,2016(12):57-60.

[151] 李辉,王丹.内生育德:课程思政建设的基本遵循[J].新疆师范大学学报,(哲学社会科学版),2021,42(05):241-248.

[152] 王升臻.思想政治教育本质研究[M].郑州:郑州大学出版社,2016.

[153] 李俊奎,王升臻.关于思想政治教育本质问题的再思考[J].广西社会科学,2017(10):238-242.

[154] 李辽宁.解读思想政治教育本质的四个维度[J].学校党建与思想教育,2007(11):18-21.

[155] 孙晓琳,庞立生.思想政治教育话语逻辑的内涵本质、发展趋向与优化路径[J].思想教育研究,2019(01):67-71.

[156] 许瑞芳,张志恒.廓清与重释:思想政治教育的本质探究[J].思想教育研究,2020(04):54-58.

[157] 廖小琴.思想政治教育本质研究的几个问题[J].思想教育研究,2020(06):47-53.

[158] 王雄.高校德育工作隐性化教育的实践与思考[J].中国高教研究,2007(04),73-74.

[159] 张永汀.校园新媒体环境下高校思想政治教育途径创新[J].中国石油大学学报(社会科学版),2011,27(05):103-108.

[160] 郭勤艺.新媒体环境下高校思想政治理论课教学方法创新研究与实践[J].现代经济信息,2019(20):331-332.

[161] 蒋胜.中外思想政治教育实施方法的比较研究[D].西安:西安建筑科技大学,2007.

[162] 程仕波.大学生思想政治教育方法信息化研究[D].武汉:华中师范大学马克思主义学院,2016.

[163] 范锦梅.思想政治教育中道德叙事的价值及方法研究[D].兰州:兰州大学,2017.

[164] 吴纡恬.中美两国高校网络思想政治教育载体比较研究[D].福州:福建师范大学,2013.

[165] 刘利,潘黔玲.互联网+视域下思政课教学理论与实践发展

研究 [M]. 长春：吉林大学出版社，2017.

[166] 陈建勋. 高校使命型思想政治教育：缘由、内涵与路径 [J]. 南京理工大学学报（社会科学版），2020，33（03）：83-87.

[167] 丁冬红. 高校思想政治教育的载体创新——以学生事务与发展中心和易班学生工作中心为例 [J]. 文教资料，2019（22）：129-130.

[168] 文永刚. 高校网络舆情对大学生思想政治教育的影响 [J]. 创新创业理论研究与实践，2021（05）：4-6.

[169] 李宝研. 大数据时代大学生网络思想政治教育创新研究 [D]. 哈尔滨：哈尔滨师范大学，2020.

[170] 蒋丽. 网络空间治理视角下高校思想政治教育的创新思考 [J]. 内江师范学院学报，2021，36（03）：96-100.

[171] 宋振超. 信息化视阈下高校思想政治教育有效性研究 [D]. 苏州：苏州大学，2012.

[172] 刘兢. 心理资本视域下"90后"大学生思想政治教育有效性探究—基于成都市部分高校的调研 [D]. 成都：西华大学，2015.

[173] 卫振中. 高职院校学生思想政治教育实效性研究 [D]. 太原：中北大学，2011.

[174] 江梦乐. 基于学生满意度的本科高校辅导员思想政治教育工作有效性研究 [D]. 南昌：江西师范大学，2018.

[175] 白婷. 移动互联网时代大学生思想政治教育实效性研究 [D]. 重庆：重庆交通大学，2018.

[176] 赵丹. 自媒体下大学生思想政治教育实效性研究 [D]. 成都：成都理工大学，2018.

[177] 林梅影. 浅谈国外思想政治教育工作及对我国高校教育的启示 [J]. 佳木斯教育学院学报，2012（12）：149-150.

[178] 思勤途. 国外高校思想政治教育对我国的启示 [J]. 知识经济，2017（13）：129-131.

[179] Hanushek, E. A., Schwerdt, G., Woessmann, L., & Zhang, L. (2017) General Education, Vocational Education, and Labor-Market Outcomes over the Lifecycle. Journal of Human Resources, University of Wisconsin Press, vol. 52（01），48-87. Retrieved from http://www.nber.org/papers/w17504.

[180] 邵建防，罗骋. 国外思想政治教育特色及对我国的启示 [J].

湖北社会科学,2004(08):125-126.

[181] 顾洪英.发达国家高校思想政治教育的特点及其启示[J].思想理论教育导刊,2008(02):70-73.

[182] 尹学红,张小杰,李雪莉.国外思想政治教育的特点及启示[J].中外企业家,2009(05):21-23.

[183] 胥文政.国外大学生思想政治教育的现状及评析[J].山东省团校学报,2013(02):19-21.

[184] 王艳飞.国外思想政治教育对我国大学生思政教育的启示[J].学理论,2016(04):245-246.

[185] 丛琳.国外思想政治教育的现状及对中国的启示[D].沈阳:沈阳航空工业学院,2010.

[186] 王晓菲.国外思想政治教育的借鉴研究[D].太原:山西大学,2011.

[187] 朱晓兰,秦鹏飞.思想政治教育概念、理论的梳理及国外研究概况[J].科教导刊,2017(26):188-192.

[188] Anthony U. Nwokoye.(2020). A review of Charles C. Nweke and Chukwugozie D. Nwoye's "higher education and general studies in Nigeria: a philosophical investigation". Journal of Applied Philosophy, Vol. 18. No. 3.128-131.

[189] 王晓菲.国外思想政治教育的借鉴研究[D].太原:山西大学,2011.

[190] 张培培.国外学校思想政治教育对我国的启示[J].安徽工业大学学报(社会科学版),2015,32(06):146-147,151.

[191] 王晓菲.国外思想政治教育的借鉴研究[D].太原:山西大学,2011.

[192] 丛琳.国外思想政治教育的现状及对中国的启示[D].沈阳:沈阳航空工业学院,2010.

[193] 杨勇.国外思想政治教育方法的思考与借鉴[J].学理论,2016(04):243-244.

[194] 邢国忠,刘子钰.学科成立以来比较思想政治教育学研究的回顾与前瞻[J].思想政治教育研究,2023,09(01):158-164.

[195] 雷骥.我国公民教育的基本内涵、特点和作用——兼论公民教育与思想政治教育的关系[J].郑州大学学报(哲学社会科学版),

2004,37（03）：11-13.

[196] 郗厚军,康秀云.国外思想政治教育可借鉴性：前提反思、根据认识及实现要求[J].思想理论教育,2017（10）：17-22.

[197] 丁嘉,刘峰,丁平.中外思想政治教育目标综合探究[J].西部学刊,2020（08）：110-113.

[198] 奋进新时代 百名委员说丨尚勇委员：跨入创新型国家的辉煌十年,[EB/OL] 2022-10-12/2023-11-11, http：//www.cppcc.gov.cn/zxww/2022/10/12/ARTI1665540348587141.shtml.

[199] 欧庭宇.问题与路径：对高校思想政治理论课教学的思考[J].黑龙江高教研究,2020（12）：100-105.

[200] 在理想与现实之间——当代欧美通识教育的挑战与困境,[EB/OL]2023-12-07/2023-12-19. https：//baijiahao.baidu.com/s?id=1784567012134732016&wfr=spider&for=pc.

[201] 温辉,彭正梅,崔西孟.21世纪如何学会生存："比较教育与中国教育现代化"高峰论坛综述[J].外国教育研究,2020,47,（359）：119-126..

[202] 中华文明具有突出的创新性,从根本上决定了中华民族守正不守旧、尊古不复古的进取精神,决定了中华民族不惧新挑战、勇于接受新事物的无畏品格,[EB/OL].2023-06-14/2023-07-29. https：//www.gov.cn/yaowen/liebiao/202306/content_6886176.htm.

[203] 孟凡婷.创新创业教育与思想政治教育融合探析[J].创新与创业教育,2019,10（06）：91-93.

[204] 刘坤,李继怀.创新创业教育本质内涵的演变及其深化策略[J].黑龙江高教研究,2016（01）：117-120.

[205] 鲁保富.论教育现代化与大学生创新创业能力培养[J].实验技术与管理,2008,25（02）：143-147.

[206] 郑彦云,罗立军,付晓春,卢亢.大学生创新创业能力培养[M].广州：暨南大学出版社,2017.

[207] 陈薇娜.新形势下的大学生创业教育研究[D].南昌：南昌大学,2010.

[208] 李娜.新时代大学生创新创业能力结构与现状研究[D].长春：东北师范大学,2019.

参考文献

[209] 高山. 师范类院校大学生创新创业能力测评体系构建研究——以云南师范大学为例 [D]. 云南：云南师范大学，2019.

[210] 宋之帅. 工科高校创新创业教育研究 [D]. 合肥：合肥工业大学，2014.

[211] 刘荣. 当代中国美术院校的创新创业教育模式探索 [D]. 西安：西安美术学院，2017.

[212] 姜慧，殷惠光，徐孝昶. 高校个性化创新创业人才培养模式研究 [J]. 国家教育行政学院学报，2015（03）：27-31.

[213] 刘敏，王耀南，谭浩然，江未来，张辉. 专创融合研究生创新创业教育模式的探索实践——以湖南大学控制学科为例 [J]. 研究生教育研究，2023（01）：54-57.

[214] 王学智. 大学生创业中创新能力养成机制研究 [D]. 合肥：中国科学技术大学，2017.

[215] 胡蝶. 基于三螺旋理论的工科院校创新创业教育研究 [D]. 北京：华北电力大学，2019 年.

[216] 张晓蕊，马晓娣，丁光彬. "五位一体"的创新创业生态教育体系构建研究 [J]. 河北工程大学学报（社会科学版），2019，36（04）：115-119.

[217] 傅田，赵柏森，许媚. "三螺旋"理论下创新创业教育与专业教育融合的机理、模式及路径 [J]. 教育与职业，2021（04）：74-80.

[218] 计华. 基于 OBE 理念的财经类高校创新创业教学模式变革 [J]. 江苏高教，2023（12）：91-93，130.

[219] 马歇尔·麦克卢汉（Marshall McLuhan），何道宽（译）. 理解媒介 - 论人的延伸 [M]. 南京：译林出版社，2019.

[220] 徐芬. 互联网+背景下高职学生创新创业教育载体的实效性现状研究 [J]. 湖北开放职业学院学报，2019，32（01）：1-2，9.

[221] 唐海燕. 创新创业教育融入高校思想政治理论课的探索 [J]. 高教论坛，2019（04）：105-107.

[222] 石梦伊. 双创教育对发展学生创新精神、创业能力有效性研究 [D]. 天津：天津职业技术师范大学，2020.

[223] 陈苡. 创新创业教育对大学生创新精神、创业能力发展效用研究 [J]. 教育教学论坛，2020（14）：10-11.

[224] Rahmat, N. H.（2020）. Innovation in education: barriers

and facilitating factors. European Journal of Education Studies, Vol. 6, Issue 10, 55-66.

[225] Kummitha, H. R., & Kummitha, R. K. R. (2021). Sustainable entrepreneurship training: A study of motivational factors. The International Journal of Management Education, Vol. 19, Retrieved from: https://doi.org/10.1016/j.ijme.2020.100449（108-ok）

[226] Ratten, C., & Jones, P. (2021). Covid-19 and entrepreneurship education: Implications for advancing research and practice. The International Journal of Management Education, Vol. 19, Retrieved from: https://doi.org/10.1016/j.ijme.2020.100432

[227] 彼得·F·德鲁克,柯政(译).创业精神与创新——变革时代的管理原则与实践[M].北京:中国工人出版社,1989.

[228] Linton, G., & Klinton, M. (2019). University entrepreneurship education: a design thinking approach to learning. Journal of Innovation and Entrepreneurship, No.3, Retrieved from: https://doi.org/10.1186/s13731-018-0098-zhttps://doi.org/10.1186/s13731-018-0098-z

[229] Fayolle, A., Gailly, B., & Lassas-Clerc, N. (2006). Assessing the impact of entrepreneurship education programmes: A new methodology. Journal of European Industrial Training, Vol. 30, Issue 9, 701-720. https://doi.org/10.1108/03090590610715022.

[230] Colin, J. (2019) A signature pedagogy for entrepreneurship education. Journal of Small Business and Enterprise Development, 26(2), 243-254. Retrieved from: https://doi.org/10.1108/JSBED-03-2018-0080

[231] Pisoni, G. (2019). Strategies for Pan-European Implementation of Blended Learning for Innovation and Entrepreneurship (I&E) Education. Education Science, Vol.9, Retrieved from: https://doi.org/10.3390/educsci9020124.

[232] Mukesh, H. V., Pillai, K.R., & Mamman, J. (2019): Action-embedded pedagogy in entrepreneurship education: an experimental enquiry, Studies in Higher Education, doi: 10.1080/03075079.2019.1599848.

[233] Te-Tsai, L.（2020）A Study on the Effect of Learning Outcomes of the Five Practical Methods in Entrepreneurship Education. Advances in Economics, Business and Management Research, vol.145, 30–34.

[234] 乔明哲,陈忠卫.英国大学创业教育的特点及其启示 [J].外国教育研究,2009,36：93–95.

[235] 范华莉,高顺裕,汪雅."双创"背景下大学生创新创业能力提升路径研究 [J].创新创业理论研究与实践,2018（08）：119–120.

[236] 侯迪明.大学生创新创业教育的问题与对策研究——以 H 省三所地方高校为例 [D].哈尔滨：哈尔滨师范大学,2019.

[237] 丁亿.增强大学生创新创业教育实效性研究 [D].哈尔滨：东北林业大学,2020.

[238] 孟凡婷.创新创业教育与思想政治教育融合探析 [J].创新与创业教育.2019,10（06）,：91–93.

[239] 李丽萍.高校大学生创新创业教育与思想政治教育双向建构体系研究 [J].湖北开放职业学院学报,2020,33（02）：3–4.

[240] 张洁,马谨,窦艳芬,郑静.浅析高校创新创业教育与思想政治教育融合路径研究 [J].当代教育实践与教学研究,2020（05）：149,168.

[241] 董金玲.高职院校"大思政"格局下创新创业教育与思政教育的有机融合——以酒泉职业技术学院为例 [J].文化创新比较研究,2019（17）：101–102.

[242] 张爱丽,邢维维.推进"双创"思政教育协同育人机制建设的策略 [J].现代农业研究,2019（03）：117–118.

[243] 杨翠苹.大学生创业教育与思政教育协同模式探究 [J].科技创业月刊,2019（05）：86–88.

[244] 王晓梅.创新创业教育与思想政治教育的双向建构与协同共进研究 [J].职教通讯,2020（08）：62–68.

[245] 刘嵘.高校思想政治教育与创新创业教育的双向构建 [J].辽宁农业职业技术学院学报,2021,23（01）：39–41.

[246] 李丽萍.高校大学生创新创业教育与思想政治教育双向建构体系研究 [J].湖北开放职业学院学报,2020,33（02）：3–4.

[247] 宋妍.高校创新创业教育与思想政治教育关系研究 [D].长

春：东北师范大学，2017.

[248] 陈华洲.思想教育资源论[D].武汉：华中师范大学政法学院，2007.

[249] 蒋琴雅.创业教育——高校思想政治教育的新视角[J].南京工程学院学报(社会科学版),2007,07(04):46-49.

[250] 邱艺仙.思想政治教育视角下大学生创新创业教育研究[D].漳州：闽南师范大学，2018.

[251] 崔晓丹.大学生思想政治教育主渠道与主阵地协同研究[D].北京：北京科技大学，2020.

[252] 梅晓宇.高校思想政治教育要重视大学生创新创业教育[J].思想理论教育导刊,2017(01):125-129.

[253] 杨坤.当代大学生创业教育中的思想政治教育研究[D].重庆：西南大学，2009.

[254] 马俊平.高校思想政治教育与创新创业教育协同育人研究[M].北京：中国水利水电出版社，2018.

[255] 高志勇.创业教育视域下当代大学生思想政治教育研究[J].山东农业工程学院学报,2019,36(04):118-119.

[256] 李辉,王丹.内生育德：课程思政建设的基本遵循[J].新疆师范大学学报(哲学社会科学版),2021,42(05):241-248.

[257] 罗杰.依托高校思想政治教育开展创业教育的路径研究[D].成都：西南财经大学，2008.

[258] 冯利,缪琦,邓磊.大学生创新创业教育与思想政治教育内核耦合机理研究[J].北京教育(德育),2017(01):52-56.

[259] 艾华,郭雅茹,孟妍,田润平.创新创业教育的思政教育内涵建设研究[J].中医教育,2019(01):43-45.

[260] 权松立.高校创新创业人才培养与思政教育融合的价值内涵及实施路径[J].经济研究导刊,2019(18):144,148.

[261] 常飒飒.基于核心素养发展的欧盟创业教育研究[D].长春：东北师范大学，2019.

[262] 敬树勇.将创新创业教育融入高校思想政治教学探究[J].当代教育实践与教学研究,2020(03):152-153.

[263] 张晓慧.思想政治教育与大学生创新创业教育的融合探讨[J].教育教学论坛,2020(05):65-66.

参考文献

[264] 蒋竹林. 创新创业教育融入思政课的路径探索 [J]. 四川文化产业职业学院(四川省干部函授学院)学报, 2018（02）: 63-69.

[265] 冯桂梅, 贾颜. 创新创业教育与思想政治教育的课堂融合 [J]. 吉林医药学院学报, 2020, 41（03）: 238-239.

[266] 刘武. 高校思想政治教育和双创教育协同育人的策略研究 [J]. 安徽工业大学学报(社会科学版), 2018, （05）: 108-109.

[267] 孟凡婷. 创新创业教育与思想政治教育融合探析 [J]. 创新与创业教育, 2019, 10（06）: 91-93.

[268] 唐海燕. 创新创业教育融入高校思想政治理论课的探索 [J]. 高教论坛, 2019（11）: 105-107.

[269] 王菲. 高校思想政治教育与创新创业教育有效融合研究 [J]. 大众文艺, 2019（18）: 217-218.

[270] 张洁, 马谨, 窦艳芬, 郑静. 浅析高校创新创业教育与思想政治教育融合路径研究 [J]. 当代教育实践与教学研究, 2020（05）: 149, 168.

[271] 克琴, 王娜. 应用型本科高校创新创业教育与大学生思想政治教育研究 [J]. 山东商业职业技术学院学报, 2017, 17（02）: 55-58.

[272] 刘武. 高校思想政治教育和双创教育协同育人的策略研究 [J]. 安徽工业大学学报(社会科学版), 2018, （05）: 108-109.

[273] 马莉. 高校创新创业教育与思想政治教育"四维一体"协同发展路径研究 [J]. 新余学院学报, 2019, 24（06）: 136-141.

[274] 张晓慧. 思想政治教育与大学生创新创业教育的融合探讨 [J]. 教育教学论坛, 2020（05）: 65-66.

[275] 华炜. 大学生创业教育与思想政治教育融合路径探索 [J]. 学校党建与思想教育, 2021（02）: 64-65.

[276] Kriza, A., Nailera, C., Jansenb, K., & Potocnjak-Oxmana, C.（2020）. Teaching-practice as a critical bridge for narrowing the research-practice gap. Industrial Marketing Management, Vol.92, 254–266. https://doi.org/10.1016/j.indmarman.2020.02.017

[277] Forliano, C., Bernardi, P, D., & Yahiaoui, D.（2021）. Entrepreneurial universities: A bibliometric analysis within the business and management domains. Technological Forecasting & Social Change, Vol.165, 1-16. https://doi.org/10.1016/j.techfore.2020.120522

[278] Guindalini, C., Verreynne, M.L., & Kastelle, T.（2021）. Taking scientific inventions to market: Mapping the academic entrepreneurship ecosystem. Technological Forecasting & Social Change, Vol.173, 1-12, https: //doi.org/10.1016/j.techfore.2021.121144.

[279] Buijs, V. L., & Stulp, G.（2022）. Friends, family, and family friends: Predicting friendships of Dutch women. Social Networks, Vol.70, 25‐35 https: //doi.org/10.1016/j.socnet.2021.10.008.

[280] Rumping, S.M., Boendermaker, L., & Fukkink, F.G.（2022）. What works for whom: A realist synthesis of neighbourhood interventions for families in the community. Children and Youth Services Review, Vol.134, https: //doi.org/10.1016/j.childyouth.2022.106365.

[281] 杨勇.国外思想政治教育方法的思考与借鉴[J].学理论,2016（04）：243-244.

[282] 丛琳.国外思想政治教育的现状及对中国的启示[D].沈阳：沈阳航空工业学院,2010.

[283] 周辉.大学生培养中思政教育与双创教育问题研究[J].科教文汇,2018（11）：1-3.

[284] 发展中国特色社会主义文化[EB/OL].2018-08-23/2023-01-03,http: //theory.people.com.cn/n1/2018/0823/c413700-30246300.html.

[285] 孙雷.传承弘扬中华优秀传统文化[EB/OL].2021-02-18/2023-01-03, http: //js.people.com.cn/n2/2021/0218/c360298-34581382.html.

[286] 许慎.中国共产党运用中华优秀传统文化凝心聚力的百年实践与经验[J].思想教育研究,2021（01）：65-70.

[287] 杨洋.大学生革命文化教育现状及对策研究[D].重庆：西南大学,2018.

[288] 本书编写组.十六大报告辅导读本[M].北京：人民出版社,2002.

[289] 尚德翔.多元文化背景下社会主义先进文化建设研究[D].长春：长春师范大学,2020.

[290] 陈婷.论地域文化的教育价值[J].西北师大学报(社会科学版),2013,50（06）：81-85.

[291] 徐冬先.地域文化与高校思想政治教育共促问题探讨-以黑

龙江省三江地区文化精神资源为例[J].经济师，2017（05）：211-213.

[292] 朱晔.充分发挥地域文化优势推动思想政治教育创新发展[J].山东人大工作，2015（04）：19-20.

[293] 黎鲲,周丽妤.创新创业教育中地域文化的渗透路径[J].湖北开放职业学院学报，2018，31（24）：3-4.

[294] 杨继平、程远.晋商文化概论[M].北京：首都经济贸易大学出版社，2018.

[295] 薛勇民等著.走向晋商文化的深处——晋商伦理的当代阐述[M].北京：人民出版社，2013.

[296] 高薇.基于中国传统文化的晋商精神研究[J].前进，2009（12）：52-53.

[297] 韩晓敏.晋商精神融入大学生思想政治教育研究[D].辽宁：辽宁师范大学，2020.

[298] Brancu, L., Munteanu, V., & Gligor, D.（2012）. Study on student's motivations for entrepreneurship in Romania. Procedia – Social and Behavioral Sciences, Vol.62, 223–231.

[299] [英]马克·J·史密斯.文化：再造社会科学[M].张美川译.吉林人民出版社，2005.

[300] Gore, J. S., & Wilburn, K.（2010）. A Regional Culture Model of Academic Achievement: Comparing Appalachian and Non-Appalachian Students in Kentucky. Journal of Social, Evolutionary, and Cultural Psychology, Vol.04, 156–173.

[301] 杨宇.当代中国文化软实力建设的社会效应研究[D].南京：南京航空航天大学，2015.

[302] Kilduff, E., & Cormican, K.（2022）. Do you really understand me? An analysis of cultural intelligence in global projects. Procedia Computer Science, Vol.196, 824–831.

[303] Aoyama, Y. K.（2009）. Entrepreneurship and Regional Culture: The Case of Hamamatsu and Kyoto, Japan. Regional Studies, Vol.43, 495–512, doi: 10.1080/00343400902777042.

[304] Jonathan S. Gore., & Kristina Wilburn.（2010）. A regional culture model of academic achievement: comparing applachian and nonappalachian students in kentucky. Journal of Social, Evolutionary,

and Cultural Psychology, Vol.04, 156-173.

[305] Wilson, S., & Gore, J. S. (2010). Appalachian origin moderates the association between school connectedness and GPA. Journal of Appalachian Studies, Vol.15, 70-86.

[306] Audretsch, D., Dohse, D., & Niebuhr, A. (2010). Cultural diversity and entrepreneurship: a regional analysis for Germany. SPECIAL ISSUE PAPER. Vol. 45, 55 - 85, doi10.1007/s00168-009-0291-x.

[307] Talmaciu, M. (2012). Considerations regarding the development of Romanian regional economies through innovation and entrepreneurship. Procedia Economics and Finance, Vol.3, 914 - 920.

[308] 徐剑,巫蓉,徐源.大学生创业技能的灰色模糊综合评价[J].价值工程,2017,36(35):180-182.

[309] 葛玉兰,徐铭鑫.试论高等教育"立德树人"的三个维度[J].齐鲁师范学院学报,2014,29(03):16-19.

[310] 王琳.新时代高校立德树人的三重维度[J].大众文艺,2019(09):233-234.

[311] 倪国栋,高富宁,王文顺.研究生导师立德树人职责的内涵、结构与测量量表开发[J].高教论坛,2019(09):73-79.

[312] 吴秋爽,侯林.新时代思政课教师落实立德树人的四重维度[J].新疆职业大学学报,2020,28(03):35-19.

[313] 门超,樊明方.高校思想政治教育"立德树人"主体性维度的哲学阐释[J].贵州社会科学,2020,364(04):18-23.

[314] 成芳.高校课程思政建设落实立德树人根本任务的三个维度[J].昌吉学院学报,2021(02):61-65.

[315] 孟雪静.高校校园文化涵育"立德树人"的三重维度.[J].洛阳师范学院学报,2021,(40)01:75-79.

[316] 陈超.革命文化融入高校立德树人实践的三个维度[J].福建教育学院学报,2021,22(01):33-36.

[317] 冯立波.立德树人根本任务的三个维度[J].延边大学学报(社会科学版),2021,54(02):108-114,143.

[318] 韩健文,谢洪波,蒋茵婕.新时代高校立德树人的实现路径[J].学校党建与思想教育,2021(06):30-32.

[319] 于泽元,王开升. 立德树人：师德的养成之道[J]. 教育研究, 2021（03）：149-159.

[320] Todd C., & Glanzer, P. L.（2009）The Moral Idea of a University: A Case Study. Growth: The Journal of the Association for Christians in Student Development: Vol.8, No.8. Retrieved from https://pillars.taylor.edu/acsd_growth/vol8/iss8/2.

[321] 邹放鸣. 比较德育学初探[J]. 中国矿业大学学报(社会科学版),1999（01）：11-16.

[322] 许适琳. 俄罗斯的精神道德教育[D]. 长春：东北师范大学,2019.

[323] 杨利伟. 道德教育的德性回归——以麦金太尔德性伦理学为视角[D]. 长春：吉林大学,2020.

[324] 李润亚,张潮,张珂,吕程阳. 大学生创新创业能力系统构成及其表现研究[J]. 教育理论与实践,2024,44（21）：50-55.

[325] 杨冬,张娟,徐志强. 何以可教：大学生创新创业能力生成机制的实证研究[J]. 教育发展研究,2024（03）：75-84.

[326] 郑雅倩. 地方本科高校大学生创新创业能力影响因素实证研究[J]. 创新与创业教育,2023,14（05）：11-20.

[327] 王洪才,郑雅倩. 大学生创新创业能力测量及发展特征研究[J]. 华中师范大学学报(人文社会科学版),2022,61（03）：155-165.

[328] Munir, H., Wang, M., Ramzan, S., Sahibzada, U. F., & Jianfeng, C.（2021）. Disentangling the effect of personal abilities and socio-demographic variables on entrepreneurial intentions: implications for entrepreneurship pedagogy. Journal of Global Entrepreneurship Research. Retrieved from https://doi.org/10.1007/s40497-021-00269-y

[329] Estelami, H.（2020）. The effects of need for cognition, gender, risk preferences and marketing education on entrepreneurial intentions. Journal of Research in Marketing and Entrepreneurship, Vol.22, No.1, 93-109.

[330] Kanapathipillaii, K., & Azam, S. M. F.（2019）. A conceptual understanding of the critical factors that induce women entrepreneurial success in the klang valley, Malaysia. European Journal

of Management and Marketing Studies, Vol.4, Issue2, 90-110.

[331] Israr, M., & Saleem, M. Entrepreneurial intentions among university students in Italy. Journal of Global Entrepreneurship Research, Vol.8, Article number: 20. Retrieved from https://doi.org/10.1186/s40497-018-0107-5

[332] Ferreira, A.S. M., Loiola, E., & Gondim, S. M. G. (2017). Motivations, business planning, and risk management: entrepreneurship among university students. RAI Revista de Administração e Inovação, Vol, 14. 140 – 150. Retrieved from http://dx.doi.org/10.1016/j.rai.2017.03.003.

[333] 刘建勋,雷亚萍,朱治安.非课堂因素对创新创业能力的影响因素分析及评估[J].西安工业大学学报,2016,36(07):568-572.

[334] 张昆.大学生创新创业能力培育探讨[J].思想教育理论导刊,2015(11):137-139.

[335] 李莹.大学生创新创业能力影响因素与培养策略研究[D].吉林:东北师范大学:2019.

[336] 高志刚,张毅.区域经济差距对西部地区经济高质量发展的影响研究[J].宁夏社会科学,2021(01):99-110.

[337] 陶长琪,冷琴.以创新驱动促进江西省制造业高质量发展的实证研究[J].江西师范大学学报(自然科学版),2021,45(01):1-9.

[338] 高培勇,杜创,刘霞辉,袁富华,汤铎铎.高质量发展背景下的现代化经济体系建设:一个逻辑框架[J].经济研究,2019,54(04):4-17.

[339] 解读中央经济工作会议丨2023年：为建设中国式现代化开好局、起好步[EB/OL].2022-12-22/2023-03-11, https://mp.weixin.qq.com/s?__biz=MzA4NDUwMjMxNA==&mid=2650201664&idx=1&sn=5cc1e2691fa00c67e96fe774b148f87f&chksm=87e44c05b093c513427e77bdaa90d489661319f81e447661eac3f08ab9678e1348c35775b78d&scene=27.

[340] 杜尚荣,田敬峰.高质量发展背景下乡村教育振兴的特征、功能与路径[J].现代教育管理·2023(04):22-33.

[341] 师博,张冰瑶.全国地级以上城市经济高质量发展测度与分析[J].社会科学研究.2019(03):19-27.

[342] 许永兵,罗鹏,张月.高质量发展指标体系构建及测度——以河北省为例[J].河北大学学报(哲学社会科学版),2019,44(03):86-97.

[343] 安树伟,张晋晋.山西高质量发展战略研究[J].2019(05):1-8.

[344] 林艳丽,江润泽,刘嘉卿.东北经济高质量发展水平测度、动态演进与地区差异[J].当代经济研究,2024(04):116-128.

[345] 李刚.高质量发展的新疆实践:评估体系构建及测度研究[J/OL].干旱区地理.https://link.cnki.net/urlid/65.1103.X.20240417.1132.002.

[346] 何宜庆,廖焱,王璠.地方高校高质量发展水平测度、区域差异及分布动态演进[J].黑龙江高教研究,2024(05):41-51.

[347] 彭妮娅,黄红武.关于构建区域高等教育高质量一体化发展评价体系的若干思考[J].中国高教研究,2022(08):24-29.

[348] 周璞,刘天科.自然资源高质量发展综合绩效评价指标设置初探[J].2020,33(03):69-74.

[349] 刘颜.国家生态文明试验区高质量发展测度体系[J].经济研究导刊,2022(20):21-23.

[350] 戴宏伟,刘奕玮.高质量发展指标体系构建与区域比较分析[J].河北经贸大学学报,2024,(03):64-75.

[351] 安树伟,张晋晋.山西高质量发展战略研究[J].2019(05):1-8.

[352] 李翠,宋晨晨,戴震.高质量发展背景下山西省高等教育与产业结构协同发展研究[J].教育理论与实践,2023,43(09):9-13.

[353] 蹚出新路子 书写新篇章——习近平总书记山西考察纪实[EB/OL].2020-5-14/2024-01-09,http://www.xinhuanet.com/politics/2020-05/14/c_1125981763.htm,

[354] 时政微观察丨两个"势"看中部地区崛起,[EB/OL].2024-03-24/2024-03-25,http://news.youth.cn/sz/202403/t20240324_15151661.htm.

[355] 郑加麟.树立"以成果为导向"的医学人才培养模式[EB/OL].2023-07-15/2024-01-09,http://health.people.com.cn/n1/2023/0715/c14739-40036381.html.

[356] 李志娜，谯永发，李振春，王鹏，张军华，黄建平．成果导向的非计算机专业程序设计课程混合式教学改革及实践[J]．实验室研究与探索，2023，42（11）：194-200．

[357] 曹潇月，陈微微，赵博．新工科背景下基于成果导向提升生物类专业本科生创新能力[J/OL]．生物工程学报．https：//doi.org/10.13345/j.cjb.230820．

[358] 突出应用导向 加快成果转化致力强农兴农[EB/OL]．2023-02-07/2024-01-09，http：//jx.people.com.cn/n2/2023/0207/c190181-40291454.html．

[359] 仲音．突出问题导向，深入调查研究——以主题教育为契机学方法增本领[EB/OL]．2024-01-29/2024-02-01，http：//dangjian.people.com.cn/n1/2024/0129/c117092-40168280.html．

[360] 李志义．对我国工程教育专业认证十年的回顾与反思之一：我们应该坚持和强化什么[J]．中国大学教学，2016，（11）：10-16．

[361] 何永强．OBE理念下制造类高职生工匠精神培育模式探索[J]．高等工程教育研究，2024（01）：170-175．

[362] 周建平．OBE理念下应用型本科教育课程改革的几点反思[J]．黑龙江高教研究，2023（12）：149-154．

[363] 张广兵，董发勤，谢鸿全．成果导向教育模式之溯源、澄清与反思[J]．黑龙江高教研究，2021（05）：12-15．

[364] Glaser, B.G.&Strauss, A.l.（1967）. The discovery of grounded theory: Strategies for qualitative research. Piscataway, New Jersey: Transaction.

[365] Creswell, J.W.（1998）. Qualitative inquiry and research design: Choosing among five traditions. Thousand Oaks, CA: Sage Publications.

[366] Morse, J.M.（1994）.Designing funded qualitative research, In Denizin, N.K., & Lincoln, Y,S, Handbook of qualitative research（2nd Ed）.Thousand Oaks, CA: Sage.

[367] Yamane, T.,（1967）. Statistics, an introductory analysis, second ed. Harper& Row, New York.

[368] Williams, A.（2003）. How to… Write and analyse a questionnaire. Journal of Orthodontics, Vol. 30, 245 - 252.

[369] 李娜.新时代大学生创新创业能力结构与现状研究[D].长春：东北师范大学,2019.

[370] Ivankova, N. V., Creswell, J.W., & Stick, S.L.（2006）. Using Mixed-Methods Sequential Explanatory Design: From Theory to Practice. Field Methods, Vol. 18, No. 1, 3-20. doi: 10.1177/1525822X05282260.

[371] Yin, R.（2003）. Case study research: Design and methods. 3rd ed. Thousand Oaks, CA: Sage.

[372] Moser, A., & Korstjens, I.（2018）Series: Practical guidance to qualitative research. Part 3: Sampling, data collection and analysis. European Journal of General Practice, Vol.24, No. 1, 9-18. Retrived from: https://doi.org/10.1080/13814788.2017.1375091

[373] 卢纹岱.SPSS for Windows 统计分析[M].北京：电子工业出版社,2002.

[374] 武松.SPSS 实战与统计思维[M].北京：清华大学出版社,2019.

[375] 马庆国.管理统计：数据获取、统计原理与 SPSS 工具与应用研究[M].北京：科学出版社,2002.

[376] 梁涛.高校辅导员胜任力、自我效能感与工作绩效的关系研究[D].武汉：武汉大学,2020.

[377] Boateng, G. O., Neilands, T. B., Frongillo, E. A., Melgar-Quiñonez, H. R., & Young, S. L.（2018）. Best practices for developing and validating scales for health, social, and behavioral research: A primer, Frontiers in Public Health, 6（149）,1-18. https://doi.org/10.3389/fpubh.2018.00149.

[378] Kline.K.B.（1998）. Principles and Practice of Structural Equation Modeling. NY: Guilford Press.

[379] 郑倩.不确定性规避对科技人才创新绩效的影响研究：基于知识转移的中介作用[D].新疆：石河子大学,2016.

[380] Baron, R.M & Kenny, D.A.（1986）The Moderator-mediator Variable Distinction in Social Psychological Research: Conceptual, Strategic, and Statistical Considerations. Journal of Personality and Social Psychology, 51: 1173-1182.

[381] 梁涛.高校辅导员胜任力、自我效能感与工作绩效的关系研究[D].武汉：武汉大学,2020.

[382] 黄龙光.当代"泛节日化"社会语境下传统节日的保护[J].原生态民族文化学刊,2019,11（04）：140-147.

[383] 孙婧,李月红,张静,张雅鑫.The Relationship between Innovation and Entrepreneurship Education Model with—the Spirits of Shanxi Merchants：A Study at Higher Vocational Colleges in Shanxi Province, China [J]. Journal of Multidisciplinary in Social Sciences, 2022, 18（01）：51-59.

[384] 孟楠.大学立德树人文化研究—基于马克思主义人学的思考[D].哈尔滨：哈尔滨师范大学,2017.

[385] 陈婷.论地域文化的教育价值[J].西北师大学报（社会科学版）,2013,50（06）：81-85.

[386] 总书记刚刚来过这里"像爱护自己的生命一样,做好文物保护工作"[EB/OL].2023-05-17/2023-05-23, http：//cpc.people.com.cn/n1/2023/0517/c64387-32688720.html.

[387] 孙婧.高校思政课与博物馆协同实践育人的价值意蕴与教学模式研究[J].晋城职业技术学院学报,2024,17（01）：32-36.